D1734644

LinksDruck

Günter Blutke

Obskure Geschäfte mit Kunst und Antiquitäten

Ein Kriminalreport

LinksDruck Verlag Berlin

An einer Grundstücksmauer im Berliner Prenzlauer Berg stand im Sommer 1990 geschrieben: »Das Chaos ist aufgebraucht, es war eine schöne Zeit.« In einer »Zeit der Ordnung« wären mehr Türen verschlossen gewesen, und ich hätte wohl selbst mit mehr Mühe nicht alle in diesem Buch mitgeteilten Informationen und Geschichten zusammentragen können. Ich danke allen, die mir geholfen haben.   *G. B.*

1. Auflage, September 1990
© LinksDruck Verlags-GmbH
Christoph Links, Zehdenicker Straße 1, 1054 Berlin
Umschlagbild: Pagode mit wackelndem Kopf, Meißen um 1760
Gestaltung und Produktion: Eberhard Delius, Berlin
Reihengestaltung: TriDesign, Berlin

ISBN 3-86153-013-9

Inhalt

Anhang

Vorwort

Als die Recherchen zu diesem Buch begannen, im Dezember 1989, hatten sich um die Kunst & Antiquitäten GmbH aus dem Bereich des Alexander Schalck-Golodkowski schon Legenden gebildet. Die Wahrheit erwies sich aber in den meisten untersuchten Fällen weniger legendär und zugleich phantastischer als erwartet.

Manche der spektakulären Geschichten, wie sie in der politischen Zeitenwende der DDR erzählt wurden, ließen sich bis heute nicht aufklären. Eine davon berichtet von befremdlichen Aktivitäten einer Gruppe »Kunstfahndung« im Ministerium für Staatssicherheit (MfS) in der Berliner Normannenstraße. Die Existenz einer solchen Spezialistengruppe ist bewiesen, selbst die Namen ihrer Chefs sind bekannt – aber das ist auch schon alles.

Vielleicht ist ein Teil der Wahrheit irgendwo in den 100 Kilometern Akten im Haus 8 der ehemaligen MfS-Zentrale zu finden, die ganze aber wohl nicht: Schriftliche Zeugnisse von geheimdienstlichen Aktivitäten wurden nicht hinterlassen. Aus der Gruppe »Kunstfahndung« könnten die Männer gekommen sein, die Informationen über den privaten Kunstbesitz sammelten und die, wenn die Zeit dafür reif erschien, Finanzämter und Steuerfahnder nötigten, den Kunsthändler X oder den Sammler Y »zu schlachten«, wie es im Sprachgebrauch der Firma hieß.

Die nach solchen Aktionen gepfändeten Kunstwerke und Antiquitäten landeten fast immer zur Verwertung an Zahlungs Statt in den Lagern der Kunst & Antiquitäten GmbH. Nicht selten war das eine Beute in Millionenhöhe, hochklassige Ware für die guten Devisenkunden aus der Bundesrepublik Deutschland, aus Belgien, Großbritannien, den Niederlanden, aus Italien oder der Schweiz. Und alles geschah im Rahmen der dehnbaren Gesetze des realen Sozialismus.

In der Mühlenbecker Zentrale der Kunst & Antiquitäten GmbH wurden seit 1982 alle Steuerfälle gesondert gespeichert: Es sind 221. Einigen Schicksalen von kriminalisierten, um ihre Existenz gebrachten und zum Teil außer Landes getriebenen Sammlern und Händlern wird in diesem Buch nachgegangen.

Zunächst werden die Praktiken der Täter, besonders der Kunst & Antiquitäten GmbH und des VEB (K) Antikhandel Pirna, dargelegt. Danach wird auf Rechtsvorschriften und Rechtspraktiken in der ehemaligen DDR näher eingegangen, bevor Schicksale – die Opfer und ihre Sammlungen –

ausführlicher geschildert werden. Der Leser begreift das Ausmaß der Geschäfte — und seine flächendeckende Organisiertheit, die (fast) alle Zufälligkeiten auszuschließen suchte. Sogar Eisenbahnschwellen, Pflastersteine und Militaria sind als Sonderexporte bei diesem Kunstraub ohnegleichen nicht vergessen worden.

Ein Westberliner Gericht hat schon 1987 die angewandten Praktiken als »Enteignung« bezeichnet. Zur rechtlichen Bewertung der damals gültigen Steuergesetze steht ein Urteil des Bundesverfassungsgerichtes der Bundesrepublik bevor. Schon jetzt haben mehrere der geplünderten Sammler und Händler über ihre Rechtsanwälte Rehabilitierung und finanzielle Entschädigung verlangt.

Manche Legende über die Kunst & Antiquitäten GmbH bewahrheitete sich nicht. Die versuchte systematische Plünderung von Museumsdepots zum Beispiel konnte durch den hartnäckigen Widerstand vieler verhindert werden. Dennoch: Im ständig fließenden Verkehr auf der Einbahnstraße Richtung Westen wurde auch Museumsgut außer Landes gebracht. Opfer wurden vor allem kleinere Museen; bestimmte Vorgänge werden bruchstückhaft erst jetzt bekannt. Kaum rekonstruieren lassen sich wohl auch in Zukunft die als sicher angenommenen Verluste durch den Export von geschütztem Kulturgut aus dem Besitz von Steuerschuldnern oder aus Aufkäufen der vertraglich gebundenen Zulieferer. Einige Stücke von internationalem oder besonderem nationalen Rang konnten von Museumsdirektoren oder von Mitgliedern der Kulturgutschutzkommission gerade noch vor dem Export bewahrt werden. Aus den mehr oder weniger zufällig zustandegekommenen Rettungsaktionen läßt sich folgern, daß zur Praxis des Mühlenbecker Unternehmens auch permanente Verstöße gegen das Kulturgutschutzgesetz gehört haben. Schon 1982 hatte man der GmbH die Ausfuhr von geschütztem Kulturgut prinzipiell zugestanden, deklariert als »ökonomisch notwendigen Kompromiß«.

Der Verlust einzelner bedeutender Werke, so schwer er auch wiegen mag, zählt wenig im Vergleich zu den Folgen des sytematisch betriebenen Abkaufs aller nur erreichbaren Erbstücke aus der Alltagskultur des Volkes.

Das Buch ist ein Anfang zur Aufarbeitung der Kulturgeschichte jenseits der Politphraseologie und der spektakulären Selbstinszenierungen des Realsozialismus. Es offenbart die Heuchelei einer Herrschaftsclique, die sich zum Erben alles Humanistischen in der deutschen Geschichte erklärte und gleichzeitig ein ganzes Land zur Plünderung freigab.

August 1990   *Günter Blutke*

Die Täter

Kunst & Antiquitäten GmbH

Als es Herrn Schalck-Golodkowski Ende November 1989 heiß auf dem Staatssekretärssessel im Zimmer 109 der Wallstraße 17-22 wurde, verfaßte er eine Art Gegendarstellung zu den öffentlichen Angriffen gegen seine Unternehmungen. Alexander Schalck leitet zu diesem Zeitpunkt noch den 1966 gegründeten Bereich Kommerzielle Koordinierung(KoKo), zu dem als einer von zwölf Außenhandelsbetrieben auch die Kunst & Antiquitäten GmbH gehörte. Tage später sollte er sich bereits in den Westen absetzen. Ziel dieses Schriftstückes, das im Nachlaß des Amtes für Nationale Sicherheit, der Nachfolgeorganisation des Ministeriums für Staatssicherheit aufgefunden wurde, war die Abwehr des ärgerlichen Medienrummels.

Hinter Schalcks Schreibtisch hing ein Werk des proletarisch-revolutionären Malers Otto Nagel, ein Zeichen seiner starken Neigung zu den schönen und kostbaren Dingen des Lebens. Für einen Mann mit von Kunstgenuß geschulter Sensibilität verteidigte Schalck die angegriffene Kunst & Antiquitäten GmbH etwas zu radikal. Mit den Zwischentönen fehlte auch die Grauzone, in der sich die Geschäfte dieses Unternehmens nicht selten bewegten. »Es wird festgestellt«, schrieb Schalck, »daß der Generaldirektor ausschließlich in Übereinstimmung mit dem Minister für Kultur und entsprechend den vom Minister für Kultur in Kraft gesetzten Ordnungsprinzipien Exportleistungen zeitgenössischer Kunst und Antiquitäten durchgeführt hat.«

Der mächtige Schalck scheute in seinem Papier nicht einmal davor zurück, der systematischen Plünderung des kulturellen Erbes einen Heiligenschein zu verleihen, indem er behauptete, daß ein Teil der dadurch beschafften Devisen auf Wunsch »der Museen für den Neukauf wertvoller Kunstgegenstände eingesetzt« wurde. Das war wohl eine der abenteuerlichsten Interpretationen der Kunst & Antiquitäten GmbH, denn als caritatives Unternehmen zur Versorgung der Museen wirkte sie in den knapp siebzehn Jahren ihrer Existenz mit Sicherheit nicht. Als im Juli 1989 im Londoner Auktionshaus Sotheby's zwei 1945 aus dem Auslagerungsort Schloß Rheinsberg gestohlene Werke des Malers Jean Baptiste Francois Pater (1695-1736) unter den Hammer kamen, bot kein Vertreter dieses Unternehmens mit, um sie für die DDR zurückzukaufen. Die Bilder aus

9

dem Besitz Friedrich des Großen ersteigerten private Kunsthändler. Wenn sie jetzt wieder als Dauerleihgabe im Potsdamer Schloß Sanssouci hängen, dann ist das Sponsoren aus der Bundesrepublik zu danken, die später diese Werke für ihren ursprünglichen Platz in der »Kleinen Galerie« erwarben.

Man muß nicht an die leitende und lenkende Kraft der Sterne glauben, um im Geburtsakt des Unternehmens so etwas wie ein bestimmendes Vorzeichen zu erkennen. Gegründet wurde die »Kunst & Antiquitäten GmbH/Internationale Gesellschaft für den Export und Import von Kunstgegenständen« am 20. Februar 1973 von den Herren Horst Schuster[1] und Dieter Uhlig, beide ihres Zeichens Mitarbeiter der Vertreterorganisation Transinter und damit dem Bereich Schalcks nahestehend. Schalck-Golodkowski war beauftragt worden, die Beute aus einem befohlenen Raubzug in den Kunstmuseen der DDR auf dem internationalen Kunstmarkt in Devisen einzuwechseln. Durch die neugegründete GmbH wollte er dieses Geschäft abwickeln lassen. Die Verfügung zur Plünderung von Museumsbeständen hatte Regierungschef Willi Stoph am 18. Januar 1973 erlassen. Bei diesem ersten Zugriff auf die ungehobenen Schätze des rohstoffarmen Staates DDR sollten 55 Millionen Valutamark herausgeholt werden. Die unrunde Summe erklärt sich aus einer großzügigen Geste gegenüber den Opfern, denn die Museen hätten fünf Millionen davon für den Ankauf von Kunstwerken verwenden dürfen. Zu ihrem irritierenden Beinamen »Internationale Gesellschaft für Export und Import« kam die GmbH also nicht durch den pfiffigen Einfall eines Etikettenschwindlers.

Die Generalprobe für eine systematischere Plünderung des Museumsfonds scheiterte aber, denn die Museumsdirektoren der DDR wehrten sich gegen diesen Ausverkauf auf massive Weise und in seltener Einmütigkeit. Abgesagt wurde die Aktion aber auch, weil ein internationaler Eklat drohte, den sich die DDR nicht leisten wollte. Als der Anschlag auf den Museumsbesitz bekannt wurde, soll die Regierung der Bundesrepublik inoffiziell die Absicht geäußert haben, alle geraubten Gemälde, Plastiken, Grafiken und Stücke aus den Museen für Kunsthandwerk aufzukaufen und in einem neuzubauenden Museum an der innerdeutschen Grenze auszustellen...

Die Gründungsgeschichte kann den Verdacht wecken, als ob es ohne den vorbereiteten Großangriff auf die Museumsbestände niemals zu einer Kunst & Antiquitäten GmbH im Hoheitsbereich Schalck-Golodkowskis gekommen wäre. Doch dem ist nicht so. Seit 1972 standen er und die meisten seiner Unternehmungen praktisch außerhalb jeder staatlichen Kontrolle; als sogenannter Devisenausländer durfte er schalten und walten, wie er wollte. Zu den besonders gewinnreichen Nebengeschäften, direkt von der Zentrale aus betrieben, gehörte sehr früh schon der Export von Antiquitäten und nostalgischem Trödel. Die Adressen in Dänemark, den Niederlanden, Belgien, Österreich oder der Schweiz waren nicht selten nur Umschlagsplätze, denn manche der Empfänger leiteten die Ware gleich weiter an Großhändler und Antiquitätengeschäfte der Bundesrepublik.

Später gesellten sich noch einige Dutzend anderer Zulieferer dazu, die sich die GmbH in Mühlenbeck vertraglich verpflichtet hatte: Die Antiquitätengalerien des Staatlichen Kunsthandels mußten von der Generaldirektion vorgegebene Exportauflagen erfüllen, der Dienstleistungsbetrieb Berlin (DLB) lieferte zu, ebenso die Dienstleistungskombinate Halle und Karl-Marx-Stadt oder das Versteigerungshaus Leipzig, der VEB Antik- und Gebrauchtwaren Gera und die HO Rostock und Berlin. Befördert wurde der Eifer dieser und vieler anderer Partner durch ein differenziertes System von Devisenanteilen. Der einzelne Aufkäufer sah natürlich nichts von den Valuten, ihn stimulierte die Verheißung kräftiger Prämien.

Für störungsfreie Geschäfte hatte das Ministerium für Außenhandel schon bald nach der Gründung der Kunst & Antiquitäten GmbH gesorgt: Die Weisung Nr. 55/73 des Ministers Sölle garantierte ihr mit Wirkung vom 1. Januar 1974 das alleinige Recht zum »Export und Import von Antiquitäten, bildender und angewandter Kunst, Volkskunst sowie Gebrauchtwaren mit kulturellem Charakter«. Herr Schalck wollte sich das lukrative Devisengeschäft nicht durch Konkurrenz im eigenen Land schmälern lassen, und für einen Mann mit solch mächtigen Göttern, wie er sie hatte, war es ein leichtes, den Staatlichen Kunsthandel und den Buchexport als bisherige Konkurrenten auszuschalten.

Der Gründer Horst Schuster begann mit dem schmalen Gewinn von 11 Millionen Valutamark im Startjahr 1974, sein Nachfolger, Generaldirektor Joachim Farken, hatte bis zum Abbruch des Exportgeschäftes am 22. November 1989 für dieses letzte Jahr des Bestehens 37 Millionen überweisen lassen. In rund dreißig Kisten warteten außerdem bereits verpackte Waren für 2,2 Millionen auf den Abtransport. Die Lieferlisten und Rechnungen waren ausgefertigt, ein Teil der Devisen schon von den Kunden überwiesen.

Als sich das Ausmaß der landesweiten Ausplünderung zur Devisenbeschaffung abzuzeichnen begann, führte das zu jener öffentlichen Empörung, die Schalck-Golodkowski zu den zitierten Rechtfertigungen veranlaßte. Der tiefe Zorn, der nach der Wende viele Menschen ergriffen hatte, entstand aus dem Gefühl des Betrogenseins. Jeder konnte in der Verfassung der DDR im Artikel 18 nachlesen, was in immer neuen Variationen als politischer Glaubenssatz zum kulturellen Erbe verbreitet wurde: »daß die sozialistische Nationalkultur zu den Grundlagen der sozialistischen

Gesellschaft gehört« und daß »die DDR die sozialistische Kultur fördert und schützt«.

Der Kunst & Antiquitäten GmbH, die so sehr über allen Gesetzen ihrer Umwelt stand, daß nicht einmal untersuchende Kriminalpolizisten Zutritt zu ihren Lagern in Mühlenbeck erhielten, konnten bisher nur wenige Verstöße gegen das Exportverbot von geschütztem Kulturgut internationaler oder besonderer nationaler Bedeutung nachgewiesen werden. Aber in einem ummauerten Land wie der damaligen DDR wäre der Verlust einer »Sixtinischen Madonna« womöglich leichter zu tragen gewesen als der ständige Abfluß kultureller Werte unterhalb der für hochrangige Kulturgüter gezogenen Schutzgrenze. Solche Verluste berühren die Lebensweise, die ästhetische und geistige Kultur, sie verarmen den Alltag, nehmen Menschen die Chance, sich ihre Umwelt nach den Maßen ihrer Individualität einzurichten.

Der systematische Ausverkauf traf ein Territorium, das durch die Kriegszerstörungen in Kulturstädten wie Dresden, durch Vandalismus in verlassenen Schlössern und Gutshäusern, aber auch durch die Flucht von Intellektuellen und Angehörigen bürgerlicher Familien, zu deren Lebensstil der Besitz und die Pflege kultureller Werte gehörte, bereits sehr viel an ererbtem Kulturgut verloren hatte. Und als sich allmählich wieder ein neues Bedürfnis nach den Zeugnissen vergangener Lebensweise entwickelte, war längst der Ausverkauf des kargen Restes im vollen Gange. Exportiert wurden vor der Gründung der Kunst & Antiquitäten GmbH in den fünfziger Jahren von der DIA (Deutscher Innen- und Außenhandel) Kulturwaren, ihr folgten Mitte der sechziger Jahre der Außenhandelsbetrieb Buchexport Leipzig und der Staatliche Kunsthandel.

Viel schien für die Kunst & Antiquitäten GmbH offenbar nicht mehr übrig zu sein von den hochgehandelten Altsachen aller Kategorien. Nach einer allgemeinen Übereinkunft haben Antiquitäten mindestens hundert Jahre alt zu sein. Mit diesem formalen Kriterium wird nur eine Eigenschaft erfaßt: die relative Seltenheit als Folge des natürlichen Verschleißes. Ausgeklammert werden hier die geringgeschätzten Massenprodukte der deutschen Gründerzeit nach 1872. Aber seltener und begehrter als viele hundertjährige Stücke konnten noch nicht ganz zu »Antiquitäten« gealterte Produkte des Jugendstils oder die Möbel, Lampen und Geschirre berühmter deutscher Bauhausmeister sein.

Um in dem ausgepowerten Land an alle solche Schätze zu kommen, nicht nur an die kostbaren Barock-, Rokoko-, Empire- oder frühen Biedermeierstücke, sondern auch an die Kostbarkeiten späterer Zeiten, mußte sich das Unternehmen besonderer Verbündeter bedienen. Hochwertige Antiquitäten kamen seit Beginn der achtziger Jahre zunehmend aus der vertraglich mit dem Ministerium der Finanzen vereinbarten Ver wertung von Steuerschulden an Zahlungs Statt. Als ergiebig erwies sich aber auch die Nutzung der unbegrenzten Lockmittel, über die ein Unternehmen im Bereich Schalck-Golodkowskis verfügen konnte: Besitzer letzter kostbarer Stücke zeigten sich dem Angebot von Autos, von hochwertiger Unterhaltungselektronik und ähnlichen Raritäten gegenüber entschieden aufgeschlossener als den gebotenen Bündeln der heimischen Binnenwährung. Allein aus den Autotauschgeschäften betrug im Jahre 1988 der Gewinn, also die Differenz zwischen dem investierten Kaufpreis für die Autos der Marken Golf oder Volvo und dem Erlös für die so beschafften Antiquitäten, rund 400.000 Valutamark.

Trotz vielgestaltiger Beschaffungsmethoden, zu denen auch die Zulieferung von Asservaten der Sicherheitsorgane gehörte, verloren die Antiquitäten im Rennen um die höchsten Devisenerlöse immer mehr an Boden. Im Geschäftsjahr 1989 war ihr Anteil an den Bilanzen der GmbH auf acht Millionen (13 Prozent) vom Gesamtumsatz gesunken. Demgegenüber stehen die Einnahmen von 24 Millionen Valutamark für den stabilsten Posten in den Geschäften, umschrieben mit dem wattigen Begriff »kulturelle Gebrauchtwaren«, der bereits als Exportkategorie in dem Monopolbeschluß Nr. 55/73 auftauchte.

Die Kunden für ihre traditionellen Warenbereiche hatte die GmbH in vier Gruppen eingeteilt: in die (immer weniger zufrieden zu stellenden) Antiquitätenhändler, in die Trödler, in die Weichholz- und in die Klavierkunden. Die Vertreter der ersten Gruppe bedienten sich in den exquisiten Verkaufssalons der Mühlenbecker Zentrale. Aus dem Angebot wählen durften nur die von den Großkäufern bevorzugten alten Kunden; für die Neuen auf den Wartelisten standen vorbereitete Konvolute für sechsstellige Summen bereit. Manche Händler sollen sich bei der sagenumwobenen Ostberliner GmbH an den Rand des Ruins gebracht haben, denn oft lagen die geforderten Summen dicht bei den gerade noch zu erzielenden Verkaufspreisen, und damit war kein Gewinn zu machen. Antiquitätenhändler müssen in den meisten Ländern mit Gewinnspannen zwischen 75 und 150 Prozent rechnen, weil die Aufwendungen für Restaurierung oder für Gutachten in ihrem Geschäft entschieden höher sind als in anderen. Die Mühlenbecker GmbH betrieb ihre Exporte meist ohne die in dieser Branche gewohnten Expertisen, Herkunfts- und Zustandsbeschreibungen, denn auch ohne solche gewinnsteigernden »Veredelungen« florierte das Geschäft.

Als die Zustände in manchem der Außenlager der GmbH öffentlich bekannt wurden und die Zukunft der guten alten Geschäftsbeziehungen noch ungewiß war, schrieb Anfang Januar 1990 der Chef von Pianogroothandel H.D.Voss aus Ort bei Eindhoven an die Kunst & Antiquitäten GmbH, man möchte doch wenigstens, bitte schön, die Klaviere und Flügel ein bißchen geschützter vor Regen und Kälte lagern. Der Klavierhändler mahnte den Schutz von Musikinstrumenten, gefertigt mit handwerklicher Akribie an. Aber es waren nicht nur Werte im materiellen Sinne, die oft genug, bevor sie außer Landes gebracht werden konnten, in den Lagern der hortenden Zulieferer verkamen. Die verfallenen Innenstädte des Landes und die Ausplünderung des kulturellen Besitzstandes bildeten Symptome der gleichen Krankheit.

Die »Kunst & Antiquitäten GmbH/Internationale Gesellschaft für den Export und Import von Kunstgegenständen«, hatte trotz ihres Monopols nicht allein exportiert. In Katalogen von bundesdeutschen Auktionshäusern tauchten beispielsweise unter den angebotenen Militaria immer wieder exquisite Stücke auf, wie komplette Generaluniformen aller Waffengattungen, aber auch, als besondere Rarität, Ehrendolche von Generalen der Staatssicherheit — alles vermutlich aus Direktexporten der zuständigen Ministerien. Gelegentlich flossen auch außerhalb der staatseigenen Einbahnstraßen Kunstwerke und Kleinantiquitäten Richtung Westen. Zöllner kamen bei einer Routinekontrolle einem kriminellen Meisterstück auf die Spur, das eines Platzes in Eduard Zimmermanns Fernsehserie »Aktenzeichen XY — ungelöst« würdig ist: Bei den Witwen hochgeschätzter sozialistischer Staatsbürger, allesamt Träger allerhöchster Orden, klingelte kurz nach deren öffentlich gebührend angezeigtem Tode ein schwarz gekleideter Herr, der sich als Vertreter des nahen Orts- oder Kreismuseums ausgab. Seinen Wunsch verstanden alle Witwen, denn auch sie wollten, wie ihr Gast, daß die Verdienste des Entschlafenen noch recht lange im Gedächtnis der Nachwelt bleiben mögen. Deshalb gaben sie mit Freude die Karl-Marx-Orden, die Sterne der Völkerfreundschaft, die Orden für den Helden der Arbeit nebst den dazugehörenden Verleihungsurkunden an den Museumsmann. Auf diese Weise verschaffte sich eine von der Bundesrepublik aus operierende Gruppe seltene Handelsobjekte, die besonders teuer waren, weil sie in der damaligen DDR zu den rückgabepflichtigen Orden gehörten.

Auf Klavierkunden spezialisiertes Lager
des VEB (K) Antikhandel im Kreis Pirna

14

Das Stück klingt so, als sei es von einem jener Spezialisten des Staatssicherheitsministers Mielke ausgedacht worden, die emsig und von den meisten der nichtsahnenden Mitarbeiter unerkannt, für die Kunst & Antiquitäten GmbH tätig waren.

Als einer der zwölf Außenhandelsbetriebe und der Vertreterfirmen im Bereich Kommerzielle Koordinierung unterstand die Kunst & Antiquitäten GmbH dem Staatssekretär Schalck-Golodkowski. Schalck wiederum hatte drei Herren über sich: den Generalsekretär Erich Honecker, den Wirtschaftssekretär Günter Mittag und den Minister für Staatssicherheit Erich Mielke. Unter die direkte Befehlsgewalt von Mittag kam der Bereich Kommerzielle Koordinierung durch den Politbürobeschluß vom 2. November 1976. Von diesem Zeitpunkt an konnte Schalck ohne jede Kontrolle des Außenhandels- oder des Finanzministers operieren. Für den Wirtschaftskommandeur in der Parteizentrale wurden die Devisenmilliarden von KoKo benutzt, um die DDR kreditfähig zu erhalten und die kranke Volkswirtschaft vor dem Kollaps zu bewahren.

Günter Mittag hatte in einer entscheidenden Stunde das Tor zu einem der finstersten Kapitel in der Geschichte der Kunst & Antiquitäten GmbH geöffnet. Als im innersten Zirkel der SED-Führung, im Sekretariat des Zentralkommitees, der Entwurf für das Kulturgutschutzgesetz von 1980 debattiert wurde, ließ er den Passus streichen, der den Besitzern von registriertem Kulturgut die Befreiung von Vermögenssteuern zusichern sollte. Er gab damit die Jagd auf die Sammler von Kunst und Antiquitäten in der DDR frei.

Als Offizier im besonderen Einsatz (OibE) im Range eines Obersten unterstand Schalck außer Mittag auch ganz direkt dem Minister für Staatssicherheit. Seine persönliche Rechenschaftspflicht in allen den KoKo-Bereich betreffenden Sicherheitsfragen war in dem Befehl 14/83 vom 1. September 1983 festgeschrieben, mit dem Mielke die Gründung einer Arbeitsgruppe »Bereich Kommerzielle Koordinierung (BKK)« im Ministerium für Staatssicherheit angeordnet hatte. Bis zu diesem Zeitpunkt wurden die KoKo-Unternehmen von der für die Wirtschaft zuständigen Hauptabteilung XVIII nach außen abgesichert, kontrolliert und in der praktischen Arbeit unterstützt. In seiner Stellungnahme zum Entwurf des Befehls 14/83 erklärte sich Schalck-Golodkowski »voll inhaltlich einverstanden«, wenn seine eigene »volle Verantwortung« expressis verbis im Befehl selbst oder in einer Anlage prinzipiell geregelt wird. Selbst über den Einsatz von Staatssicherheitsoffizieren (OibE) in den Unternehmungen des Bereichs Kommerzielle Koordinierung wollte er informiert werden. Ausnahmen von dieser Regel billigte er nur dem Minister für Staatssicherheit und dem damaligen Generalleutnant Mittig zu, dem der zu gründende BKK direkt unterstehen sollte. Schalcks Wünsche wurden erfüllt.

Mühlenbecker Lager für die besseren Stücke – im Hintergrund eine Empireuhr der Firma Linke, Paris, zum Preis von 50.000 DM

Das MfS lud sich keine Verantwortung für »den wirtschaftspolitischen Inhalt der Aufgabenstellung und Tätigkeit des Bereiches« auf. Die blieb bei Schalck. Gesprochen wurde von »vorbeugender Verhinderung, Aufklärung und Bekämpfung feindlicher bzw. feindlich-negativer Angriffe«, von Sicherheit, Ordnung, Geheimnisschutz. Deutlicher klang dann Mielkes Befehl 12/88 vom 21. Juni 1988, der dem BKK nun ausdrücklicher die »Unterstützung bzw. Stabilisierung volkswirtschaftlicher Prozesse« auftrug. Schon vorher hatten KoKo und jedes einzelne seiner in- und ausländischen Unternehmen mit der kräftigen Unterstützung aller wesentlichen Bereiche des MfS rechnen können: angefangen bei der Hauptabteilung A (Aufklärung) und der Hauptabteilung VI (zuständig für Zoll und den gesamten grenzüberschreitenden Verkehr), bis hin zur Hauptabteilung VII (Polizei) mit ihrer speziellen Abteilung Schmuggel und Spekulation und der Hauptabteilung XVIII (Wirtschaft).

Der BKK im Hauptquartier Normannenstraße hatte am Ende nur 144 Mitarbeiter und war damit eine winzige Zelle des Riesenapparates. Die zuletzt von einem Oberst Herbrich geführte Gruppe hinterließ nur personengebundenes Material: Berichte über Mitarbeiter von KoKo, Informationen über westliche Partner. Zu den zwei Millionen Akten über Bundes-

16

Mühlenbecker Verkaufssalon mit Biedermeier-Stühlen (Stück 1.500 DM) und Picasso-Lithographie von 1968

bürger im Stasi-Archiv gehörten somit auch jene über die vielen guten Kunden der Kunst & Antiquitäten GmbH. Man mußte schließlich wissen, wer da im feinen Antiquitätensalon der Mühlenbecker Zentrale oder in den Scheunen des VEB (K) Antikhandel Pirna verkehrte!

In der MfS-Zentrale soll auch die bereits erwähnte »Kunstfahnder« Gruppe gearbeitet haben, die bis 1983 von einem Oberst Strauch und danach von einem Oberst Eichhorn geleitet worden war. Sie unterstand direkt Generaloberst Mittig, dem Stellvertreter des Ministers. Insider des ehemaligen MfS-Apparates wundern sich nicht, daß von dieser Gruppe in den Archiven bisher nicht einmal ein Beleg für ihre Existenz auffindbar war. Schriftliche Beweise für vermutete Beschaffungseinbrüche, für festgestellte Erpressungen von Kunstsammlern oder für massiven Druck auf Steuerbehörden, um die Auslösung ruinierender Steuerverfahren zu erzwingen, sind in den Aktenbergen der mitwirkenden Hauptabteilungen des MfS nicht zu erwarten.

Die Kunst & Antiquitäten GmbH, diese exotische Blüte im Strauß der Schalck-Unternehmungen, profitierte direkt von der Macht im Hintergrund. Ihren Devisenauftrag konnte sie nahezu ungestört erfüllen; mögliche Hindernisse wurden mit den Mitteln des zentralistischen Staates beiseite geräumt. Kein Kulturminister der DDR konnte bei Strafe seines Untergangs nachdrücklich gegen die totale Ausplünderung durch ein Unternehmen protestieren, das als Valutabeschaffer den persönlichen Schutz eines Mannes wie Mittag genoß. Daß in einzelnen Fällen dennoch auch aus dem Haus am Berliner Molkenmarkt Widerstand geleistet wurde, verdient Respekt.

Für die fein säuberlich bespitzelten und registrierten Kunden der Mühlenbecker GmbH besteht übrigens kein Grund zur Besorgnis: Ihre Dossiers befinden sich gut bewacht unter rund sechs Millionen Personenakten im Haus 8 des früheren MfS-Hauptquartiers in der Berliner Normannenstraße. Und für die nächsten 110 Jahre unterliegen alle Dokumente von betroffenen schutzwürdigen Personen dem Datenschutz.

Den vielen Kunden aus der Bundesrepublik und aus Westberlin will ein Kammergericht »Gutgläubigkeit« in ihren Geschäften mit der Kunst & Antiquitäten GmbH nicht zubilligen. Spätestens seit dem Erscheinen eines Artikels in der Kunstzeitschrift »art« vom Februar 1984 — so meint es das Gericht — hätte jeder Händler wissen müssen, auf welche Weise manche Stücke in die Regale von Mühlenbeck gekommen waren.

Jener Artikel schilderte am Beispiel des Antiquitätenhändlers Gerhard Patzig und das des Sammlers Professor Dr. Friedhelm Beuker das Zusammenspiel von Steuerfahndung und Kunst & Antiquitäten GmbH. An Zahlungs Statt verwertet wurde durchaus im Rahmen der Gesetze: Die GmbH übernahm auf der Basis meist selbst ermittelter Schätzwerte das gepfändete Besitztum und überwies die Steuerschuld pünktlich an die zuständigen Finanzämter. In Zweifel gezogen wurde vom Gericht das in dem verhandelten Fall angewandte Einkommensteuerrecht der DDR, das nach seiner Anwendung »ganz offensichtlich gegen den Grundsatz der materiellen Gerechtigkeit und gegen das Rechtsstaatsprinzip« verstößt und in seiner Anwendung zu »Enteignungen« führte.

Der Verdacht rechtsstaatswidriger Beschaffungsmethoden hat kaum einen der Einkäufer in der Mühlenbecker Zentrale und in den 94 Aufkaufgeschäften, Außenlagern und Scheunen des Antikhandel Pirna abgeschreckt. Unter den letzten Käufern, die im November 1989 von dem verkündeten Exportstopp überrascht wurden, befanden sich manche der treuesten Kunden, beispielsweise das Bremer Haus Bolland & Marotz. Nicht dabei war ein anderer Großabnehmer, der Antik-Shop des Generalkonsuls Wolfgang Böttger im Westberliner KaDeWe. Dafür hatten sich Einkäufer von »Mecki's Basar« und von »Fantasia«, beides Westberliner Firmen, Antiquitäten und Edeltrödel fürs Weihnachtsgeschäft reservieren lassen.

Neben solchen Direktkontakten wurde der reiche Antiquitätenmarkt

Auf Umwegen in eine Münchener Auktion lanciert und dort versteigert — Ölgemälde von Wilhelm Busch (1832-1908): »Trinkender Bauer« (19,3 x 14 cm) »Bayrischer Bauernhof« (19,5 x 14 cm) »Zwei Kühe im Unterholz, eine pissend« (15,7 x 27,3 cm)

der Bundesrepublik auch über Vertreterfirmen von KoKo wie die WiCon (Wiegand-Consulting GmbH) in Westberlin versorgt. Manches Stück kam offenbar über seltsame Umwege in den Antiquitätenhandel.

In der Schweiz besaß die Kunst & Antiquitäten GmbH einen ständigen Vertreter zur Abwicklung ihrer Geschäfte. Vermutlich war es diese Intrac S.A., die mit den Buschbildern aus der Sammlung des Dresdner Kunsthändlers Meissner unter ein und derselben Einlieferungsnummer insgesamt 44 höchst unterschiedliche Werke in die Münchener Auktion gebracht hatte, alles Schöpfungen deutscher Künstler des 19. und 20. Jahrhunderts: von Adolf Menzel, Max Liebermann, Ernst Barlach, Otto Dix und Käthe Kollwitz bis zu kaum bekannten Malern. Allein von Käthe Kollwitz waren fünf Blätter in dem Schweizer Paket. Versteigert wurde auch eine Ikone der proletarisch revolutionären Kunst: die Mappe »Hunger« für die Internationale Arbeiterhilfe von 1924, im Titel mit einer Widmung von Otto Nagel versehen. Zu den sieben Grafikern, die für diese in 100 Exemplaren verkaufte Mappe arbeiteten, gehörten neben Nagel und der Kollwitz auch Georg Grosz und Heinrich Zille. Die Umwege über die Schweiz, über die Niederlande, Dänemark oder Österreich verschafften dem KoKo-Unternehmen Kunst & Antiquitäten GmbH schnellen Zugriff zu den Devisen.

19

Besitzer von hartem Geld, gleich welcher Währung, durften auch in den Antik-Shops der DDR-Interhotels einkaufen. Die Verkäufer stellten gleich mit der Quittung die gestempelte Zollbescheinigung aus. Die Kunst & Antiquitäten GmbH versorgte diese Shops mit einem ständigen Angebot von Meißner Porzellan aus der Neuproduktion.

Es war ein lukratives deutsch-deutsches Geschäft, das die Mühlenbekker GmbH fast 17 Jahre lang betrieb. Noch in den letzten Monaten bewarben sich aus der Bundesrepublik und den westlichen Nachbarstaaten wöchentlich zwischen 15 bis 20 Trödler oder Antiquitätenhändler um Aufnahme in den Kundenkreis. Über die Moral mancher Handelspartner werden die Gerichte urteilen müssen, wenn eintreten sollte, was mancher der ausgeplünderten Sammler voraussagt: Hehlerprozesse gegen eine Reihe von bundesdeutschen Kunsthändlern.

Ob in Mühlenbeck »gutgläubig« eingekauft wurde oder ob die Kunden wußten oder hätten wissen können, was bei manchen Beschaffungsaktionen vor sich ging, ist dabei sicher eine Frage von erheblichem juristischem Interesse. Heuchelei wird man jedoch den vielen guten Kunden, den Antiquitätengroßhändlern, den Trödlern oder den Käufern von Weichholz nicht vorwerfen können. Sie wollten ihren profitablen »Schnitt« machen, ganz für sich allein. Wenn sie Hehler waren, dann ohne Heiligenschein. Im Gegensatz zur Kunst & Antiquitäten GmbH, die ihre Devisengeschäfte mit dem Erbe im Namen ideologischer Phrasen zu betreiben hatte.

Ein flächendeckendes Plünderungssystem

Das Beschaffungssytem der Kunst & Antiquitäten GmbH läßt keine Zweifel über die Hintermänner dieses Unternehmens zu. Ohne die unbeschränkten Machtbefugnisse, die direkt von der Zentrale ausgingen, hätte die Mühlenbecker GmbH das Territorium der DDR nicht so total ausplündern können.

In seinem zweiten Befehl zur Arbeit des BKK, datiert vom 21. Juni 1988, forderte Mielke, alle »Vorschläge und Informationen zur Unterstützung des Bereiches und seiner Betriebe bei der Lösung der ihnen übertragenen Aufgaben«, an den Leiter der Arbeitsgruppe BKK zu übergeben. Der Chef vom BKK wiederum hat »derartige Vorschläge bzw. Informationen an die Leiter bzw. die leitenden Mitarbeiter des Bereiches und seiner Betriebe« weiterzureichen.

Auch in der Kunst & Antiquitäten GmbH muß man wohl hin und wieder einen Flügelschlag der helfenden und schützenden Engel gespürt haben: Erwiesen ist beispielsweise die tätige Mitwirkung des MfS bei der

Beschaffung der Mustersammlung von Katzhütte. In ihrer Gesamtheit verkörperte die Sammlung von rund 15.000 Unikaten Thüringer Porzellankunst seit der zweiten Hälfte des 19. Jahrhunderts ein zu schützendes Kulturgut von nationalem Rang. Sie kam kostenlos aus dem einstigen Betriebsmuseum des VEB Zierkeramik Katzhütte in die Lager von Mühlenbeck. Die letzten, am wenigsten ansehnlichen Stücke stapelten sich noch in deren Regalen, als die Kunst & Antiquitäten GmbH in die Liquidation ging.

Die Rückendeckung durch Mittag und Mielke war für die Kunst & Antiquitäten GmbH auch im zivilen Machtapparat außerordentlich hilfreich. Als ihr Generaldirektor Joachim Farken am 22. November 1989 öffentlich den generellen Exportstopp für Antiquitäten und kulturelle Gebrauchtwaren verkünden mußte, kündigte er damit zugleich 81 Verträge mit Zulieferern. Dreißig davon verbanden sein Unternehmen mit zentralen Einrichtungen. Noch am 6. November hatten Vertreter seines Betriebes mit Abgesandten des Ministeriums für Hoch- und Fachschulwesen zusammengesessen, um an Stelle der abgelaufenen Vereinbarungen eine neue auszuhandeln.

Ausgangspunkt aller Verträge mit Ministerien zur Lieferung an die Mühlenbecker GmbH sollte Ende der siebziger Jahre eine streng vertrauliche Weisung des damaligen Regierungschefs Stoph an seine Minister gewesen sein. Geliefert gemäß Vertrag hatten jedenfalls fast alle Ministerien, und jedes kassierte den vereinbarten Devisenanteil am Exportgeschäft. Am schlechtesten kam dabei das Ministerium für Geologie mit zehn Prozent Anteil am Verkauf der zugelieferten Fossilien und Mineralien weg; dem Ministerium für Kultur, dem wichtigsten Partner der Kunst & Antiquitäten GmbH, wurden dagegen zwischen dreißig und fünfzig Prozent zugestanden. Aus dem Bereich des Kulturministeriums stammte ein erheblicher Teil der »klassischen Exportwaren«, denn der ihm unterstehende Staatliche Kunsthandel mit seinen Antiquitätengalerien hatte als jährliche fixe Planposition einen seit Mitte der achtziger Jahre annähernd gleich bleibenden Exportanteil zu erfüllen. Es war also kein Zufall, wenn manche Galerien, beispielsweise die des Kunsthandels auf der ehrwürdigen Erfurter Krämerbrücke, ständig wie leergefegt wirkten. Bei den meisten Galerien kamen gute Stücke gar nicht erst in die Ladenräume, sie wurden gleich für die Außenhändler beiseite gestellt. Was dem offiziellen Aufkäufer, dem VEB (K) Antikhandel Pirna, trotz seiner häufig überhöhten Aufkaufpreise durch die Maschen gegangen und beim Staatlichen Kunsthandel gelandet war, konnte hier immer noch herausgefischt werden. Zulieferungen kamen aus den Asservatenkammern der Sicherheitskräfte, meist aus gerichtlich verfügten Beschlagnahmungen. Den Besitz von illegal aus der DDR geflohenen Bürgern lösten die Abteilungen Inneres der

Räte der Städte und Kreise auf. Offiziell hatten sie Antiquitäten und Kunstwerke an den Staatlichen Kunsthandel zu verkaufen, aber oft war der Antikhandel Pirna ein viel bequemer zu erreichender Partner. Gute Stücke aus solchen geräumten Wohnungen gelangten meist auch über den Weg zum Kunsthandel am Ende in Mühlenbeck; schließlich war ein Exportplan zu erfüllen. Ähnliches geschah häufig, wenn nach dem Erbenaufruf in der Zeitung feststand, daß nur der Staat als Erbe in Frage kam. Laut Notariatsordnung von 1979, vom Justizministerium 1986 erneut bekräftigt, hatten die Nachlaßpfleger »Kunstgegenstände, Antiquitäten (dazu gehören u. a. Stilmöbel, Markenporzellane, echte Teppiche und alte Petroleumlampen) und Briefmarken« dem Staatlichen Kunsthandel anzubieten.

Das Geschäft mit Kunst und Antiquitäten, mit dem die GmbH 1973 begonnen hatte, war zum Zeitpunkt der Auflösung längst nicht mehr das einzige.

Verhökert wurden Meißner Porzellanfiguren aus dem frühen 18. Jahrhundert oder alte Bauernschränke ebenso wie Pflastersteine, Eisenbahnschwellen und potenzstärkende Hörner vom afrikanischen Nashorn. Verkauft wurde Ende 1983 die Ruine einer hölzernen Bockwindmühle aus dem Jahre 1820 – früherer Standort Berlin-Bohnsdorf. Die abgebaute Mühle kam nach Westberlin und geht an ihrem neuen Platz im Museum für Verkehr und Technik wieder dem Gewerbe nach, für das sie gebaut wurde.

Es gab aber auch Geschäfte, die offenbar nicht zustande kamen, weil die Mühlenbecker nur mit aller Vorsicht auf den Markt wollten, um die Preise nicht zu erschüttern. Über Jahre hinweg tauchten in der DDR wiederholt Gerüchte von Bernsteinfunden in Braunkohlegruben auf. Jedes herausgebaggerte Stück, so wurde erzählt, hätte unter strengen Sicherheitsvorkehrungen abgeliefert werden müssen. Das Stammtischgerede von Schätzen aus dem Tertiär bestätigte sich bei der Liquidation der Kunst & Antiquitäten GmbH: In einem ihrer Lager wurden gewaltige Mengen Rohbernstein gefunden, insgesamt rund 140 Tonnen.

Für die Kunst & Antiquitäten GmbH galt bis zum Beweis des Gegenteils nahezu alles als potentielles Handelsobjekt. Abnehmer fanden sich selbst für die unzähligen, von den Aufkäufern eingesammelten Wagenräder. Man mußte nur die notwendige Geduld aufbringen.

Einer der letzten Kunden der GmbH, die belgische Firma Willemsen-Driessen, orderte im Lager Groß-Radisch neben anderen Artikeln noch fünf Minuten vor Toresschluß 200 Wagenräder.

Vertragspartner VEB (K) Antikhandel

In den Befehlen des Armeegenerals Erich Mielke zur Arbeit des Bereichs Kommerzielle Koordinierung (BKK) im Ministerium für Staatssicherheit taucht als besonders zu unterstützender Partner immer wieder der VEB (K) Antikhandel Pirna auf.

Dic Landkarte dieser Firma folgte nur in groben Linien der politischen Geographie. Natürlich saßen Bereichsleiter auch in Bezirksstädten wie Cottbus, Potsdam, Rostock oder Schwerin, aber bestimmend für die Struktur waren die ungehobenen Vorkommen. Eine Kulturlandschaft wie Thüringen, zergliedert in viele, oft jahrhundertealte Dörfer, zudem kaum vom Bombenkrieg überzogen, wurde mit ähnlich feinem Netz abgefischt wie das sächsische Kernland zwischen Meißen und Pirna. Im thüringischen Waltershausen verfügte der Bereichsleiter beispielsweise über zwölf Außenlager, sein Kollege im benachbarten Arnstadt hatte sechs, alle fast zu jeder Zeit mit Antiquitäten und sogenannten »kulturellen Gebrauchtwaren« vollgestopft.

Zu seinem Titel kam der VEB (K) Antikhandel Pirna am 1. Januar 1976. Im Gründungspapier wurden die wesentlichen lokalen Interessen festgeschrieben: der Valutaanteil des Rates der Stadt, bescheidene zwei Prozent zwar nur — aber bei geschätzten dreißig Millionen Jahresumsatz kam unterm Strich eine Summe zustande, von der die Bürgermeister anderer Städte dieser Größe nicht zu träumen gewagt hätten.

Der neue Name veränderte die schon mehrjährigen Beziehungen zwischen Antikhandel und Mühlenbecker GmbH nicht: Der kreisgeleitete volkseigene Betrieb blieb weiterhin dem Außenhandelsbetrieb am Rande Berlins rechenschaftspflichtig, und seine Aufgabe bestand nach wie vor einzig und allein in der Beschaffung von Waren für den Export. Bevor er zum VEB aufstieg, war der Antikhandel Pirna für kurze Zeit eine GmbH. Gründungsdatum: 6. März 1974. Zu diesem Zeitpunkt arbeiteten die beiden eingetragenen Gesellschafter Siegfried Kath und Horst Schuster aber bereits etliche Jahre gemeinsam im Antiquitätengeschäft — höchst erfolgreich und zur gegenseitigen Zufriedenheit.

Jener Siegfried Kath war die schillerndste Figur im Antiquitätenhandel der DDR zwischen den späten sechziger Jahren und seinem jähen Sturz in die Gefängniszellen der Dresdner MfS-Zentrale im Frühjahr 1974. Kath hatte das erfolgreiche Netzwerk geknüpft, mit dem der Markt durch den VEB (K) Antikhandel bis zum November 1989 so total unter Kontrolle gehalten werden konnte. Alles was nach seinem erzwungenen Abtritt daran nachgebessert wurde, komplettierte eine geniale Erfindung nur in Details.

In das Land seiner großen Karriere gerät Kath zu einer politisch besonders kalten Zeit, im Dezember 1961. Von Niedersachsen aus will er nur einmal kurz die Großeltern in Thüringen besuchen. Mit dieser Absicht in einem Interzonenzug sitzend, wundert er sich sehr, als er bei der Grenzkontrolle peinlichst nach der polizeilich gestempelten Aufenthaltsgenehmigung und ähnlichen Papieren befragt wird. Nicht einmal einen Reisepaß hat er bei sich. Wie sich denken läßt, kommt der gelernte Bergmann fürs erste nicht zu Oma und Opa, sondern in das Aufnahmelager für Übersiedler zwecks Überprüfung der seltsamen Angelegenheit.

Nach einigen Wochen besitzt er einen provisorischen Personalausweis der DDR und die verbindliche Zusage, daß man irgendwann über seine Rückkehr nachdenken werde. Zur Bewährung und weil man ihm schließlich helfen müsse, in der neuen Heimat Fuß zu fassen, erhält er eine Arbeitszuweisung für einen metallverarbeitenden Betrieb, den VEB Glüso in Tambach-Dietharz. In sein Geschick fügt Kath sich nach unzähligen abgelehnten Anträgen auf Rückkehr, einem gescheiterten Fluchtversuch, der anschließend folgenden Untersuchungshaft und einer angedrohten achtmonatigen Gefängnisstrafe. Man ist vor Gericht ziemlich gnädig mit ihm (bedenkt man jene rauhen Zeiten kurz nach dem Bau der Mauer), denn er darf sich jetzt sogar seinen Arbeitsplatz aussuchen. Kath wird Kellner, zuerst in Thüringen, danach in der Großstadt Dresden, von der es für ihn bis nach 8300 Pirna, Langestraße 44, sein künftiges Stammhaus im Antiquitätengeschäft, zumindest geographisch nicht mehr sehr weit ist. Fortan kellnert Siegfried Kath nicht nur in den unterschiedlichsten gastronomischen Unternehmungen, einschließlich des Elbdampfers »Karl Marx«, sondern geht mit zunehmender Intensität einer zufällig entdeckten Leidenschaft nach: dem Ankauf und Verkauf von Kleinantiquitäten. Mit Zinnsachen fängt er an, die er in einem staatlichen An- und Verkauf in der Bautzener Straße entdeckt, und nach schnellen Erfolgen erweitert er sein Handelsspektrum.

Zu eng wird ihm auch bald das Dresdner Revier: Kath kauft im Erzgebirge und erforscht das Mecklenburger Land, wo nach dem Mai 1945 so manches gute Stück in verlassenen Gutshäusern geblieben oder von den Schlössern in die Katen gewandert war. Hier lassen sich in Hühnerställen Barock-Sekretäre als Futterbehälter finden und Empire-Sessel in engen Stuben, die ihre Besitzer liebend gern gegen eine bequeme Liege mit Bettkasten eintauschen. Seine erste Scheune mietet er im Sommer 1969 in der Nähe von Feldberg, weil er ja irgendwo die Wagenladungen beschaffter Antiquitäten und Trödel unterbringen muß, die er neben seiner Saisonarbeit als Oberkellner herangeschafft hat.

Schon ausgestattet mit Kenntnissen aus gewinnabwerfenden Ankaufs- und Verkaufsgeschäften sowie einem erheblichen Warenlager, sucht er im Spätsommer 1969 über Anzeigen ein Antiquitätengeschäft zum Kauf.

24

Unter mehreren Angeboten entscheidet er sich für einen heruntergekommenen Gebrauchtwarenladen im alten Stadtzentrum Pirnas, in jener Langestraße 44. Die Zulassung als Antiquitätenhändler verdankt er dann zwei angesehenen Chefs der Dresdner Museen: Ingelore Menzhausen, Direktorin der Porzellansammlung im Zwinger, und Dr. Joachim Menzhausen, der das Grüne Gewölbe, die berühmte Schatzkammer auf der Brühlschen Terrasse, leitet. Beide unterziehen ihn einer mehrstündigen fachlichen Prüfung, die er glänzend besteht, so daß sie einen Antrag auf Gewerbeerlaubnis befürworten. Bekanntgeworden war Kath mit Frau Menzhausen, weil er bei seinen freiberuflichen Jagden durch Erzgebirgsdörfer schon 1967 eine im Jahr 1945 verschollene, als Kriegsverlust geltende Figurengruppe des Johann Joachim Kaendler entdeckt und der Porzellansammlung zurückgegeben hatte.

Sein Ladengeschäft in Pirna eröffnet Siegfried Kath am 12. Dezember 1969.

Bevor er mit Horst Schuster, dem ersten Geschäftsführer der Kunst & Antiquitäten GmbH, in Kontakt kommt, hat er sein leistungsfähiges Netz schon voll in Exportdienste gestellt. Waggonweise organisiert er Regulatoren oder Puppen, das Stück zu achtzig Mark aufgekauft. Sein erster Partner, der Staatliche Kunsthandel, verliert das Rennen um lukrative Ware aus dem Hause Kath bald gegen den Konkurrenten vom Außenhandelsunternehmen des Schalck-Golodkowski. Mit den Leuten von KoKo, hier speziell mit Manfred Seidel, dem Stellvertreter des großen Chefs, läßt es sich unbürokratischer und finanziell erfolgreicher arbeiten. 1972 eröffnet Kath in Pirna am Markt 14, bis zuletzt Zentrale des VEB (K) Antikhandel, mit rund einem Dutzend Mitarbeitern die Exportabteilung seines Unternehmens. Die erste Etappe der Zusammenarbeit zwischen Kath und KoKo, auf freiwilliger Basis beruhend und auf für ihn angenehme Weise durch die völlige Steuerfreiheit seiner Provisionen stimuliert, endet mit der Gründung der Kunst & Antiquitäten GmbH. Sie bekommt nun per Weisung von Ministerpräsident Stoph das alleinige Recht zum Export von Kunst und Antiquitäten. Damit hat Siegfried Kath von nun an, wenn er seine einträglichen Geschäfte im gewohnten Stil fortsetzen will, den Spielregeln der GmbH zu folgen.

Wie einträglich der grenzüberschreitende Handel mit Antiquitäten und dem seelenwärmenden nostalgischen Trödel für ihn ist, das zeigt er seinen Mitbürgern und den Geschäftskumpanen von KoKo vielleicht etwas zu deutlich. Der Millionär Kath kauft sich schon Mitte 1972 eine idyllisch gelegene Mühle aus dem 18. Jahrhundert, läßt sie mit enormem Aufwand rekonstruieren und mit dem Feinsten ausstatten, was ein Mann mit seinen Beziehungen nur auftreiben kann. Mit diesem Haus Nr. 55 in 8301 Döbra besitzt er endlich auch den richtigen Hintergrund für seine private Antiquitätensammlung: für die Barock- und Biedermeiermöbel, für seine Waffen, für die kostbaren Gläser, Porzellane, Fayencen und alten Uhren. Auf dem Höhepunkt einer Karriere wie aus dem kapitalistischen Märchenbuch, inmitten des sozialistischen deutschen Staates, erlebt er das erste leichte Beben: Im Stadtmuseum Meißen gestohlene Stücke sind bei ihm gelandet, die Verdächtigungen gegen ihn reichen von Hehlerei bis zu organisierter Beschaffung.

Der tiefe Sturz des Siegfried Kath beginnt rund sechs Wochen nach der Gründung der Antikhandel GmbH, die er gemeinsam mit jenem Horst Schuster von der Berliner Kunst & Antiquitäten GmbH vollzogen hat. Festgenommen wurde er unter dem für einen Mann mit seinem Besitz lächerlichen Vorwand, 19.000 Mark unterschlagen zu haben.[2]

Wer hinter dieser Aktion steht, hätte ihm klar sein dürfen, als er im Hof der Dresdener Stasi-Bezirksleitung in der Bautzener Straße aus dem Auto steigt. Für das vorgeschobene Delikt wäre ein anderer wohl nicht einmal in die Untersuchungs-Haft eines Kreisgefängnisses gekommen. Dreizehn Monate und drei Tage später ist der Millionär Kath wieder zum Tellerwäscher geworden.

Am 21. Mai 1975 unterschreibt er im eigenen Namen und im Namen seiner Frau den Verzicht auf seine Mühle und sein gesamtes bewegliches Vermögen. Die verhörenden Offiziere in der Bezirkszentrale des MfS haben ihm geraten, seine Probleme doch einmal vertrauensvoll mit dem Berliner Rechtsanwalt Dr. Wolfgang Vogel zu erörtern. Der in solchen Geschäften erfahrene Vogel handelt dann einen Deal aus, der Kath die Freiheit aus dem Stasi-Gefängnis und die Zusage zur baldigen Ausreise in den Westen einbringt — dem alten Kumpan Horst Schuster aber im Gegenzug das Grundstück in Döbra Nr. 55 samt allem, was im Haus zu finden war. Ein Schenkungsakt zugunsten der Kunst & Antiquitäten GmbH, die damals noch in der Französischen Straße in Berlin-Mitte ihren Hauptsitz hat.

Was im Mai 1975 mit ihnen geschah, nennen Annelise und Siegfried Kath heute beim Namen, und sie stellen den Antrag auf Wiedergutmachung: »Die Gründe zur Rückführung bzw. Entschädigung unseres Vermögens liegen klar auf der Hand, wir sind mit erpresserischen Methoden gezwungen worden, auf unser Vermögen zu verzichten...«

Fortan operierte der Antikhandel Pirna als zuliefernde Tochtergesellschaft der Mühlenbecker Kunst & Antiquitäten GmbH.

Im Auftrag der Staatsanwaltschaft erschien gleich nach der Verhaftung des Siegfried Kath eine Gruppe von Dresdner Museumsdirektoren als bestandsaufnehmende Gutachter in Döbra und in den schon existierenden Scheunen des Antikhandel. Sie vermerkten auf ihren Listen nicht wenige Stücke, die als hochrangiges Museumsgut ins Grüne Gewölbe, in die Skulpturen- oder in die Porzellansammlung gehört hätten. Als die versiegelten Kisten in Berlin ausgepackt wurden, fanden die zu diesem Anlaß angereisten Museumschefs kaum eines der ausgesuchten und für den Export gesperrten Objekte wieder.

Zu diesem Zeitpunkt war Kath, der frühere Eigentümer dieser Stücke, die sich auf unbekannte und damals keinen Staatsanwalt sonderlich interessierende Weise verflüchtigt hatten, bereits jenseits der Grenze.

Vorher hatten ihm Abgesandte Schalck-Golodkowskis versprochen, die ganze fatale Geschichte wieder gutzumachen. Mit diesem Köder wurde der schon bisher so bewährte Kath von Horst Schuster und Generaldirektor Seidel für eine vorbereitete Expansion der Kunst & Antiquitäten GmbH gewonnen. Als Plattform für den Start war die frisch von einem Österreicher und einem Bundesdeutschen am 1. Januar 1976 gegründete Antique-Handels-GmbH im bayrischen Aschheim ausersehen. Für diese Firma fuhr Kath als Marketing-Direktor nun in die DDR und machte das, was er schon in seinen Kellnertagen getan hatte: einkaufen, was sich mit Gewinn verkaufen ließ, gelegentlich auch bei einem seiner früheren Angestellten. In die Lagerhallen von Aschheim kamen die Antiquitäten dann auf einem der üblichen Umwege; um sie nicht den innerdeutschen Regeln des bargeldlosen Verrechnungshandels auszusetzen, ging selten eine Ware im direkten Export in die Bundesrepublik. Der Mitbegründer Schillinger leitete den Warenstrom über sein heimatliches Österreich.

Nach einem halben Jahr endete für Kath der schnelle Start in der alten Heimat. Als er zu laut an die Versprechungen Seidels erinnerte und an die vorenthaltenen Umsatzprämien bekam er die fristlose Kündigung.

Sein Geschäft, der Antikhandel Pirna, funktionierte bis zum Ende glänzend, auch wenn ihn das nicht mehr trösten konnte. Er schaffte es nicht, sich eine neue Existenz aufzubauen. Seit 1981 ist er Invalide, nachdem er bei einem Verkehrsunfall schwere Schädelverletzungen erlitt.

Mit den permanenten Anzeigenkampagnen, die Barzahlung und einen Aufkäufer in der Nachbarschaft versprachen, wurde der Markt ständig gemolken. Die Liste gesuchter Waren wechselte dabei, denn die Kundenwünsche auf den Exportmärkten veränderten sich mit den Nostalgiewellen, und außerdem mußte immer wieder Neues gesucht werden, damit Bewegung im Geschäft blieb. Für Antiquitäten, alte Kunst oder besseren Trödel bezahlte niemand mehr als die Leute von Antikhandel, da konnte kein Kunsthändler und noch weniger ein Museumsdirektor mithalten.

Zu den massenhaften »kulturellen Gebrauchtwaren«, mitsamt den darunter gelegentlich zu findenden wirklichen Antiquitäten oder Kunstwerken, kamen die Bereichsleiter an den Knotenpunkten des Kath'schen Netzes nicht nur durch reichlich Bares aus der Aktentasche. Sie waren fast immer dabei, wenn ein Nachlaßpfleger eine Wohnung räumen ließ, weil niemand anderes als der Staat als Erbe festgestellt werden konnte. Sie übernahmen großzügig Haushaltsauflösungen, und sie verwerteten für das Finanzamt an Zahlungs Statt, wenn die Ware für den direkten Weg nach Mühlenbeck nicht attraktiv genug erschien.

Um aus der Spreu von Jahrhunderten auch den Weizen herauszufin den, hatte die GmbH alle Mitarbeiter mit einem blauen Buch des Wissens ausgerüstet. Auf 283 reichbebilderten Seiten zeigt es in einer Übersicht »die derzeitig international üblichen Warengebiete des Handels mit Kunstgegenständen und Antiquitäten«. Als Verfasser des 1979 erschienenen internen Leitfadens zeichnete ein Siegfried Brachhaus; ergänzt wurden die nummerierten Exemplare »nur für den Dienstgebrauch« mit ständig von Mühlenbeck aktualisierten Preislisten.

Der Grundkurs über Antiquitäten war bitter notwendig, denn die Aufkäufer besaßen zwar firmeneigene Gelder in Fülle, aber wenig solide erworbene Kenntnisse. Als der VEB (K) Antikhandel am 28. Februar 1990 seine Geschäfte offiziell beenden mußte, hatte er nur einen einzigen Mitarbeiter mit einer fachbezogenen Ausbildung, einen diplomierten Historiker. Die anderen griffen, wenn ihnen eine Oma ein Porzellankännchen mit einer unklaren Marke unterm Fuß brachte, zu ihrem schlauen Buch und blätterten die Seiten 119 bis 130 auf. Dort fanden sie nicht nur die blauen Meißner Schwerter aller Perioden seit 1710 und die Zeichen der Königlich Preußischen Porzellanmanufaktur KPM, sondern auch eine Überschau aller bewußten oder zufälligen Nachahmungen des berühmten Meißner Markenzeichens. Schon an dieser Aufkäuferfibel ist der universelle Ansatz des Antikhandels als grundlegendes Geschäftsprinzip erkennbar. In Fotos gezeigt und kommentiert werden nicht nur die klassischen Bereiche des Antiquitätenhandels, sondern auch alle hinzugekommenen Randgebiete wie Spielzeug, Spielzeugeisenbahnen, bäuerliches Gerät und die sogenannte Varia — von den Kaffeemühlen bis zum Rodelschlitten aus Eisen von 1900.

Was außerhalb der abgebildeten, mit nachlesbaren Richtpreisen versehenen Objekte angenommen und bezahlt wurde, das blieb weitgehend der Intuition der Aufkäufer überlassen.

Nicht besser ausgebildete Kollegen vom Mühlenbeck-Zulieferer Dienstleistungsbetrieb (DLB) Berlin aus der Zweigstelle Wilhelm-Pieck-Straße hatten Mitte der achtziger Jahre Diebesgut aus dem Märkischen Museum aufgekauft. Der Dieb wurde später auf den Gesamtwert des angerichteten Schadens verurteilt, auf rund 200.000 Mark. Kassiert aber hatte er nur Bruchteile vom Wert, für eine Rubinglasflasche des Johann Kunckel vom Ende des 17. Jahrhunderts beispielsweise 400 Mark.

Auch der Glasmacher Kunckel (1630-1703) sollte wie Johann Friedrich Böttger in Dresden die Zauberformel für Gold finden, mit der sein Herrscher dann in alle Ewigkeiten die Schatullen hätte füllen können. Aber

1.1.8.
Nußholzfur..ierter Stollenschrank,
Band- und. Blumenintarsien,
Mitte 18. Jh.

Beim Stollenschrank ist darauf
zu achten, daß das Fuß-
gestell alt ist, da Kommoden-
aufsatzschränke häufig getrennt
wurden, um daraus eine
Kommode und einen Stollenschrank zu fertigen. Das Original
hat unten in der Regel
zwei Schubfächer.

Das vorliegende Handbuch
wurde von den Mitarbeitern der
Kunst und Antiquitäten GmbH
zusammengestellt, um damit ein
einheitliches Arbeitsmittel für
den Ankauf, die Bewertung und
Zuordnung von Antiquitäten
zu geben.

Gleichzeitig soll diese Übersicht
dazu dienen, die derzeitig
international üblichen Warengebiete des Handels mit
Kunstgegenständen und Antiquitäten darzustellen. Es wird kein
Anspruch auf Vollständigkeit
erhoben.

Das vorliegende Handbuch bleibt
uneingeschränktes Eigentum der
Kunst und Antiquitäten GmbH
und ist nur für den Dienstgebrauch
zu verwenden.
Die Weitergabe an Dritte ist
nicht gestattet.

Berlin, September 1979

Bauernschränke

Bauernschränke sind schlichter
und weniger aufwendig in
ihrer Gestaltung als bürgerliche
bzw. feudale Möbel.
Für die Bewertung ist außer auf
das Alter auf folgendes zu achten:
– Originalzustand der Malerei,
  später übermalte Schränke
  werden niedriger bewertet
– Schönheit und Vielfalt der
  Bemalung und der Ornamente
– Vollständigkeit und Ausführung von Sockel und Gesims
  sowie Vorhandensein von
  originalen Schlössern

1.1.9.
Eichene Bauernschränke gibt es
aus dem 18. Jh. mit häufig
glattem Gesims, in Rahmenkonstruktion und glatten
Füllungen. Bei diesen Möbeln
findet man zuweilen auf der
oberen waagerechten Rahmenleiste
geschnitzte Verzierungen mit
Nameninitialen und Jahreszahlen
(ohne Abb.).
Häufiger ist der Weichholz-
Bauernschrank. Überwiegend
in Thüringen, Sachsen und der
Lausitz zu finden, eintürig
oder zweitürig, rechteckig einfach
glatt, aber auch mit reicher
plastisch geschnitzter Verzierung
und abgeschrägten vorderen
Kanten. Meist ist er gefaßt,
in einfacher Holzmaserung,
farbig mit Blumen oder figürlicher
Gestaltung.

1.1.10.
Aufwendig gestalteter zweitüriger
Bauernschrank farbig gefaßt,
Ende 18. Jh.

1.1.11.
Beispiel von zwei einfachen zwei-
türigen farbig gefaßten Schränken,
Anfang 19. Jh.

13

Aus der Aufkäuferfibel der
Kunst & Antiquitäten GmbH

Kunckel erfand für den brandenburgischen Kurfürsten das Rubinglas, und Kunckelgläser sind Kostbarkeiten auf dem internationalen Antiquitätenmarkt von heute. Stücke von der Qualität jener Glasflasche aus dem Märkischen Museum wären unter 60.000 DM kaum zu bekommen.

Vom Diebesgut blieb übrigens einiges bis heute verschwunden. Es fehlen immer noch ein Kelchglas aus der Mitte des 18. Jahrhunderts mit dem Monogramm FR als Zeichen seines königlichen Besitzers Fridericus Rex, mehrere geschnittene Pokale mit dem gleichen Monogramm, ein Deckelhumpen von 1750 mit dem Brustbildnis Friedrich des II. und auch noch eine Tasse aus dem schimmernden Kunckelschen Rubinglas.

Als die Lager des Pirnaer Antikhandel Anfang Dezember 1989 versiegelt wurden, befand sich in den Scheunen zwischen Ostseeküste und Sächsischer Schweiz von Kunden ausgewählte und meist schon bezahlte Ware im Wert von knapp zwei Millionen Valutamark. Auf den letzten,

Stilleben aus einigen der Lager des VEB (K) Antikhandel Pirna — gehortet wurde alles,

ungezählten Verkaufstouren hatten sie sich auf die übliche Weise bedient, die Großhändler, die Antik-Basare und Auktionshäuser. Sabatier aus Verden bei Bremen ließ seine Antiquitäten in den Scheunen von Göppersdorf und Vetschau reservieren, van Damme in Löthain, Wickershain und Drochhaus/Oberpirk, die Fulwood Trading Ltd. aus Großbritannien war gleich in sechs Lagern zwischen Perleberg und Schildow fündig geworden.

Auch im Kundenservice profitierte die Kunst & Antiquitäten GmbH bis zuletzt vom Erfindungsgeist des brutal ausgeschalteten Siegfried Kath: Er hatte schon Scheunen und Ställe für gezielt suchende Einkäufer eingerichtet. In 8251 Schönewitz standen beispielsweise Pferdeschlitten und Kutschen, und in 8301 Göppersdorf Nr. 6 lagerte ein umfangreiches Sortiment von Klavieren aller Art. Der Antikhandel besaß reine Möbellager, in anderen waren alte Schreibmaschinen, mechanische Musikintrumente und Plattenkameras konzentriert.

Eingekauft wurde nur in seltenen Fällen direkt: Die begleitenden Außenhandelskaufleute aus Mühlenbeck konnten zwar bei kleineren Geschäften, ähnlich wie die Verkäufer der Antik-Shops in den Interhotels, die Ausfuhrgenehmigung auf gestempelten und vom Generaldirektor unterschriebenen Papieren erteilen. In der Regel notierten sie aber nur die ausgewählten Waren und die dafür ausgehandelten Preise für einen späteren Abtransport. Wenn dann vor den Scheunen die Transporte vorfuhren, kontrollierten die herbeigeholten Zöllner die vorgelegten Papiere. Bis zur Schließung waren 1989 schon »kulturelle Gebrauchtwaren«, vor allem Weichholzmöbel, für rund zwanzig Millionen Valutamark auf der Einbahnstraße nach Westen davongefahren.

Im Sprachgebrauch der Kunst & Antiquitäten GmbH verstand man unter »Weichholz« Möbel, die von holländischen und belgischen Importeuren lastzugsweise gekauft und in spezialisierten Werkstätten für den USA-Markt vorbereitet wurden. In der Regel machten die Werkstätten aus den abgebeizten Schränken Kommoden, Vitrinen oder Vertikos mit

was sich irgendwann an Antiquitätenhändler und Trödler verkaufen lassen könnte

als Massenware aus Taiwan bezogenen Zierleisten und Beschlägen, prächtig anzusehende Antiquitäten. Ganze Schiffsladungen »Rohmaterial« trieben die eifrigen Antikhändler jährlich in der ausgedünnten DDR auf.

Als dann im Januar 1990 die Siegel von den eingesetzten Kommissionen gelöst wurden, fand man nur Kulturgüter der Kategorie III vor, also exportfähige Objekte von lokaler Bedeutung: Bilder ortsansässiger Maler, Keramiken aus nahegelegenen Manufakturen, Gläser längst geschlossener Hütten, bäuerlicher Hausrat, Werkzeuge traditionell betriebener Gewerke — materielle Zeugen der Heimatgeschichte, zusammengeschleppt für die multinationalen Trödelmärkte Westeuropas.

In aller Stille hatte der VEB (K) Antikhandel für seinen Auftraggeber einen Ausverkauf in unvorstellbarer Quantität betrieben. Für DM, Francs, Schillinge oder Lira wurden Ingredienzien kultureller Identität verhökert.

Die Rechnung für diese Verluste wird nicht zu präsentieren sein...

Aus den Geschäften von eineinhalb Jahrzehnten blieb mancher offener Posten, den die Rechtsnachfolger des Unternehmens vielleicht begleichen könnten, bevor er gänzlich in Vergessenheit gerät. Ein besonderes Gaunerstück des VEB (K) Antikhandel hatte mit einem Einbruch in der Dorfkirche von Paretz begonnen, den Ruhestandspfarrer Koch am 3. November 1979 seiner zuständigen Polizeibehörde anzeigte.

Einen Teil des von ihm festgestellten Diebesgutes hatte schon Theodor Fontane bei seinen havelländischen Wanderungen in dem kleinen Kirchlein gesehen, das, aus dem 13. Jahrhundert stammend, im Auftrag des Preußischen Kronprinzen Friedrich Wilhelm 1797 gotisierend umgebaut worden war. »Alles Anmutige und Zierliche, alles, was in Form und Farbe auch das Laienauge angenehm berühren konnte, man ließ es der Kirche«, schreibt er über Paretz. Den Raum hinter dem Altar hatte man, wie er mitteilte, »zu einer Art Kunstkammer hergerichtet«, gefüllt mit Geschenken der ortsansässigen königlichen Familie und daher reicher ausgestattet, als

31

*Bestandsaufnahme in den Scheunen des Antikhandel im Bezirk Dreseden. Die Museums-
direktoren fanden auch hier einzelne wertvolle Stücke für ihre Sammlungen — Kulturgüter
von internationalem oder besonderem nationalem Rang wurden nicht entdeckt.*

sonst in Dorfkirchen üblich. Außer dem Kruzifix und den Altarleuchtern
fielen ihm besonders die Gemälde auf, »meist Jugendarbeiten des trefflichen Wach«, eines sehr angesehenen Malers jener Zeit.

Im November 1979 wurden zwei Paar Altarleuchter und vier Gemälde
gestohlen. Zwei davon hatte Fontane in Paretz bewundert und in seiner
Beschreibung erwähnt: »Johannes der Täufer« und »Christus mit Johannes und Matthäus«, beide gemalt von Karl Wilhelm Wach. Ein Teil des
Diebesgutes wurde offenbar von Aufkäufern des VEB (K) Antikhandel,
Bereich Potsdam, übernommen und geriet so in die Mühlenbecker Lager.
Nachweisbar geschah das mit dem kleinen Gemälde eines Fräulein Julie
Mihes aus Breslau, das König Friedrich Wilhelm III. vermutlich in der Berliner Akademieausstellung von 1816 gekauft und nach Paretz gebracht
hatte. Im Katalog ist das Bild unter der Nummer 191 recht genau beschrieben, nicht auf die rätselhafte Art heute üblicher Titelangaben: »Maria mit
dem Christuskind in einer Landschaft auf einem Hügel sitzend, Ölgemälde, auf einer Zinkplatte.«

Von Mühlenbeck aus wanderte das Werk der Julie Mihes in den Antik-
Shop des Generalkonsuls Wolfgang Böttger im Westberliner KaDeWe.
Böttgers Firma, die Antik-Shop Antiquitätengalerie GmbH, einer der
zuverlässigsten Kunden, wurde mit Sicherheit unwissentlich zum Hehler
»in der dritten Generation« gemacht. Hier im Antik-Shop hing die »Maria
mit dem Christuskind« aus der Paretzer Kirche bis zu jenem Tage im
Herbst 1984, als der Westberliner Kunsthändler Kristian Ebner von
Eschenbach das Bild wiedererkannte und für 8.000 DM kaufte.

Der Kunsthändler aus dem Berliner Antiquitätenviertel um die Eisen-
acher Straße hatte vorher von einem früheren Kollegen aus den Kunstsammlungen des Potsdamer Schlosses Sanssouci vom Diebstahl in der
kleinen Kirche erfahren. Das Bild kannte er von seinen Besuchen in Paretz.
Zu jener Zeit bemühten sich Freunde von ihm in Potsdam, die DDR offi-

ziell zu verlassen. Mit einem Akt des guten Willens, so hoffte der Kunsthändler, könnte er diese Bemühungen vielleicht befördern, und er übergab daher Gemälde und Kaufquittung an einen Rechtsanwalt, der als Vertreter der Evangelischen Kirchen in der Mark Brandenburg schon manches auf dem Feld humanitärer deutsch-deutscher Aktionen bewirkt
hatte. Seine absichtsvolle Zurückhaltung, um den Verdacht eines erpresserischen Aktes zu vermeiden, war für die Partner auf der anderen Seite des
Tisches Beweis genug, daß sonderlicher Ärger von diesem Idealisten nicht
zu erwarten war. Nach der freiwilligen Übergabe von Diebesgut und
Kaufquittung drohte nicht einmal ein peinlicher öffentlicher Skandal, der
die grenzüberschreitenden Geschäfte hätte stören können.

Die Potsdamer Freunde erhielten die erbetene Ausreise nicht. Aus dem
Westberliner Rechtsanwaltsbüro soll die »Maria mit dem Christuskind«
ein Mitarbeiter der Mühlenbecker Zentrale geholt und über die Grenze
gebracht haben.

Bei Ruhestandspfarrer Koch klingelte an einem schönen Tage des Jahres
1985, an das genaue Datum erinnert er sich nicht, ein Mann vom VEB (K)
Antikhandel, Bereich Potsdam, und wickelte vor seinen Augen das Werk
der Julie Mihes aus. »Mit stolzgeschwellter Brust«, so der Pfarrer, berichtete er vom kühnen Einsatz seiner Firma für die Paretzer Kirche. Das Bild
sei in einer Auktion entdeckt und ohne Scheu vor den hohen Valutakosten
ersteigert worden.

In der Paretzer Kirche hängt die »Maria« selten. Der Pfarrer holt sie nur
bei besonderen Anlässen aus dem Versteck hervor, denn er fürchtet seit
dem Diebstahl um die Sicherheit des Bildes. Die anderen gestohlenen
Stücke, die Gemälde des »trefflichen Wach« oder die Altarleuchten aus
königlichem Besitz blieben bis heute verschwunden.

Der Retter des kostbaren Werkes hat sein Geld nicht zurückerhalten.

Aus der Kirche von Paretz gestohlen
und bisher nicht wiedergefunden:
»Johannes der Täufer«
von Karl Wilhelm Wach

Die Rechtslage

Steuerverfahren und Steuergesetze

Auf dem sich immer mehr ausdünnenden Antiquitätenmarkt der DDR wurde in den achtziger Jahren gerade die Steuerfahndung zu einem der wichtigsten Zulieferer von hochwertigen Waren.

In den Lagern von Mühlenbeck endeten nach immensen Steuerforderungen solche Sammlungen wie die des Leipziger Arztes Professor Dr. Friedhelm Beuker, des Rathenower Restaurators Werner Schwarz und des Henningsdorfer Grafiksammlers Dr. Karl Köhler ebenso wie der Besitz von Antiquitätenhändlern.

Auf Kunstbesitz und auf den Besitz hochwertiger Antiquitäten werden in fast jedem Land der Welt Steuern erhoben, spätestens dann, wenn Erbschaftsteuern fällig sind. In Deutschland besteht schon seit den siebziger Jahren des vergangenen Jahrhunderts ein Vermögenssteuergesetz. Aus welchem Geist heraus es erfunden wurde und wohin es zu wirken hatte,

Münzen von nationalem Rang aus der Sammlung des Leipziger Arztes Dr. Neumann:

Herzogtum Braunschweig-Lüneburg, silberner fünffacher Löser von 1666 (Durchmesser 870 mm)

Herzogtum Schaumburg-Lippe, goldenes 20-Mark-Stück von 1898 (Durchmesser 22 mm)

Hansestadt Lübeck, silberner dreifacher Taler von 1626 (Durchmesser 420 mm)

läßt sich in Heinrich Manns satirischem Sittenroman »Im Schlaraffenland« nachlesen: Selbst die willfährigen Schönen vom Theater trugen zur Gründerzeit die Gunstbeweise ihrer Verehrer nicht mehr am Hals, sondern auf die Bank. Vermögen war Kapital und Kapital hatte zu arbeiten.

Die Legislative und Exekutive von Steuergesetzen entspricht auch im Bereich des persönlichen Eigentums den generellen Rechtsauffassungen und damit dem Charakter der Gesellschaft. Über das durchschnittliche Maß hinausgehender privater Besitz wurde nach den Regeln der herrschenden Ideologie in der DDR mit äußerstem Mißtrauen betrachtet. Solches Besitztum machte Sammler und Händler von vornherein verdächtig, wenn sie in ihren Sammlungsschränken oder an ihren Wänden über Kunstwerke, Antiquitäten oder andere Sammlungsstücke verfügten, die, in Geld ausgedrückt, einen »schwindelerregenden« Wert repräsentierten. Daß die Reichtümer in der Regel nicht ergaunert, sondern oft durch den Wertzuwachs aus steigenden, nicht selten künstlich hochgetriebenen Marktpreisen zustande gekommen worden waren, änderte an der Grundhaltung des Staates nichts.

Von Steuerfahndern heimgesucht und geplündert wurden Antiquitäten- und Kunstsammler wie die Berliner Garke und Maeder oder die Rostockerin Mau, Ordens- und Münzsammler wie der Dresdner Oswald oder der Leipziger Dr. Neumann und Waffensammler wie der Suhler Dr. Altmann ebenso wie der Modelleisenbahnsammler Gaudlitz aus Leipzig. Wenn in der DDR Steuerfahnder so leicht zu Zulieferern der Kunst & Antiquitäten GmbH gemacht werden konnten, dann deshalb, weil innerhalb ihres generellen Auftrages die stets behaupteten übergeordneten »gesellschaftlichen Interessen« grundsätzlich mehr wogen als individuelle Rechte.

Die Mißachtung individueller Rechte läßt sich am Wortlaut von Steuergesetzen, an den fehlenden Möglichkeiten zur gerichtlichen Kontrolle von

Steuerentscheiden, aber auch an konkreten, meist vertraulich behandelten Arbeitsrichtlinien nachweisen. Daß Steuerfahnder im Rahmen dieses Netzwerkes ihren Auftrag letztlich nach den Regeln des Berufes erfüllten, sollte nicht verwundern. Selbst die Teilnahme von »Spezialisten« der Kunst & Antiquitäten GmbH oder des VEB (K) Antikhandel Pirna wäre, für sich genommen, als durchaus normal anzusehen: Woher sollte der Steuerfahnder X ohne fachliche Beratung wissen, ob das Bild an der Wand drei Groschen oder 3000 Taler wert ist, ob der Harlekin aus Meißner Porzellan von 1740 stammt oder aus den zwanziger Jahren dieses Jahrhunderts?

Von den Betroffenen wurden die plötzlichen, massiven »Überfälle« von Steuerfahndern, Kriminalpolizisten, Gutachtern und herbeigeholten neutralen Zeugen jedoch als besonders bedrückend und moralisch entwürdigend empfunden. Um innere Zusammenhänge an diesem Beispiel anzudeuten: Die zur Amtshilfe herbeigezogenen Gutachter der GmbH oder ihrer Tochterfirma stellten Besitzübersichten, sogenannte Zeitwertfeststellungen auf, die dann zur Grundlage steuerlicher Berechnungen und damit zum Ausgangspunkt gewöhnlich enormer Nachforderungen wurden. Da in den seltensten Fällen die Steuerschuldner ihre Schuld mit Bargeld beim Finanzamt begleichen konnten, kamen nach Abschluß des Steuerverfahrens die Gutachter der GmbH oder deren Kollegen und holten die von ihnen geschätzten Stücke zur Verwertung ab.

Ein geschlossenes System, abgesichert noch mit dem preußischen Sinn fürs Überperfekte: In ihrem eigenen Finanzplan hatten Finanzämter in den späten achtziger Jahren kein Geld mehr für Gutachter. Und kostenfrei begutachteten nur die Fachleute von Mühlenbeck und Pirna... In Steuerverfahren war die Kunst & Antiquitäten GmbH, wie sich nachweisen läßt, schon sehr bald nach ihrer Gründung mit im Spiel. Aber seit Anfang der achtziger Jahre wurde die Devisenmisere des Staates so groß, daß bei der Verwertung an Zahlungs Statt absolut sicher jeder andere potentielle Abnehmer ausgeschaltet werden sollte. Im April 1983 erließ der damalige stellvertretende Finanzminister Maaßen eine Weisung, die das Monopol der Kunst und Anitquitäten GmbH festschrieb: »Zur Realisierung von Steuerforderungen ist es in Einzelfällen erforderlich, gepfändete Kunstgegenstände, Antiquitäten und Sammlungen zu verwerten. Im Interesse einer einheitlichen Handhabung bei derartigen Vorgängen... wird ab sofort folgendes festgelegt:

1. Die genannten Gegenstände sind durch die zuständige Abteilung Finanzen in jedem Fall der Kunst & Antiquitäten GmbH, 1080 Berlin, Französische Straße 15, zum Ankauf anzubieten.

2. Erst wenn seitens dieses Betriebes kein Interesse für einen Ankauf besteht, können die betreffenden Gegenstände... an ein anderes staatliches Aufkauforgan veräußert werden.«

36

In seiner Information an das Kulturministerium über diese grundsätzliche Verfahrensweise griff der Minister mögliche Einwände sofort auf und verwarf sie mit einem eleganten Trick:

Eine gesonderte »Vereinbarung« zwischen dem Ministerium der Finanzen und dem Ministerium für Kultur zur Informationspflicht über gepfändetes Kulturgut durch die örtlichen Finanzabteilungen war nach seiner Auffassung nicht erforderlich, denn da bestehe ja jene Kulturgutschutzkommission, die in Mühlenbeck schon nach dem Rechten sehen werde. Verhindert wurde damit per Weisung, daß irgendwo von Kunstsachverständigen Kulturgüter ausgesondert wurden, die bisher automatisch Mühlenbeck zugefallen waren, wenn ein Steuerschuldner nicht bar bezahlen konnte. Selbst eine selektierende Kulturgutschutzkommission in den Räumen der Kunst & Antiquitäten GmbH hätte nichts am hier verteidigten Prinzip geändert: an der Verwandlung von Steuerschulden in DM, Gulden, Francs oder Pfunde.[3]

Eines der entlarvendsten Zeugnisse für die Verstrickungen zwischen dem Finanzministerium und dem KoKo-Betrieb Kunst und Antquitäten GmbH liegt in der Behandlung des Informationsbriefes 1/82 als internes Arbeitsmaterial.

Der Informationsbrief des stellvertretenden Finanzministers Schindler zum Thema »Vermögensteuer für Kunstgegenstände und Sammlungen« bezieht sich in seiner Einleitung auf das Kulturgutschutzgesetz und auf Abstimmungen mit dem Kulturminister und dem Ersten Bundessekretär des Kulturbundes. Das fünfseitige Papier regelt bis ins Detail Steuerbefreiungen und -vergünstigungen für Kulturgut im privaten Besitz. Es scheint wirklich darum zu gehen, wie es einleitend heißt, »Kulturgut zu schützen und es durch kulturelle Aktivitäten seiner Besitzer dem gesellschaftlichen Leben zu erschließen.« Mit dieser leicht gestelzten Formulierung werden Steuerbefreiungen für Sammler versprochen, die einzelne Kunstwerke oder ihre ganze Sammlung öffentlich ausstellen. Das taten übrigens fast alle jener Steueropfer, von denen zu berichten sein wird, wie sie oder ihre Erben entgegen dem Geist und den Buchstaben dieser Richtlinien um Besitz gebracht wurden.

Der Informationsbrief 1/82 entspricht in erheblichen Teilen, bis in einzelne Formulierungen hinein, dem Bewertungsgesetz der Bundesrepublik. Aber die damit scheinbar gewonnene Rechtssicherheit der Sammler und der behauptete Schutz von erhaltenswertem Kulturgut erwiesen sich in der Praxis als bloße Spiegelfechterei. Dieser Informationsbrief 1/82, vertrauliches Papier schon innerhalb der Finanzbehörde, mußte auch von den Kulturabteilungen der Kreise und Bezirke als interne Dienstsache behandelt werden. Ein stellvertretender Finanzminister forderte von seinen Kollegen im Kulturministerium die entsprechenden Weisungen:

»Außerdem bitte ich zu sichern, daß Auszüge oder vollständige Abdrucke des Inhalts des Informationsbriefes nicht erfolgen.«

Auf ministerieller Ebene läßt sich das deutlicher nicht sagen: Ausdrücklich und absichtsvoll wurden hier Bürger um ihre Rechte gebracht, weil man ihnen die Kenntnis dieser Rechte vorenthielt! Die seit Mitte der siebziger Jahre und verstärkt dann mit Beginn des achten Jahrzehnts festzustellende Verfolgung von Kunstsammlern und Antiquitätenhändlern durch die Finanzämter verbreitete ein Gefühl der Rechtsunsicherheit und der Angst. Das Kulturgutschutzgesetz von 1980 wurde von manchen Sammlern als Falle angesehen, aufgestellt, um Informationen zum gezielten Einsatz der Steuerfahndung zu gewinnen. Nur wenige meldeten daher ihre Sammlung offiziell bei den Räten der Kreise an. Damit verzichteten sie aber auf eine »staatliche Bestätigung, daß die Erhaltung des registrierten Kulturgutes wegen seiner Bedeutung für die Geschichte, die Wissenschaft oder die Kunst im gesellschaftlichen Interesse liegt.« In nicht wenigen Steuerfällen kam der Bumerang zurück, denn Registrierung oder Nichtregistrierung wurde zum Kriterium für den Umgang mit Sammlungen oder einzelnen hochrangigen Kunstwerken. Nicht angemeldete Kulturgüter erhielten in der Regel keine Anerkennung und verfielen so voll der Vermögen- oder Erbschaftsteuer und damit fast immer auch Mühlenbeck. Für die Sammler war das eine Art russisches Roulette mit doppelten »Chancen«: Die tödliche Kugel konnte aus zwei Kammern kommen.

Steuerlich bevorzugt wurden nur äußerst wenige Sammlungen, für die anderen wurde bei der Festsetzung der Vermögensteuer eine unglaublich niedrige Freigrenze angesetzt: 50.000 Mark. Wer als steuerpflichtiger Kunst- oder Antiquitätensammler höhergeschätzte Werte besaß, der hatte zu zahlen. Die Sätze klingen erschwinglich: jährlich zwischen 0,5 bis 2,5 Prozent. Der Höchstsatz trat bei Vermögen von über einer halben Million ein. Aber woher sollte ein Sammler mit einem in der DDR üblichen Einkommen, der sein zu entbehrendes Geld, wie das zu dieser Profession gehört, in seine Sammlung zu stecken gewohnt ist, in jedem Jahr 15.000 oder 20.000 Mark für die Vermögensteuer hernehmen?

Die Herkunft dieser 50.000-Mark-Freigrenze für Kunstsammlungen läßt sich bis in die Kaiserzeit zurückverfolgen. Aber damals waren beim Trödler noch Porzellane, Keramiken oder Möbel spottbillig zu kaufen, die auf Auktionen heute Spitzenpreise erzielen.

Eine Sammlung zeitgenössischer Druckgrafik aus dem ersten Jahrzehnt dieses Jahrhunderts, in den Ateliers der deutschen Expressionisten für einige tausend Mark gekauft, wäre heute viele Millionen wert. Solche Vergleiche machen zumindest eines klar: für eine über Jahrzehnte aufgebaute, zu Teilen vielleicht aus erbtem Familienbesitz stammende Sammlung war ein derartiger Freibetrag ein Unding.

Schon einmal wurde ein Vermögensteuergesetz mit einer eindeutig erkennbaren Zielstellung erlassen und angewandt. In der Steuerpraxis des dritten Reiches hatte der 1934 auf 50.000 Reichsmark angesetzte Freibetrag die Funktion, jüdisches Vermögen zu zerschlagen, darunter auch die großen Kunstsammlungen.

Die DDR hatte diese aus der Nazizeit stammenden Gesetze 1949 in der 5. Durchführungsbestimmung zur Steuerreformverordnung und in den Vermögensteuer- und Bewertungsrichtlinien von 1955 fortgeschrieben. Durch die Steuerreform des Jahres 1970 änderte sich an den Grundsätzen nichts; gestrichen wurde lediglich im neu formulierten Vermögensteuergesetz die Anzeigepflicht für Vermögen, also auch von Kunstbesitz oberhalb der 50.000 Mark. Eine solche Anzeigepflicht war bis dahin aus einem Gesetz des Jahres 1944 mitgeschleppt worden.

Der verschärften Anwendung der Vermögensteuergesetze bei Sammlern und Händlern seit Ende der siebziger Jahre gingen enorme internationale und nationale Preissteigerungen für Antiquitäten voraus. »Gegenüber der Mitte der sechziger Jahre«, schrieb der Kunsthistoriker Hartmut Pätzke, der als Beobachter von Auktionen und des Antiquitätenmarktes sehr gut vergleichen kann, »sind die Preise für Antiquitäten bei uns etwa um das Zwanzig- bis Hundertfache gestiegen«.

Die in Zürich jährlich erscheinenden Preistabellen, die »International Auctions Records«, verzeichneten beispielsweise im Jahr 1989 als Rekordpreis für »Leonie« von Otto Dix 30.000 Dollar. Das gleiche Blatt, eine Lithographie von 1923, hatte 1975 nur 1.300 Dollar erzielt. Für höherrangige Kunst, und durchaus nicht nur für Spitzenwerke von Malern wie des Preisrekordhalters van Gogh, war fast durchgehend ein ähnlicher Anstieg zu beobachten.

In die DDR mit ihrem seit Jahrzehnten immer stärker monopolisierten Markt brachte die Kunst & Antiquitäten GmbH das internationale Preisniveau über ihre Aufkaufpreise hinein. Denn angekauft wurde nach den Maßstäben des westlichen Kunstmarktes, vervielfacht durch einen wechselnden, offenbar keinen festen Regeln unterworfenen Multiplikator. Für einen erhofften Devisenerlös von 1.000 DM konnten sowohl 2.000 als auch 4.000 Mark der DDR im Ankauf investiert werden.

Von den Schätzern der Kunst & Antiquitäten GmbH oder des Antikhandels Pirna wurde auch bei den Zeitwertfeststellungen für Steuerverfahren mit ungerechtfertigten Preisen operiert. Verstoßen wurde dabei permanent gegen das »Bewertungsgesetz«, nach dem der Preis anzusetzen ist, der »im gewöhnlichen Geschäftsverkehr... bei einer Veräußerung zu erzielen wäre.« Aber es gab keinen gewöhnlichen Geschäftsverkehr, sondern nur das bindend vorgeschriebene Verwertungsmonopol eines Außenhandelsbetriebes.

Besonders bitter traf dieses in seiner Künstlichkeit und seiner Zielsetzung durchschaubare Preisbildungssystem die privaten Kunstsammler und Antiquitätenhändler: Die bei der Zeitwertfeststellung ermittelten Schätzwerte wurden als Handelsgewinne angesehen und versteuert oder als Beweise für vorsätzliche Steuerhinterziehung behandelt. Da die meisten Sammler, um ihre Sammlung lebendig zu erhalten, immer wieder Stücke verkaufen und neue dafür erstehen, war es relativ leicht, einige von ihnen als »Unternehmer« nach der Definition der Steuergesetze zu belangen. Aus den Unterlagen mancher ruinierender Steuerverfahren oder aus Gerichtsakten ist von Außenstehenden nur schwer zu beurteilen, ob und in welchem Maße die schmale Grenze zur »Handelstätigkeit« überschritten worden war. In Zweifelsfällen aber wurde stets zugunsten der Finanzämter und ihres Einnahmesolls entschieden. Gemessen und geschnitten wurde nach den Steuerparagraphen für Unternehmer: »Gewerblich oder beruflich ist jede nachhaltige Tätigkeit zur Erzielung von Einnahmen, auch wenn die Absicht, Gewinn zu erzielen, fehlt...« Vom »Handelsgewinn« konnten bis zu neunzig Prozent weggesteuert werden.

Eine vorsätzliche Steuerhinterziehung wurde immer dann unterstellt, wenn die Vermögenserklärungen nicht mit den von den Gutachtern angesetzten Schätzpreisen übereinstimmten. Die Stücke konnten sich ja schon Jahrzehnte im Familienbesitz befunden haben. Zum Charakter dieser Wertfestsetzungen äußerten sich auch die Rechtsanwälte Lothar de Maizière und Dr. Gregor Gysi in ihrer Beschwerde gegen das Verfahren im Falle ihres Mandanten Ernst-Gottfried Günther: »Bei der Bewertung des gesamten Vermögens und auch des persönlichen Eigentums... hätte niemals ein Gutachten durch den Volkseigenen Handel Antiquitäten (Pirna) beibezogen werden dürfen. Der Volkseigene Antikhandel Pirna stellt die Auslandspreise fest, da er ein Außenhandelsbetrieb ist. Auch seine Aufkaufpreise sind keine Inlandspreise.«

Ernst-Gottfried Günther gehörte zu den sechs Dresdner Antiquitätenhändlern, die in der ersten Hälfte der achtziger Jahre ins Visier der Steuerfahnder gerieten.

Einen astronomischen Wertzuwachs erhielten manche Sammlungen auch durch das absurde Preisgefüge bei Edelmetallen. Die DDR hatte zu Beginn der achtziger Jahre die Ankaufpreise von Gold und Silber um ein Mehrfaches erhöht. Hintergrund dafür war die prekäre Finanzlage des Staates. Die Aufkaufpreise sollten zu Verkäufen an die staatliche Münze anregen und waren offenbar so attraktiv, daß sich organisierter Schmuggel selbst über die schwer passierbaren DDR-Grenzen lohnte. Bei den Zeitwertfeststellungen gingen die Gutachter von diesen zur Abschöpfung erfundenen Edelmetallpreisen aus. Das traf Sammlungen wie die des Berliner Röntgenarztes Dr. Lange, dessen Erben für die zusammengetragenen

Meisterwerke der Silberschmiedekunst extrem hohe Vermögensteuern nachbezahlen mußten und den Besitz von Antiquitätenhändlern. Nicht selten wurden gepfändete kunsthistorische Leuchter oder Geschirre und seltene Silbermünzen eingeschmolzen. Ein barbarischer Akt, der nicht einmal mit der Gier nach Devisen zu erklären ist, denn viele dieser Sammlungsstücke hätten bei einem Verkauf auf den üblichen Mühlenbecker Handelswegen durchaus einen über den bloßen Metallwert hinausgehenden Preis erzielen können.

Die Steuergesetze ließen für willkürliche Auslegungen gegenüber Sammlern und Antiquitätenhändlern einen erheblichen Spielraum. In kaum einem der bekanntgewordenen Fälle wurde beispielsweise der Versuch unternommen, die intern behandelten Vorschriften jenes Informationsbriefes 1/82 zum Schutz von Sammlern und Sammlungen zu interpretieren und anzuwenden. Auch die Steuerfahnder hatten nach den Regeln eines Systems zu operieren, in dem Devisenerlöse mehr zählten als die Rechte des einzelnen.

Außer dem Rechtsmittel der Beschwerde hatten die Betroffenen und deren Anwälte den oft genug existenzzerstörenden Steuernachforderungen nichts entgegenzusetzen. Dazu kommt: Solche Beschwerden waren bei den Steuerbehörden selbst einzulegen. Eine unabhängige gerichtliche Überprüfung der Rechtmäßigkeit von Steuerbescheiden kannte das Recht der DDR nicht.

Nach der politischen Wende in der DDR haben deshalb nicht wenige der betroffenen Kunstsammler und Antiquitätenhändler eine Revision der gegen sie gefällten Urteile und eine Entschädigung verlangt.

In dem atmosphärisch selten ungetrübten Dreiecksverhältnis vom Ministerium für Kultur, Ministerium der Finanzen und der Kunst & Antiquitäten GmbH gab es im Jahre 1985 eine bemerkenswerte und daher zu notierende Sternstunde, als der Finanzminister seinem Amtskollegen im Kulturministerium mitteilen konnte, daß »einer Eröffnung der Galerie mit Werken des Malers und Grafikers Lyonel Feininger steuerlich nichts mehr entgegen stehe.«

Der Quedlinburger Arzt und Kunstsammler Dr. Hermann Klumpp mußte 1981 der Abteilung Finanzen seines Kreises Grafiken Feiningers im Werte von 1,3 Millionen Mark zur Tilgung seiner Steuerschuld anbieten. Die Blätter hatte er, wie an Briefen nachzuweisen, von Feininger geschenkt erhalten, von dem er wichtige Werke in der Zeit des Faschimus verborgen gehalten und damit gerettet hatte. Die Stadt Quedlinburg bereitete zu diesem Zeitpunkt den Aufbau eines Feininger-Museums vor, in dem die unter Denkmalsschutz gestellte Klumpp-Sammlung das Kernstück bilden sollte. Der Arzt wollte seine Steuerschulden nicht durch eine der üblichen Verwertungen an Zahlungs Statt tilgen, sondern durch eine

Stiftung an seine Heimatstadt. Nach vier Jahren war der zähe Kampf um Lyonel Feininger mit Übernahme seiner Blätter in den staatlichen Museumsfonds der DDR entschieden. Ein Federstrich hatte am Ende genügt: Die Steuerschuld war durch die übergebenen Kunstwerke beglichen.

Was für die DDR so außergewöhnlich war, gehört in Staaten wie Frankreich schon seit Dezember 1968 zur Gepflogenheit, wenn die Erben bedeutender künstlerischer Nachlässe zur Kasse gebeten werden. Das Picasso-Erbe blieb so zu wesentlichen Teilen dem Lande erhalten, in dem der Künstler den größten Teil seines Lebens verbracht hatte.

Aus dem von Dr. Klumpp verwahrten Nachlaß Feiningers erhielt über den Umweg eines New Yorker Auktionshauses auch das Berlin Museum in Westberlin ein wichtiges Werk: »Gasometer in Schöneberg«, gemalt 1912. Das Berlin Museum kam mühevoller zu seinem Feininger als Wernigerode zum ganzen Feininger-Museum, denn den Kaufpreis mußten der Berliner Senat und ein Kulturfonds im Bundesland Nordrhein-Westfalen gemeinsam aufbringen: Ein Beispiel deutsch-deutscher Kulturfreundlichkeit für die Kunst eines Malers, der in New York geboren wurde und in New York gestorben ist.

Lyonel Feininger gilt als einer der wichtigsten Lehrer am Bauhaus, wo er von 1919 an bis zur erzwungenen Schließung 1933 tätig war, und als eine der großen Gestalten der deutschen Moderne. Ob ein Werk wie das seine geachtet und bewahrt wird, das konnte in deutschen Landen durchaus als Maßstab für das Verhältnis zur eigenen Kulturgeschichte angesehen werden.

Die Kulturgutschutzkommission

Für die Geschäfte der Kunst & Antiquitäten GmbH war der 4. November 1982 ein historisches Datum. An diesem Tag unterzeichneten Kulturminister Hans-Joachim Hoffmann und Staatssekretär Alexander Schalck-Golodkowski eine Vereinbarung über den Export von geschütztem Kulturgut. Grundlage dafür war die 3. Durchführungsbestimmung zum Kulturgutschutzgesetz vom Mai desselben Jahres, denn danach durfte die Ausfuhr genehmigt werden, wenn sie »im Interesse der sozialistischen Gesellschaft liegt oder ihrem Anliegen, das nationale Kulturerbe zu wahren und den Bestand allen national und international bedeutsamen Kulturgutes zu sichern, nicht zuwiderläuft.«

Über das Interesse »der sozialistischen Gesellschaft« an erfolgreichen Valutageschäften dürfte es zwischen beiden Vertragspartnern keine Zweifel geben; der Devisenbeschaffer Schalck sah sich hier in Übereinstimmung mit dem Kulturminister. Streitpunkte und Mißverständnisse konnten beim zweiten Teil dieses Passus' auftauchen. Was gehörte zum »bedeutsamen Kulturgut« und mußte vor dem Export geschützt werden? Irrtümer, besonders im Wiederholungsfall, hätten für die Kunst & Antiquitäten GmbH peinlich werden können, denn das Kulturgutschutzgesetz vom 3. Juli 1980 sah für schwere Verstöße Freiheitsstrafen von zwei bis zu zehn Jahren vor. Und ein schwerer Fall lag vor, wenn »die Tat zusammen mit anderen begangen wird, die sich unter Ausnutzung ihrer beruflichen Tätigkeit... zusammengeschlossen haben.« Das Kulturgutschutzgesetz von 1980 und die dazu bis 1986 erlassenen fünf Durchführungsbestimmungen hatten in der Geschichte der DDR einige Vorgänger. Schon die »Verordnung zum Schutze des deutschen Kunstbesitzes und des Besitzes an wissenschaftlichen Dokumenten und Materialien« vom 3. April 1953 zählte eine lange Liste zu bewahrender Kulturgüter auf, für die vor dem Export eine Genehmigung eingeholt werden mußte. In der Zeit zwischen diesen beiden Schutzgesetzen trat die DDR auch noch, wie immer auf internationale Reputation bedacht, der UNESCO-»Konvention über Maßnahmen zum Verbot und zur Verhütung der unzulässigen Einfuhr, Ausfuhr und Übereignung von Kulturgut« vom 17. November 1970 bei.

Das zum Zeitpunkt jener Vereinbarung vom November 1982 über den Export von geschütztem Kulturgut vorliegende Gesetzeswerk konnte auch international als vorbildlich gelten. Und die strittige Grenze zwischen exportfähigen und als unverzichtbarer nationaler Kulturbesitz im Lande zu bewahrenden Erbstücken wurde durch Kategorisierungen des Staatlichen Museumsfonds klar gezogen.

Für die Mühlenbecker GmbH war wie für jeden anderen die Ausfuhr von Stücken der Kategorie I (von internationalem Rang) und der Spitze der Kategorie II (von besonderer nationaler Bedeutung) strikt verboten. Erlaubt war mit der Vereinbarung der unkontrollierte Export von Kunstwerken, Antiquitäten, kulturellen Gebrauchswaren usw. von lokalem Wert (Kategorie III) und von Objekten minderer nationaler Bedeutung (untere Kategorie II).

Für ein Geschäft, in dem sich Qualitäten mit keiner Apothekerwaage objektivieren lassen, taugte eine solche Kategorisierung allerdings nur für die groben Fälle: Eine unsignierte Malerei, von einem Aufkäufer des VEB (K) Antikhandel Pirna in Rostock für 500 Mark besorgt, konnte sich für Kenner durchaus als Werk von Christian Rohlfs (1849-1935) erweisen, der auch in dieser Stadt gelebt und gearbeitet hatte. Das gerade noch auf direktem Weg nach Mühlenbeck gekommene Gemälde — weil Bilderkäufe über 500 Mark in jedem Fall ins zentrale Lager zu bringen waren — wäre dort als nationales Kulturgut ersten Ranges zu bewerten und zu schützen gewesen. Auch Kunstkenner Dr. Schalck wußte von solchen Gefährdungen im

Geschäftsleben seines Unternehmens. Seine Vereinbarung mit dem Kulturminister enthält deshalb mit Passus 2 einen Rückversicherungs-Paragraphen: »Die Kulturgutschutzkommission des Ministeriums für Kultur der DDR«, so heißt es in dem Papier, »prüft zweimal monatlich beim AHB (Außenhandelsbetrieb) Kunst & Antiquitäten GmbH, ob bei der zur Ausfuhr vorgesehenen Exportware Kulturgut der Kategorie I und der Spitze der Kategorie II vorhanden ist. Dieses Kulturgut wird nicht ausgeführt.«

Mit dieser Festlegung delegierte die Kunst & Antiquitäten GmbH ihre Pflicht zur Wahrung des Kulturgutschutzgesetzes an ein Aufsichtsgremium! Eine geniale Lösung.

In dem danach unterhalb der »Königsebene« abgeschlossenen Arbeitspapier versichern Generaldirektor Farken und der Vorsitzende der Kulturgutschutzkommission Schmeichler, daß sie »auch in anderen Fragen, die der Wahrung des Kulturgutes der DDR und dem Export in das NSW (Nichtsozialistisches Wirtschaftsgebiet) förderlich sind, vertrauensvoll zusammenarbeiten« werden. Ins Leben gerufen wurde die Kulturgutschutzkommission 1982. Eine erste gemeinsame Vereinbarung mit der Kunst & Antiquitäten GmbH stammt schon aus dem Gründungsjahr. Anfangs arbeiteten in der Kommission unter dem Vorsitz von Werner Schmeichler 14 vom Minister berufene Fachgutachter. Aber eine gründliche Kontrolle und damit verantwortungsvolle Arbeit wurde in Mühlenbeck schon durch die Dimensionen des Unternehmens unmöglich gemacht.

Die als Alibi zwischen Hoffmann und Schalck vereinbarte monatlich zweimalige Kontrolle fand nur in den ersten drei Jahren statt. Danach legten immer mehr Gutachter ihr Amt nieder, weil sie mit der Aussonderung weniger hochrangiger Kulturgüter der miterlebten Plünderung noch einen Schein von Legitimität gegeben hätten. Das untaugliche Verfahren wurde im nachhinein zur Groteske gemacht, als der Kulturminister die Vereinbarung »angesichts des Massencharakters des Warenbestandes des Außenhandelsbetriebes und des damit verbundenen Arbeitsaufwandes« zu kündigen versuchte. Nach seiner Vorstellung soll »die Kunst & Antiquitäten GmbH künftig Kulturgüter von besonderer nationaler und internationaler Bedeutung selbst vom Export« aussondern und den Museen anbieten. Registrierte Kulturgüter sollten künftig schon vom Ankauf ausgeschlossen bleiben. Kulturminister Hoffmann mußte sich von seinem gesetzestreuen Genossen Schalck in der Antwort auf diesen Vorschlag sagen lassen, »daß Kunstgegenstände in der Geschäftätigkeit des AHB Kunst und Antiquitäten naturgemäß in erster Linie eine kommerzielle Wertung erfahren, die nicht in jedem Falle deckungsgleich mit deren kulturhistorischer Bedeutung für unsere Republik ist.«

44

Die Legende von der fleißig in Mühlenbeck arbeitenden Kulturgut-schutzkommission war für die Geschäfte der Kunst & Antiquitäten GmbH unverzichtbar. Selbst Steuerfahnder überkamen gelegentlich Zweifel, wenn sie einen Gobelin oder ein Rokokomöbel zur »Verwer-tung« an den Außenhandelsbetrieb übergeben mußten, weil das ihre Dienstvorschriften so befahlen. Unter den Zulieferern der GmbH mußte sich niemand vor dem Kulturgutschutzgesetz verantwortlich fühlen, denn dafür war, wie immer wieder versichert wurde, eine Gutachtergruppe in Mühlenbeck zuständig. Ein geradezu geschäftsschädigender Vorschlag also, der da vom Kulturminister gemacht wurde, und den Staatssekretär Schalck folglich zurückwies.

Wenn Gutachter in Mühlenbeck geschütztes Kulturgut zur Ausfuhr sperrten, hatten nach dem bis zuletzt gültigen Vertrag vom November 1982 der Vorsitzende der Kulturgutschutzkommission und der Leiter des Außenhandelsbetriebes Kunst & Antiquitäten GmbH jeweils gesonderte »Vereinbarungen« zu treffen.

In den Anfangsjahren wäre das überflüssig gewesen, denn damals garantierte noch die »Verordnung zum Schutze des deutschen Kunstbesit-zes« ein gesetzliches Vorkaufsrecht für die DDR. Als Staat im Staate hatte die GmbH aber eigene Regeln entwickelt.

Ein gesperrtes Stück durfte nicht einfach »freigekauft« werden (außer mit Valuta), sondern war von den interessierten Museen gegen finanziell gleichwertige Objekte aus ihrem Depot einzutauschen. Weil das so war, konnten auch in einigen überlieferten und sorgsam im Gedächtnis bewahrten Fällen folgenlos Gutachter von der Kunst & Antiquitäten GmbH alarmiert werden, um zu klären, ob das verdächtige Stück X mögli-cherweise unter Kulturschutz steht.

Als 1982 aus dem Besitz des Dresdner Kunst- und Antiquitätenhänd-lers Helmuth Meissner stammende Stücke der Kommission vorgeführt wurden, wählte der Gutachter Dr. Günter Schade, damals noch Direktor des Kunstgewerbemuseums Köpenick, Meißner Porzellan, Biedermeier-gläser und Gemälde im Werte von 280.000 Mark aus. Als späterer General-direktor der Staatlichen Kunstsammlungen begründete er — das letzte Mal Anfang 1989 — auf dem vorgeschriebenen Amtsweg, warum nach seiner Auffassung wieder einmal Kulturgüter aus dem Staatlichen Museums-fonds für eine solcher erzwungenen Tauschaktionen freigegeben werden konnten.

Offenbar hatte er überzeugend argumentiert, denn das Kulturministe-rium öffnete nach seinem Antrag 88 Objekten aus dem Köpenicker Kunstgewerbemuseum das Tor zum westlichen Kunstmarkt: Die teuer-sten Stücke waren ein Norddeutscher Dielenschrank (Schätzwert 40.000 DM), ein silberner Kugelfußbecher aus Halle von 1698

(10.000 DM), ein silberner Regensburger Deckelhumpen aus der 1. Hälfte des 17. Jahrhunderts (8.000 DM) und die Hälfte eines bis dahin 12teiligen Nymphenburger Gedecks (6.000 DM). Für die aussondernden Fachwissenschaftler eines Museums, das enorme Kriegsverluste hatte hinnehmen müssen, eine erpresserische Notsituation!

Das Ethos eines Museologen verbietet durchaus nicht den Tausch mit Kunsthändlern oder den Verkauf bisher bewahrter Objekte an den Handel, wenn die Sammlung eines Hauses dadurch gewinnt. Aber die beschriebene Transaktion hatte nichts von solcher Normalität, weil freie Entscheidungen unmöglich waren. Die stillschweigend praktizierte, staatlich sanktionierte Freigabe von Museumsbesitz war bereits in der zitierten Vereinbarung zwischen der Kunst & Antiquitäten GmbH und der Kulturgutschutzkommission von 1982 festgeschrieben, denn anders läßt sich die ausdrücklich betonte Zusammenarbeit in »Fragen, die der Wahrung des Kulturgutes der DDR und dem Export in das NSW förderlich sind« nicht interpretieren.

Aus den Lagern der Mühlenbecker GmbH wurde von der Kulturgutschutzkommission, seltener auch durch »Selbstkontrolle« des Unternehmens, manches hochrangige Museumsstück herausgeholt. In der umfangreichen Schinkel-Ausstellung von 1980 im Berliner Alten Museum war ein silberner, reich geschmückter Deckelpokal zu sehen, von dem Goldschmied Georg Hossauer 1828 nach Entwürfen des Baumeisters gefertigt. Der Katalog nennt keinen Besitzer, zur Herkunft wird lediglich angegeben: Leihgabe.

In die Ausstellung und später zu seinem heutigen Standort im Kunstgewerbemuseum Köpenick kam das prachtvolle Stück, weil bekannt geworden war, daß die GmbH die Klassizismus-Sammlung von Professor Dr. Friedhelm Beuker zur Verwertung von der Steuerfahndung übernommen hatte. Aus dem Besitz des zweimal von der Steuer geplünderten, kriminalisierten und dann aus dem Staate vertriebenen Sportarztes stammen auch andere für die Ausfuhr gesperrte Stücke. Im Köpenicker Schloß befindet sich beispielsweise noch eine Bergwerksterrine des Meisters Heinrich Christoph Westermann aus Sangerhäuser Silber, das in den Jahren um 1820/30 nach einem in der Bergwerksgeschichte neuen Verfahren gewonnen worden war. Aber auch von dieser einmaligen privaten Sammlung klassizistischer Möbel, Gebrauchsgegenstände, Gemälde und Plastiken konnten nur Bruchteile für öffentliche Sammlungen erhalten werden. Der größte Teil ging zu den guten Kunden der GmbH und wandert seit dem, wie der Sammler Professor Beuker immer wieder feststellen kann, durch die renommierten Antiquitätengalerien und Auktionshäuser Westeuropas.

Von vielen auf ähnliche Weise nach Mühlenbeck gekommenen Samm-

Aus der Sammlung von Professor Dr. Friedhelm Beuker: der Hossauer-Pokal von 1828, geschaffen nach einem Entwurf von Karl Friedrich Schinkel (1781-1841). Prachtstücke aus der Klassizismus-Sammlung des Arztes Friedhelm Beuker; die Kanne stammt aus der Werkstatt der Gebrüder Schrödel. Diese und andere Stücke wurden von der Kulturgutschutzkommission vor dem Export bewahrt.

lungen blieben nur nichtssagende Listen in den Akten der GmbH zurück; nicht ausreichend zur Antwort auf Fragen nach dem Rang der Kulturgüter. Was kann schon eine Position wie »Meißner Figur, 18. Jahrhundert, 4.000 Mark« auf der Zeitwertschätzung eines nicht sonderlich qualifizierten Gutachters der Kunst & Antiquitäten GmbH oder ihres Pirnaer Tochterunternehmens aussagen? Eine flüchtige Vorstellung vom Ausmaß fast unkontrolliert hinausgeflossener Kulturgüter vermittelte im Januar/ Februar 1990 die Bestandsaufnahme in der Mühlenbecker GmbH. Einer der berufenen Gutachter, der Direktor des Münzkabinetts im Berliner Bode-Museum, Dr. Steguweit, fand hier die fast unversehrte, für Erbschaftssteuern an Zahlungs Statt gepfändete Münzsammlung des Leipziger Frauenarztes Dr. Neumann vor. Der Arzt hatte eine Universalsammlung aufgebaut, aus der einige intensiv gesammelte Zeitabschnitte herausragten: Glanzstück war eine besonders homogene Sammlung sächsischer Münzen des 16.-18. Jahrhunderts. Von den rund 5.000 Stücken des Dr. Neumann fehlten allein der hochrangigen öffentlichen Sammlung des Berliner Kabinetts rund 300 Münzen. Als Kulturgut der ersten Kategorie bewertete Gutachter Steguweit beispielsweise einen dreifachen Lübecker Taler von 1626. Das Stück erscheint nicht einmal im klassischen Werk über die »Münzen und Medaillen der Stadt und des Bisthums Lübeck« von Heinrich Behrens aus dem Jahre 1905. Wenn das Ende der Kunst & Antiquitäten GmbH ein halbes Jahr später gekommen wäre, hätte auch dieses Unikat den Weg anderer hochrangiger Kulturgüter angetreten. Eine Kulturgutschutzkommission, selbst wenn sie in dem einst vorgegebenen Rhythmus zur Kontrolle angetreten wäre, konnte solche Verluste nicht verhindern.

Bevor die museumsreifen 1.500 bis 2.000 Stücke von Münzkabinetten in Dresden, Gotha und Berlin übernommen werden, entsteht ein Inventarverzeichnis der gesamten Sammlung, um sie später zu jeder Zeit in ihrem ursprünglichen Charakter rekonstruieren zu können. Ein Beweis für den Respekt professioneller Sammler vor der schöpferischen Leistung, die hinter vielen zerschlagenen Sammlungen steht.

Vor drohender »Verwertung« in Lagern von Mühlenbeck wurde mit einer gerade noch rechtzeitig erfolgten Registrierung zum Beispiel die Sammlung des Wittenberger Ingenieurs Dr. Gerd Gruber bewahrt. Er besitzt eine vermutlich in Europa einzigartige Sammlung von 6.000 Zeichnungen und Druckgrafiken zum Thema »Kunst im Widerstand«. Auch der vor allem als Sammler der kurzen Periode des Jugendstils bekannt gewordene Georg Brühl entkam mit tätiger Hilfe der Kulturgutschutzkommission der Plünderung durch die Steuerfahnder. Die Art mit der er sich vom Zugriff der Finanzämter »freikaufen« mußte, hinterläßt allerdings ein zwiespältiges Gefühl: Brühl schenkte große Teile seiner Jugendstilsammlung an das Kunstgewerbemuseum Köpenick und übereignete außerdem eine Sammlung von DDR-Grafik an den sowjetischen Kulturfonds, der dadurch die bedeutendste Kollektion von Grafikern der DDR außerhalb ihres Landes besitzt. Nach der Registrierung des Restes seines Kunstbesitzes hatte sich der Chemnitzer Sammler eine sehr teuer bezahlte Sicherheit verschafft.

Die Geschäfte der Mühlenbecker GmbH wurden von der Kulturgutschutzkommission in einigen Fällen auch dann noch empfindlich gestört, wenn die Finanzämter schon ihre meist ruinierenden Steuernachforderungen erhoben hatten. Ein Millionendeal entging der Kunst & Antiquitäten GmbH im Erbschaftssteuerfall Lehmann/Schuster durch die gemeinsame Aktion der Kulturgutschützer mit dem Direktor der Hallischen Moritzburg, Dr. Peter Romanus.

Vor dem Verkauf auf dem internationalen Kunstmarkt konnten auch Teile einer bedeutenden Privatsammlung von Modelleisenbahnen und Spielzeug bewahrt werden. Ihr Besitzer Wilfried Gaudlitz machte im April 1983 die Bekanntschaft der Steuerfahndung, nachdem er Stücke seiner Sammlung mehrfach öffentlich ausgestellt hatte. Über die Kulturgutschutzkommission wurde erreicht, daß im September 1985 kulturhistorisch wichtige Teile nicht nach Mühlenbeck an Zahlungs Statt, sondern an das Dresdner Verkehrsmuseum übergeben werden konnten.

Von der Kulturgutschutzkommission wurde in den Jahren ihres Bestehens mehrfach versucht, beim Ministerium der Finanzen den Steuerfreibetrag für Sammlungen über die schon 1934 festgesetzte Grenze von 50.000 Mark hinaus zu erhöhen.

Geändert hat sich durch solche Versuche weder etwas an den Grundsätzen des Steuerrechts, noch an denen zur Verwertung kassierter Kunstwerke oder Antiquitäten. Erst ganz zuletzt, im September 1989, deutete sich ein Wandel an, der den Museen größere Rechte bei der Verwertung von gepfändeten oder auf andere Weise in den Besitz der Finanzämter gekommenen Kulturgüter eingeräumt hätte.

Bis zu diesem Zeitpunkt wurde in der DDR auch noch nach einer im Zivilgesetzbuch festgeschriebenen »Fundsachenordnung« verfahren, die den Finanzämtern die freie Verfügungsgewalt über alle Bodenfunde überließ. Der Finder konnte für seinen im Garten ausgebuddelten Topf voller Goldmünzen zehn Prozent vom Wert als Finderlohn beanspruchen, aber selbst bei einem Millionenfund standen ihm im Höchstfall 300 Mark zu. Für Museen war die rechtliche Lage bei solchen Bodenfunden ähnlich schizophren, denn wenn sie Ansprüche an ausgegrabenen Kulturgütern erhoben, hatten sie den Finderlohn und den vollen Wert der ausgewählten Stücke zu zahlen. Nur selten konnte von Verteidigern des Kulturgutschutzgesetzes verhindert werden, daß Schatzfunde von den Finanzämtern an die Staatliche Tresorverwaltung oder an die Kunst & Antiquitäten GmbH zur »Verwertung« übergeben wurden. Auch hier wurden alle Versuche zur Änderung kulturgutfeindlicher Regelungen im Namen des »gemeinsamen Interesses« am ungehinderten Devisenfluß abgewehrt.

Die Steuergesetze der DDR im Rechtsstreit

Zu den Absonderlichkeiten des bei vielen Sammlern so radikal angewandten Vermögensteuergesetzes gehört die Tatsache, daß in der realsozialistischen DDR nach geltendem Recht der Besitzer einer Motorjacht im Wert von einer Viertelmillion die Steuer nicht zu fürchten hatte. Im Bewertungsgesetz von 1970 wird das eindeutig gesagt: Nicht zum (zu besteuernden) sonstigen Vermögen gehören »Personenkraftwagen, Motorjachten und Segeljachten ohne Rücksicht auf den Wert.« Das Vermögensteuergesetz der Bundesrepublik kennt eine solche »soziale Gerechtigkeit« nicht.

Den Kunstsammlern und den Besitzern von Antiquitäten dagegen räumen die künftigen Gesetze nicht nur hohe, dem Marktpreis angemessenere Freigrenzen ein, sondern geben ihnen vor allem ein höheres Maß an Rechtssicherheit.

Mit der Bewertung von Steuergesetzen der DDR haben sich mehrfach bundesdeutsche Gerichte nach der Klage des Sammlers Werner Schwarz gegen die Berliner Antik-Shop Antiquitätengalerie GmbH, vertreten durch ihren Geschäftsführer Generalkonsul Wolfgang Böttger, beschäftigen müssen. Schwarz hatte im Westberliner KaDeWe eine Standuhr des Hofuhrmachers von Friedrich II. entdeckt, die einmal in seinem Besitz gewesen war. Das Meisterstück des C.E. Kleemeyer aus den Jahren um 1770/80 wurde hier in einer Antiquitätengalerie für 34.000 DM angeboten. Das Landgericht Berlin verurteilte am 10. Dezember 1986 den Geschäftsführer Böttger zur Herausgabe der Uhr. Als dann auch das Berliner Kammergericht im September 1987 diesem Spruch gefolgt war und damit die Berufungsklage zurückgewiesen hatte, prophezeite die »Frankfurter Allgemeine« der Mühlenbecker Kunst & Antiquitäten GmbH Schlimmes: »Der Bundesgerichtshof wird eines Tages über die – zugelassene – Revision entscheiden. Das könnte dem Antiquitätenhandel der DDR ein Ende setzen.«

Vom Bundesgerichtshof wurde ein Jahr später das Urteil des Berliner Kammergerichtes revidiert und die Klage abgewiesen. Der in der DDR nach Ansicht von zwei Gerichten »enteignete« Kunst- und Antiquitätensammler Schwarz bekam die Standuhr des C.E. Kleemeyer nicht zurück und mußte zudem die Kosten des Rechtsstreits tragen. Abgeschlossen ist der durchaus als Präzedenzfall mit weitreichenden Folgen anzusehende Streit damit aber nicht, denn vom Kläger Schwarz wurde mit einer Verfassungsbeschwerde gegen das Urteil des Bundesgerichtshofes auch noch das Bundesverfassungsgericht angerufen.

Was würde geschehen, wenn die oberste rechtliche Autorität der Bundesrepublik Antiquitäten ihrem ursprünglichen Besitzer zuspräche? Begänne dann die Jagd nach den vielen Tausenden von Stücken ähnlicher Herkunft, die in den Antiquitätengeschäften der Bundesrepublik verkauft worden sind oder in den Auktionshäusern unter den Hammer gekommen waren? Müssen hier nicht außer den westlichen Händlern, die an den Geschäften der Kunst & Antiquitäten GmbH mitverdient hatten, auch die nichtsahnenden heutigen Besitzer fürchten: die privaten Eigentümer ebenso wie die Museen? Seit Beginn der achtziger Jahre wurden in 221 Fällen von Finanzämtern gepfändete Kunstwerke und Antiquitäten, Münz- und Briefmarkensammlungen von Mühlenbeck verwertet. Aber auch davor gab es schon »enteignende« Steuerverfahren, und obwohl die Finanzämter derartige Unterlagen nach zehn Jahren in den Reißwolf zur Kassation schicken dürfen, werden sich manche Zeitwertfestsetzungen und Unterlagen zu Steuerbescheiden auch noch aus früheren Zeiten auffinden lassen. Hier kann Rechtsanwälten, Richtern und Detektivbüros eine sichere Zukunft winken.

Wenn aber die Richter des Bundesverfassungsgerichtes erneut gegen den Kläger Schwarz entscheiden, könnte das ein Urteil sein, das den vielen kriminalisierten Opfern der Steuergesetzgebung des Staates DDR die Hoffnung auf Rehabilitierung und Entschädigung nimmt. Welche Positionen nahmen die angerufenen Gerichte in den bisher vorliegenden Urteilen im Rechtsstreit Schwarz gegen die Antik-Shop Antiquitätengalerie GmbH zu den Steuergesetzen der DDR ein?

In seiner Urteilsschrift zitiert das Berliner Kammergericht Zeugen, deren Aussagen nach Auffassung des Gerichts dafür sprechen, »daß das gesamte Verfahren für die Behörden nur ein Vorwand war, sich in den Besitz seines Eigentums zu setzen.« Schon bevor das Ermittlungsergebnis gegen Schwarz feststehen konnte, wäre die Verwertung zielstrebig vorbereitet worden. »Der Staatsanwalt, Beamte des Finanzamts und der Steuerfahndung sowie Beauftragte des VEB (K) Antikhandel Pirna haben sich aufgrund einer gemeinsamen Absprache unter dem Vorwand, die Wasseruhr auswechseln zu wollen, am 8. Dezember 1981 Einlaß in das Haus des Klägers verschafft, diesen verhaftet und anschließend den gesamten Familienbesitz ohne Rücksicht darauf, ob die Gegenstände dem Kläger selbst, seiner Ehefrau oder den gemeinsamen Kindern gehörten, inventarisiert, um sie nur einige Tage später in das Auslieferungslager derjenigen Firma zu bringen, an die die beschlagnahmten Gegenstände am 8. Juli 1982 kurz nach rechtskräftigem Abschluß des Steuerverfahrens veräußert worden sind.«

Schon zuvor war vom Kammergericht das Nachbesteuerungsverfahren gegen Werner Schwarz, das zum Verlust seiner gesamten Kunst- und Antiquitätensammlung führte, »bei angemessener Würdigung der Umstände, unter denen es eingeleitet und durchgeführt worden ist«, als »entschädigungslose Enteignung« klassifiziert worden. Trotz mancher kritischer Einlassungen gegen die Verfahrensweise im Fall Schwarz war es dem Senat aber nicht möglich, »aufgrund der Verhandlung... festzustellen, daß die Durchführung des Steuer- und Strafverfahrens auf reiner Willkür beruhte«.

Der Sammler Schwarz hatte nach Auffassung der Steuerbehörde und der Gerichte in der DDR den schmalen Grat zwischen Sammlertätigkeit und einem auf Gewinn ausgerichteten Handel überschritten. Sein Finanzamt nannte dafür in der Beschwerdeentscheidung zu den Steuernachforderungen 40 Zeugen. Vor dem Westberliner Kammergericht widersprach Schwarz erneut diesem Vorwurf illegaler Handelsgeschäfte. »Wenn er in der Vergangenheit aus dem Verkauf von Antiquitäten tatsächlich einmal

Gewinn erzielt habe«, heißt es in der Urteilsschrift zu seiner Aussage, »so habe er dies immer deklariert und den Gewinn versteuern lassen... Hinzu komme, daß eine auf Gewinnerzielung gerichtete Handelstätigkeit seit Beginn des Nachforderungszeitraumes (1. Januar 1972) auch deshalb nicht angenommen werden könne, weil es sich bei den beschlagnahmten Gegenständen um Familienbesitz gehandelt habe, den er im wesentlichen bereits vor Beginn des Besteuerungszeitraumes erworben habe. Eine Vielzahl dieser Gegenstände sei im Wege der Erbfolge und durch Schenkungen in den Besitz der Familie gelangt... Daher habe auch die festgesetzte Vermögensteuer nicht erhoben werden dürfen, weil nach dem Recht der DDR Gegenstände, die bereits 20 Jahre lang im Besitz eines Sammlers seien, der Vermögensteuer nicht mehr unterlägen.«

An diesem neuralgischen Punkt verzichtet das Kammergericht auf eine tiefergehende Erörterung darüber, ob von Werner Schwarz illegaler Antiquitätenhandel betrieben worden war oder nicht. Dazu sieht es sich schon aufgrund der »beschränkten Erkenntnisquellen in diesem Rechtsstreit« außerstande. Eher kommen die Richter wohl über eine grundsätzliche Kritik des Einkommensteuerrechtes der DDR zu ihrer Rechtsposition, denn nach Auffassung des Senats stehe dieses Recht »in Widerspruch zu rechtsstaatlichen Grundsätzen. Das Gebot der Gleichheit der Besteuerung ist ihm fremd. Die Besteuerung der Angehörigen freier Berufe richtet sich nach ihrer gesellschaftlichen Nützlichkeit. Der freie Unternehmer wird einem Sonderrecht unterstellt, das ihm härtere Lasten auferlegt als den anderen Bürgern. Ein solches Besteuerungssystem verstößt ganz offensichtlich gegen den Grundsatz der materiellen Gerechtigkeit und gegen das Rechtsstaatsprinzip. Daher ist es mit der verfassungsmäßigen Ordnung der Bundesrepublik Deutschland unvereinbar... Diesen rechtsstaatswidrigen Grundsätzen entspricht auch die Nachbesteuerung, der der Kläger für den Zeitraum von 1972 bis 1981 unterworfen worden ist.«

Werner Schwarz wurde in der DDR von seiner Finanzbehörde zu einer Steuernachzahlung (Einkommen- und Vermögensteuer) in Höhe von 1.428.095 Mark verurteilt. Außerdem wurden ihm Verzugszinsen in Höhe von 143.598 Mark berechnet. Am Ende hatte er an den Staat über zwei Millionen Mark zu zahlen. Lakonische Feststellung des Kammergerichtes: »In dieser Besteuerung liegt eine Enteignung«.

Das Vermögen des Sammlers Werner Schwarz war in den Jahren seit 1972 von 150.000 Mark auf die dann kassierten zwei Millionen gestiegen. Nach Meinung der Steuerbehörde war das ein Zuwachs aus Handelsgeschäften, den man von Amts wegen kräftig zu beschneiden hatte. Möglicherweise sogar mit einem guten Gewissen, denn vermögensfeindlich war nicht nur das Gesetz, sondern auch das Denken seiner Vollstrecker.

Auch bei Schwarz fußte die wie üblich praktizierte Zeitwertfeststellung auf den aktuellen Preisen des westlichen Marktes für Kunst und Antiquitäten, die innerhalb des mit Steuernachforderungen belegten Zeitraumes einen unglaublichen Anstieg erlebt hatten. Ein Gemälde, das im Hause von Schwarz immer noch am selben Nagel hing, konnte in den zehn Jahren seit 1972 ohne jegliche Handelstätigkeit seines Besitzers einen (fiktiven) Wertzuwachs von 200 bis 1.000 Prozent erhalten haben.

Das Kammergericht ließ sich auf solche »Details« der Steuernachforderung aber nicht ein. Erwogen wurden auch nicht die Probleme, auf die ein Sammler in der DDR gestoßen wäre, wenn er tatsächlich aus seiner Sammeltätigkeit einen Beruf hätte machen wollen. Zulassungen für private Kunst- und Antiquitätenhändler wären so gut wie nicht zu erreichen gewesen, denn der gesellschaftliche Bedarf wurde ja »ausreichend von den Galerien des Staatlichen Kunsthandels gedeckt...«. Die Bewertung der Steuergesetze, die den Sammler Werner Schwarz enteignet hatten, war rechtsstaatswidrig.

Der Bundesgerichtshof verwirft das Urteil des Berliner Kammergerichtes zur Standuhr des Hofuhrmachers von Friedrich II., weil die Argumentation dieses Gerichtes der »rechtlichen Nachprüfung« nicht standhalten würde. Der Bundesgerichtshof verweist das ganze Verfahren in den Bereich des Internationalen Sachenrechtes, das »im Verhältnis der Bundesrepublik zur DDR entsprechend anzuwenden« ist. Nach dem Internationalen Privatrecht der Bundesrepublik »gilt für sachenrechtliche Tatbestände das Recht des Lagerortes der Sache (lex rei sitae)... Die Frage eines Eigentumsverlustes im Jahre 1982 ist... nach dem Recht der DDR zu beurteilen, weil die Uhr sich damals noch dort befand.«

Auch das Bundesgericht muß sich also für seine Urteilsfindung auf Bewertungen der Steuerrechtspraxis der DDR einlassen, und es bringt ihr dabei ein gewisses Verständnis entgegen. Schwarz hatte sein Eigentum an jener Standuhr, um die er vor diesem Gericht nun schon in der dritten Instanz stritt, aufgrund der Vorschriften des Zwangsvollstreckungsrechts seines Staates verloren. »Daß nach dem Zwangsvollstreckungsrecht der DDR eine gepfändete Sache durch gerichtlichen Verkauf zum Schätzwert verwertet wird, verstößt weder gegen die guten Sitten noch gegen den Zweck eines Gesetzes der Bundesrepublik. Die Möglichkeit eines freihändigen Verkaufs einer gepfändeten Sache ist auch diesem Recht nicht fremd.« Auf welche Weise dieser Schätzwert ermittelt wurde und von wem und zu welchem Zweck dann die Verwertung an Zahlungs Statt erfolgte, bleibt außerhalb solcher höchstrichterlichen Betrachtungen.

Ähnlich zurückhaltend wird auch ein anderer entscheidender Kritikpunkt an den Steuerverfahren in der DDR beurteilt. Die Nachbesteuerungsverfahren sind »nicht deswegen rechtsstaatswidrig«, meinte das Bundesgericht, »weil dort eine gerichtliche Nachprüfung der Entscheidungen der Steuerverwaltung nicht vorgesehen ist und diese Entscheidungen im Steuerstrafverfahren vor den Gerichten zugrunde gelegt wurden.« Der angeführte Grund für diese richterliche Zurückhaltung verdient Respekt: Es kann wohl tatsächlich »nicht verlangt werden, daß in jedem Staat dieselben Rechtsschutzgarantien wirken...«

Für die Auseinandersetzung mit der Frage, ob es sich bei Werner Schwarz um eine »entschädigungslose Enteignung« gehandelt hat oder nicht, errechnete der Gerichtshof die Höhe der Gewinnbesteuerung: 76,2 Prozent, denn Schwarz mußte für den von der Steuerfahndung mit 1.595.886 Mark bezifferten Gewinn 1.215.995 Mark Einkommensteuer bezahlen – viel mehr zwar als in der Bundesrepublik üblich, aber in einer Reihe von westlichen Staaten würden ähnliche Steuersätze gelten... Den Steuerbehörden der DDR wird auch wohlgetan haben, im Urteil des Bundesgerichtshofes lesen zu können, daß bis zu einer Entscheidung des Bundesfinanzhofes vom Juni 1987 »auch von den Finanzämtern der Bundesrepublik Briefmarken- oder Münzsammler, einer alten Rechtsprechung des Reichsfinanzhofes folgend, als Unternehmer angesehen wurden, die bei jedem Verkauf der Umsatzsteuerpflicht unterlagen, auch wenn die verkauften Stücke aus ihrem Privatvermögen stammten.«

Nach alledem konnte von einer entschädigungslosen Enteignung seiner Kunst- und Antiquitätensammlung, die für Werner Schwarz einen Rechtsanspruch auf seine Uhr begründet hätte, denn dann wäre sie ja unrechtmäßig in den Besitz der verkaufenden Kunst & Antiquitäten GmbH gekommen, nicht mehr die Rede sein.

Vor dem Bundesgerichtshof gewannen die Antik-Shop Antiquitätengalerie GmbH und ihr Geschäftsführer Wolfgang Böttger, der für seine Firma ohne jemals in Schwierigkeiten gekommen zu sein, in den Jahren 1982 bis 1987 über 16.000 Objekte in Mühlenbeck erworben hatte. Das Urteil ist auch hier eindeutig: rechtens im Rahmen zu respektierender Gesetze.

Die Entscheidung über das Eigentumsrecht an jenem Werk des Königlich-Preußischen Hofuhrmachers Kleemeyer liegt nun beim Bundesverfassungsgericht. Vielleicht wird als Zeuge Rechtsanwalt Lothar de Maizière angehört, der Schwarz bis zur Berufungsverhandlung vor dem Obersten Gericht der DDR verteidigt hatte.

Den Richtern könnte zur Urteilsfindung nicht nur der Vergleich von Rechtssystemen nützlich sein, sondern auch die Kenntnis des politischen und sozialen Klimas, in dem viele solcher Verfahren gegen Sammler in der DDR stattfanden. Die Schicksale der Opfer, der Sammler und Händler von Kunst und Antiquitäten, belegen eindeutig, wie zielgerichtet und organisiert der Kunstraub betrieben und mit Gesetzen abgesichert wurde.

Die Opfer

Das Schicksal der Sammler

Einer der wenigen bedeutenden Kunst- und Antiquitätensammler der DDR, die ausnahmsweise von der Kunst & Antiquitäten GmbH nicht geschoren wurden, ist der Chemnitzer Georg Brühl. Wie Alfred Daugs in Berlin, begann er schon in den fünfziger Jahren das Kunsthandwerk des damals mißachteten Jugendstils zu sammeln. Entkommen ist er der Gier der GmbH vermutlich auch deshalb, weil er schon 1966 seine damals 686 Teile umfassende Jugendstilsammlung dem Kunstgewerbemuseum Köpenick schenkte. Zwanzig Jahre später übergab er noch einmal 327 Objekte, darunter erneut kostbare Stücke aus den Werkstätten des international hoch gehandelten Emile Gallé und der Gebrüder Daum aus der französischen Glashochburg Nancy.

Im Katalog der ihm zu Ehren 1986 eingerichteten Ausstellung zitiert er an Stelle eines Selbstbekenntnisses den Schriftsteller Stefan Zweig: »Daß ich mich nie als den Besitzer dieser Dinge empfand, sondern nur als ihren Bewahrer in der Zeit, war selbstverständlich. Nicht das Gefühl des Habens, des Für-mich-Habens lockte mich, sondern der Reiz des Vereinens, die Gestaltung einer Sammlung zum Kunstwerk... Meine wohlerwogene Absicht war, diese einmalige Sammlung nach meinem Tode demjenigen Institut zu überlassen, das meine besondere Bedingung erfüllen würde, ... um die Sammlung weiterhin in meinem Sinne zu vervollständigen. So wäre sie nicht ein starres Ganzes geblieben, sondern lebendiger Organismus.«

Ähnlich wie der Sammler und Begründer des Gründerzeitmuseums in Berlin-Mahlsdorf, Lothar Berfelde, entging Georg Brühl den existenzvernichtenden Aktionen der Steuerfahnder.

Andere hatten dieses Glück nicht.

In einem Brief an den damaligen Ministerpräsidenten Hans Modrow forderten die Direktoren der Berliner Staatlichen Museen im Dezember 1989 unter anderem auch Aufklärung über das »Schicksal großer Privatsammlungen in der DDR bzw. von Teilen derselben (Dietel, Garke, Beuker, Lange, Daugs, Mau) und der Eisenkunstsammlung Barth, die sich bereits Jahre als Dauerleihgabe im Märkischen Museum befand.« Die Aufzählung erst zerschlagener und dann zu großen Teilen auf dem westlichen Kunstmarkt verkaufter bedeutender Sammlungen ist längst nicht vollständig. Zu nennen wären hier auch noch die Grafiksammlung des Hennigsdorfer Metallurgen Dr. Karl Köhler und die Sammlung des Restaurators Werner Schwarz aus Rathenow, die in ihrem kulturellen Rang ähnlich hoch zu bewerten sind.

Jene Museumsdirektoren, die nach der politischen Wende in der DDR das Schicksal der großen Privatsammlungen aufgeklärt wissen wollten, haben den Bestand ihrer Häuser ganz wesentlich privaten Sammlern zu danken. Man liest mit Scham, wie sich im Nachkriegsjahr 1919 Geheimrat Justi, der damalige Direktor der Berliner Nationalgalerie, für den kunstsammelnden Industriellen Bernhard Koehler in der Brandenburgstraße 34 einsetzte. »Bei der Wichtigkeit dieser Sammlung muß ich dringend darauf aufmerksam machen, daß so unersetzliche Kulturgüter gerade in den heutigen Zeiten mit aller nur möglichen Schonung behandelt werden müssen.« Hier drohte keine der Gefahren, mit denen Sammler in der DDR leben lernen mußten, sondern eine schlichte Zwangseinweisung von Untermietern, die Justi zu einem solchen energischen Einspruch bewegte.

Jener Bernhard Koehler, befreundet mit Künstlern des Münchener »Blauen Reiter«, hatte »die beste und reichhaltigste« Sammlung zeitgenössischer Kunst aufgebaut. Justi konnte bei ihm in den folgenden Jahren für seine Ausstellungen immer wieder bedeutende Werke ausleihen: 1920 beispielsweise von Gauguin, van Gogh, von Matisse oder Seurat. In der Ausstellung nachimpressionistischer Kunst von 1928 hatte der Sammler Bernhard Koehler d. J., der das Werk seines im Jahr zuvor gestorbenen Vaters fortführte, 25 Bilder von Malern wie Feininger, Klee, Heckel, Marc und Macke zur Verfügung gestellt.

Mit »aller nur möglichen Schonung« (Justi) wurden Sammler und Sammlungen in den Zeiten der Kunst & Antiquitäten GmbH nicht behandelt. An den Treffpunkten der Sammler fanden sich Leute ein, die keine Kunst, sondern Namen und Autonummern sammelten. Für die Museen wurde es seit Mitte der siebziger Jahre immer schwieriger, Leihgaben aus Privatbesitz für ihre Ausstellungen zu erhalten. Und wenn es einem Museumsmann gelang, dann stand im Katalog nicht der Name des Besitzers, der diese öffentliche gesellschaftliche Wertschätzung verdient hätte, sondern ein Anonymus: Privatsammlung, Berlin. Häufig wurde dann noch unter den verschiedensten Vorwänden versucht, die Namen solcher Leihgeber von den Museen zu erpressen.

Einer der Kronzeugen für diese Art aktiver Marktarbeit ist Lothar Brauner, Abteilungsleiter 19. Jahrhundert in der Berliner Nationalgalerie. Er hatte für seine Robert-Sterl-Ausstellung von 1983/84 von Sammlern Werke entleihen können, die offenbar den Appetit interessierter Kreise weckten. Wer an Namen und Adressen von Sammlern aller Coleur interessiert sein konnte, läßt sich nach der vom Ministerium für Staatssicherheit befohlenen Unterstützung für die Unternehmen des Schalck-Golodkowski unschwer vermuten. Als stille Helfer im Hintergrund wirkten mit Sicherheit Mitarbeiter der Abteilung Schmuggel und Spekulation aus der Hauptabteilung VII des MfS, aber wohl auch jene legendären »Kunstfahnder«, deren Spuren im Aktendschungel noch nicht aufzufinden waren. Die Furcht ging in den Kreisen aller organisierten Sammler ebenso um wie unter den nicht organisierten Kunst- und Antiquitätensammlern.

Ausgelassen wurden weder die Mitglieder der Pirckheimer-Gesellschaft, der Gesellschaft für Heimatgeschichte (darunter nicht wenige leidenschaftliche Sammler von Zeugnissen lokaler Kulturgeschichte), noch die Numismatiker, Philatelisten oder Militariasammler im Kulturbund der DDR. Offenbar war die aktive »Markterforschung« umfassend, wie eine Notiz in der Zeitschrift »modelleisenbahner« schließen läßt: Um nicht gefährliches Interesse zu wecken, wurde auch von den Modelleisenbahnsammlern vieles nicht mehr offen gezeigt. Ausstellungsbeteiligungen hätten »zum Verlust der ganzen Sammlung« führen können.

Private Kunstsammler (die also im Staat DDR verfolgt wurden) waren zu allen Zeiten unersetzlich für ein kunstbeförderndes kulturelles Klima. Sie erfüllten einen Auftrag als Mäzene, indem sie Künstlern im Austausch gegen Kunst das Arbeiten ermöglichten. Zugleich aber wirkten die aktivsten von ihnen als Entdecker und Hüter bedeutender künstlerischer Werke.

Vor knapp 140 Jahren, genau im Jahre 1856, druckte die Nicolai'sche Buchhandlung in der Berliner Brüderstraße 13 einen Katalog über »Die öffentlichen und Privatkunstsammlungen, Kunstinstitute und Ateliers der Künstler und Kunstindustriellen von Berlin«. Man fand damals in der Hauptstadt 91 Gemäldesammlungen älterer und neuerer Meister, 17 Sammlungen von Kupferstichen, Holzschnitten, Handzeichnungen etc. Die Namen der Besitzer lesen sich wie ein »Who is who« von Anno 1856. Aber man läßt das Naserümpfen sein, wenn man liest, was so alles in den Biedermeiersalons versammelt war.

Beiseitegelassen hier die Italiener, Niederländer und Deutschen mit den großen Namen: Was bei Baron von Mecklenburg Unter den Linden 12 oder beim Rentier Otto in der Friedrichstraße 142 hing, die Mantegnas, Corregios, van Dyks, Rembrandts, Rubens oder Holbeins, ließ nur noch Fragen nach dem Preis zu. Der Kunstrang war unanfechtbar. Spannend sind die Namens- und Bilderlisten der gesammelten Zeitgenossen, jener, die noch malten oder gerade den Pinsel beiseite gelegt hatten. Ein Professor Gropius besaß von einem Friedrich ein Werk mit dem Titel »Letzter Gang zur Kapelle«. Selbst der kunsterfahrene Autor kannte den Vornamen Caspar David nicht; er nannte als genauere Kennzeichnung für den heute als bedeutendsten Maler der deutschen Romantik anerkannten Künstler nur den Ort »Dresden«.

Die strafrechtliche Kriminalisierung einer so schöpferischen und für den kulturellen Besitzstand eines Volkes so unersetzlichen Tätigkeit wie das Kunstsammeln zählt zu den dunklen Kapiteln der DDR-Kulturgeschichte. Zu beweisen ist mancher Verlust an Werken, die unwiederbringlich aus Privat- und Familiensammlungen verschwunden sind, weil dafür Belege in Bestandslisten, in den sogenannten Zeitwertfestsetzungen der Steuerfahndung oder in den Katalogen internationaler Auktionshäuser aufzufinden sind. Nicht bemessen lassen sich tiefer gehende Beschädigungen: die Auswirkungen auf Lebensweise und kulturelles Klima.

Eisenkunstguß
SAMMLUNG EWALD BARTH

Unter den vierzig Stücken aus der Eisenkunstgußsammlung des Dessauer Arztes Ewald Barth, die das Märkische Museum am 9. September 1983 in aller Eile für den eigenen Bestand auswählt, befinden sich auch Beispiele filigraner Halsketten, Broschen und Armbänder aus der ersten Hälfte des 19. Jahrhunderts: außerordentlich fein gearbeitete Meisterwerke nicht nur der Goldschmiedekunst, sondern auch der Modelleure und Gießer in den Eisengießereien. In vielen Ländern der Welt wurde damals versucht, sol-

Der Dessauer Zahnarzt Ewald Barth mit Stücken seiner Sammlung, um 1935

Eisenkunstguß aus der exportierten Sammlung Barth im Märkischen Museum Berlin. Die Stücke mußten gegen Äquivalente aus dem Museumsdepot ertauscht werden.

Materialgerechter Entwurf für den Katalog zu einer geplanten Ausstellung, 1939

che Schmuckstücke aus Eisen zu fertigen, um den preußischen Gießereien auf dem Weltmarkt Konkurrenz zu machen, aber vergeblich. Angefangen hatte die Modewelle nach dem Tode der Königin Luise im Jahr 1810. In einem Gedenkbuch für die Königin aus dem Jahr ihres Todes ist zu lesen, wie schön sich damals patriotische Gesinnung und Geschäftsreklame verbinden konnten: »Die K. Eisengießerei zu Berlin, die sich durch eine Mannigfaltigkeit der geschmackvollsten saubersten Gußwaren auszeichnet, lieferte das Brustbild der verewigten Königin, nach Posch's Modell als Medaillon, für Damen am Halse zu tragen. Zu diesem Behufe ist das Medaillon mit einem flachen, goldgelben, metallenen Rand umgeben, der außerhalb von einem äußerst zarten, spiralförmig gegossenen eisernen Draht eingefaßt ist.«

Die verewigte Königin kostete in der beschriebenen Ausfertigung bei Girard und Compagnie in der Berliner Brüderstraße genau 8 Reichstaler und 12 Groschen.

Einen noch kräftigeren Schub für die Schmuckproduktion in den Eisengießereien, vor allem in der Königlichen hinter dem Oranienburger Tor und in der privaten Gießerei von Devaranne, löste 1813 die preußische Prinzessin Marianne aus. Auf dem Höhepunkt der Befreiungskriege gegen Napoleon rief sie zu Spenden für das Vaterland auf. In kurzer Zeit flossen 160.000 goldene Schmuckstücke im Austausch gegen eiserne Ketten, Anhänger oder Armreifen in die preußischen Kriegskassen. Manche

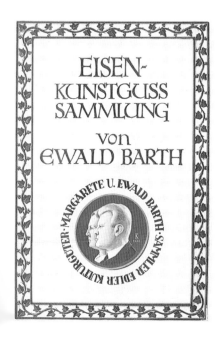

der eingetauschten Schmuckstücke waren, damit die patriotische Haltung der Trägerinnen auch gebührend gewürdigt werden konnte, mit dem Slogan jener Aktion versehen: »Gold gab ich für Eisen«.

Einige Beispiele solcher zarten Kunstwerke aus dem spröden Metall liegen heute in den Vitrinen des Märkischen Museums, gemeinsam mit anderen Überresten der Sammlung Barth.

An jenem 9. September 1983 kamen Mitarbeiter des VEB (K) Antikhandel Pirna ins Museum, um die von den Erben gekaufte Sammlung einzupacken. Die rund 1.050 Stücke umfassende Eisenkunstgußsammlung war 1969 als Leihgabe in das Museum gelangt, für zehn Jahre zunächst. Der Vertrag soll nach Ablauf der Leihfrist verlängert worden sein, mit darin erneut festgeschriebenem Vorkaufsrecht für das Märkische Museum. Als die Erben 1983 die Sammlung dann zum Kauf anbieten, sieht sich das Museum außerstande, den geforderten Betrag aufzubringen.

Der Verkauf an den VEB (K) Antikhandel Pirna, Bereich Potsdam, soll im August 1983 erfolgt sein.

Zu dieser Zeit hatte die Kunst & Antiquitäten GmbH schon einen Abnehmer gefunden: den bekannten Westberliner Generalkonsul Wolfgang Böttger, Geschäftsführer der Antik-Shop Antiquitätengalerie GmbH & Co. Noch bevor der Antikshop die Eisenkunstgußsammlung übernimmt, soll der neue Besitzer schon festgestanden haben: Frank Fischer, ein Westberliner Geschäftsmann und Kunstliebhaber.

Jene vierzig Stücke aus der Sammlung, die das Märkische Museum für den eigenen Bestand heraussuchen darf, bleiben nicht etwa als großzügige Gabe in dem Haus am Köllnischen Park. Großzügigkeit gehörte nur in den seltensten Fällen zum Stil der Kunst & Antiquitäten GmbH. Geliefert werden dafür auf der Basis eines Tauschvertrages »20 Maßkrüge, Steinzeug, Westerwald und Bunzlau / 18.-19. Jahrhundert, 1 Schrank-Polyphon und eine dazugehörende Platte, um 1890, 6 Neujahrsplaketten/Berliner Eisenguß«. (Das Polyphon befindet sich übrigens bei der Auflösung der Lager von Mühlenbeck noch im Bestand der Kunst & Antiquitäten GmbH und erhält einen Standort, der für ein Stück aus dieser Zeit würdig ist: das private Gründerzeitmuseum des Berliner Sammlers Lothar Berfelde.)

Verkauft wird mit der Sammlung Ewald Barth die »wohl umfangreichste und vielfältigste Sammlung von Eisenkunstguß im deutschsprachigen Raum«. Zum Sammeln ausgerechnet von Eisenkunstguß ist der Dessauer Zahnarzt vermutlich über seinen Beruf gekommen. Als Dentist mußte er mit den verschiedensten Metallen umgehen, und das mochte bei ihm die erste Bewunderung für die Kunstwerke aus dem sprödesten und unscheinbarsten Stoff, dem Eisen, geweckt haben.

Begonnen hat er 1924 mit dem Grundstock von drei Stücken aus dem

Wohnen im »Gesamtkunstwerk«: Zimmer der Familie Barth mit Eisenkunstguß, Möbeln und Gemälden aus dem frühen 19. Jahrhundert

ererbten Familienbesitz. Nach kurzer Zeit kennen ihn die Antiquitätenhändler, die Auktionatoren und die Juweliere der nahen und weiten Umgebung, in deren Geschäften sich manches Schmuckstück aus dem schwarzen Metall über die Zeiten erhalten hatte. Zu dem schnell wachsenden Bestand führt er, wie die meisten ernsthaften Sammler, mit größter Genauigkeit einen Katalog. Er vergleicht mit den Musterbüchern der Eisenhütten, fotografiert und beschreibt alle Neuerwerbungen. Innerhalb von zehn Jahren trägt Ewald Barth über tausend Stücke zusammen. Große Teile davon stellt er erstmalig im Januar 1934 in der Dessauer Anhaltischen Gemäldegalerie unter dem Titel »Deutscher Eisenkunstguß« aus. In einem als Manuskript erhaltenen, für einen Katalog gedachten Text beschreibt er 1938, wie er mit seiner Familie in der Marktstraße 4 inmitten seiner Sammlung lebt:

»In dem ersten Zimmer, das man vom Flur aus betritt, gehört die Ofenecke ausschließlich der Eisengußkunst. Der Ofen selbst ist ein Erzeugnis der schwarzen eisernen Kunst, das sich sehen lassen kann. Bei aller Einfachheit des Baues verzichtet er doch mit dem klassizistischen Relief im Unterbau nicht auf ein künstlerisches Gesicht und trägt außerdem auf

61

seinem Gesims noch eine Vase aus Eisengußkunst edler Art. In den drei Füllungen des Ofens haben Gruppenreliefs Wasseralfinger Herkunft einen zusagenden Platz gefunden.

Nebenbei bemerkt erfüllt der Ofen in der kalten Jahreszeit auch noch täglich seinen Dienst zur besonderen Zufriedenheit. Weitere Wasseralfinger Eisenkunstgüsse sind rechts vom Ofen an der Wand zu sehen. An der anderen, dem Ofen zugekehrten Wand des Zimmers wird der Blick durch eine Anzahl von Büsten verschiedener Größe gefesselt. Die Auswahl dieser Büsten, ihre künstlerische Anordnung in drei aufsteigenden Etagen... gibt aber auch dem Betrachter sofort einen lebendigen Begriff von der formalen und geschichtlichen Eigenart dieser Kunst. Zwei lebensgroße Büsten Friedrich Wilhelms III. und der Königin Luise flankieren einen Barockschrank... In dem nächsten Zimmer sind vor allem die großen Büsten auf dem hohen Schrank bemerkenswert. Die lebensvolle Blücher-Büste nach einem Modell von Rauch erinnert daran, daß die hervorragendsten Bildhauer der Zeit, ein Schadow, Rauch, Tieck und Schinkel, an der künstlerischen Entwicklung des Eisenkunstgusses beteiligt waren... Das Reiterdenkmal des Preußenkönigs Friedrich Wilhelm III., auf einem Podest stehend, ist künstlerisch betrachtet ein Meisterwerk, das sich selbst mehr lobt als jede Beschreibung. Statuen dieser Art waren aber schon in der besten Zeit des Eisenkunstgusses selten und wurden eigentlich nur als Geschenke oder Auszeichnungen weggegeben. Die Statue der Flora ist eine der besten Leistungen der Mägdesprunger Hütte...

Noch mehr als diesen beiden Zimmern hat aber der Eisenkunstguß dem dritten, dem Erkerzimmer zu geben. Die stilreine Ausstattung dieses Zimmers mit schönen alten und doch wie neue aussehenden Mahagonimöbeln schaffen eine Atmosphäre, die dem Eisenkunstguß nicht günstiger sein könnte. Auch nicht der nebensächlichste Fremdling kann hier entdeckt werden. Man fühlt sich hier restlos etwa hundert Jahre zurückversetzt, als der Eisenkunstguß auf seiner Höhe war und in dem Heim der Deutschen eine beherrschende Rolle spielte... Mit den Statuen und Büsten auf Konsolen, Etageren und Schränken, den Reliefs und Medaillen an den Wänden, den Vasen und Schalen, den vielerlei Gebrauchsgegenständen, vom Schreibtischzeug, der Garnwinde, dem Lichtschirm bis zum Leuchter und der Tischglocke, mit dem staunenswert reichen Inhalt der drei Mahagoni-Vitrinen, wo auch die zierlichsten Miniaturen nicht fehlen, ist in diesem Zimmer eigentlich alles vertreten, was der Eisenkunstguß im Verlaufe seiner ruhmvollen Epoche hervorgebracht hat. Selbst Bilderrahmen aus Eisenkunstguß sind hier zu sehen, und natürlich tun auch Uhrenständer und Bilderrahmen aus Eisenkunstguß hier ihren natürlichen Dienst... «

Ewald Barth wohnt mit seiner Familie inmitten der Sammlung, er baut daraus, im Verein mit den Möbeln und den Bildern aus der Zeit des Klassi-

62

zismus und des Biedermeiers, so etwas wie ein Gesamtkunstwerk. Nur der Vollständigkeit halber, so scheint es, fügt er Beschreibungen seiner Lebensumwelt einen Blick auf die Schätze in den Kommoden und Schränken hinzu, auf die Medaillen, Gemmen, Neujahrsplaketten und nicht zuletzt auf den »unbeschreiblichen schönen, zarten Schmuck«.

Als der Bombenkrieg die Industriestadt Dessau immer stärker bedroht, wird Ewald Barth vom Landeskonservator aufgefordert, seine Sammlung Eisenkunstguß an einen sicheren Ort auszulagern. Ende 1943 verpackt er den kostbaren Besitz in 14 eigens gefertigte Holzkisten. Untergebracht wird die Sammlung in Zerbst, im zweiten Stock des Schlosses, das einst der Anfang des 19. Jahrhunderts ausgestorbenen Zerbster Linie der Herzöge von Anhalt gehört hatte. Die Kleinstadt liegt knapp 20 Kilometer von Dessau entfernt und erscheint weniger bedroht.

Die Fürsorge erweist sich als berechtigt, denn beim letzten der großen Angriffe auf Ewald Barths Heimatstadt, am 7. März 1945, wird die gesamte Altstadt vernichtet, darunter auch sein Haus in der Marktstraße 4. Die Unterlagen zur Sammlung, die aufgebaute Spezialbibliothek und Teile der über Generationen in der Familie weitergegebenen Möbel verbrennen. Doch nur knapp eineinhalb Monate später, am 16. April und bei den danach vier Tage lang wütenden Bränden, wird die Eisenkunstgußsammlung in den Trümmern des Zerbster Schlosses begraben. Die Kleinstadt Zerbst, die so sichergeglaubt, wird kurz vor Kriegsschluß bei einem schweren Bombardement fast völlig zerstört.

Drei Jahre nach Kriegsende beginnt Ewald Barth in den Schloßtrümmern nach Überresten der Sammlung zu suchen.

Bei dem Brand, das stellt sich bald heraus, waren die Wände und die Deckenkonstruktionen in die Kellergewölbe gestürzt. Eine acht bis zehn Meter hohe Trümmerschicht umschließt das, was möglicherweise von den Medaillen, Medaillons, Plaketten, Skulpturen und dem Schmuck aus Eisen den Brand überstanden hat. Erstaunlicherweise stößt Barth im Schutt tatsächlich bald auf seine Sammlung, die zwar »als Folge des Brandes zu Teilen durchglüht, aber durch die sie in großen Mengen umgebende Asche drei Jahre vor Feuchtigkeit geschützt worden war.«

Nach dem Ende der Grabungen erweist sich, daß fast die gesamte Sammlung gerettet worden ist. Gänzlich verloren oder schwerbeschädigt sind diejenigen Stücke, »die während des Brandes mit anderen Metallen, bei denen der Schmelzpunkt unter dem des Eisens lag, wie Blei, Zink, Zinn und Kupfer, in Berührung gekommen und regelrecht zerfressen waren. Bei einer Vielzahl von Schmuckstücken waren Fassungen und Plattierungen aus Gold abgeschmolzen. Weiter in Mitleidenschaft gezogen wurden Stücke, die man nach dem Guß durch Tauschierungen, Bronzierungen und Bemalen mit Ölfarben weiterbearbeitet hatte.«

An der Restaurierung in den folgenden zehn Jahren beteiligt sich auch sein Sohn.

Als Ewald Barth 1968 in Dessau-Mildensee stirbt, umgeben ihn wieder alte Möbel und Stücke seiner Sammlung, deren Zusammenklang er dreißig Jahre zuvor beschrieben hat. Die wohl »umfangreichste und vielfältigste Sammlung von Eisenkunstguß im deutschsprachigen Raum« hat dieser Mann gleich zweimal aufgebaut.

Die Sammlung Barth wird 1983 von der Kunst & Antiquitäten GmbH verkauft. Der neue Besitzer, jener Frank Fischer, kann wie die patriotischen Berliner Damen von 1813 sagen: Gold gab ich für Eisen. Als seine Leihgabe ist die Barth'sche Sammlung heute im Museum für Verkehr und Technik in Westberlin ausgestellt. Der Direktor des Museums nennt es zu Recht einen Glücksfall, daß sich ein Mäzen fand, der die Rest-Sammlung als Ganzes kaufte. Verhindert wurde damit ein Auseinanderfließen der in Jahrzehnten zusammengetragenen und so mühevoll wieder zu altem Glanz gebrachten Stücke. Die Statuen oder Neujahrsplaketten hätten schließlich durchaus auch einzeln über die Ladentische im Antikshop des Generalkonsuls Böttger gehen können. Der Käufer übergab die Sammlung nicht nur dem Museum für Verkehr und Technik, »sondern erwarb noch wertvolle fehlende Stücke für die Sammlung, in die der Krieg Lücken gerissen hatte oder zu denen der Sammler Barth noch keinen Zugang fand, so daß von nun an zu Recht die Sammlung den Namen beider Männer trägt: Barth/Fischer. Ein selbstloses Mäzenatentum, für das das Staunen der vielen hunderttausend Museumsbesucher einziger, aber auch schönster Dank sein wird.«

Von den rund 1.050 Stücken, die das Märkische Museum 1969 von den Erben Ewald Barths übernommen hatte, blieben ihm 40. Der Rest, also etwa 1.000 Stücke, wurde über den kurzen Umweg VEB (K) Antikhandel, Bereich Potsdam, von der Kunst & Antiquitäten GmbH an einen guten Kunden vom Antikshop verkauft. Im »Gesamtverzeichnis der Sammlung Barth/Fischer« nennt das Museum für Verkehr und Technik 978 registrierte Stücke.

Allzuviel kann der Sammler Fischer, jener selbstlose Mäzen, nicht beigetragen haben, um seinen Namen dem Lebenswerk eines Mannes wie Ewald Barth anfügen zu dürfen. Nach dem Kulturgutschutzgesetz der DDR hätte die einmalige Sammlung des Arztes Ewald Barth niemals das Land verlassen dürfen...

Jugendstilglas
SAMMLUNG ALFRED DAUGS

Seine Mutter, Charlotte Daugs, bewahrt in Pappkartons schreibheftgroße Papierblätter auf, von Alfred Daugs mit Buntstiften oder Aquarellfarben bemalt: poetische Abstraktionen aus Formen und Farben, wie man sie in einem Kaleidoskop zusammenschütteln kann. Sie mag ihn zum Sammeln angeregt haben, aber wer diese Zeichnungen sieht, der spürt, daß der Sinn für die phantastische Welt des Jugendstils ein Teil seines Ichs gewesen sein muß.

Als der Invalidenrentner Alfred Daugs im August 1981 in seiner Zwei-Zimmer-Wohnung im Prenzlauer Berg, Winsstraße 14, Hinterhaus, stirbt, hinterläßt er die bedeutendste private Sammlung an Jugendstilglas in der DDR. Der stellvertretende Kulturminister Wagner wird sie später in einem Brief an seinen Vorgesetzten Hoffmann zur »wertvollsten Jugend-stil-Sammlung Europas« erheben.

Alfred Daugs hat immer dort gelebt, wo er gestorben ist: Berlin, Prenz-lauer Berg, eine Stadt für sich in der Großstadt, geprägt durch das enge Zusammenleben in oft heruntergekommenen Gebäuden mit Hinterhaus und Seitenflügeln, erreichbar durch den Torweg neben der Tür zu den bes-seren Wohnungen im Vorderhaus. Als Schulkind hat er beim Sportunter-richt eine folgenreiche Verletzung erlitten. Arbeiten kann er deshalb nur für eine ganz kurze Zeit, danach wird er invalidisiert. Er wird als beschei-den, gütig und hilfsbereit geschildert. Für sich selbst hätte er »so gut wie nichts« beansprucht, wie der Kunstwissenschaftler Wolfgang Henning schreibt: »Wenn er Berlin verließ, dann nur, um ein neues Stück für seine Sammlung zu erwerben.«

Schon als Schulkind beginnt Alfred Daugs mit dem Sammeln; er trägt allen möglichen Krimskrams zusammen. Später kauft er, immer noch ungezielt, bei Haushaltsauflösungen und ähnlichen Gelegenheiten alles, was ihm gefällt und er für wenig Geld erwerben kann. Auf den Jugendstil stößt er Anfang der fünfziger Jahre, als die farbigen Gläser, die phanta-stisch geformten Keramiken, Porzellangefäße und -figuren von den ande-ren Sammlern noch belächelt und als Kitsch abgetan werden. Das waren Zeiten, in denen er, wie er später gelegentlich seinen Freunden erzählt, zu einem Merian-Stich noch den alten Rahmen mitnehmen muß, wenn er das Bild haben will oder zu einer Jugendstilvase ein Meißner Geschirr aus dem 19. Jahrhundert. Bei den Trödlern und zu den Haushaltsauflösungen trifft Daugs immer wieder auf den kleinen Kreis ähnlich leidenschaftlicher, wenn auch finanziell besser ausgestatteter Sammler. Sie kennen sich mit der Zeit sehr gut und wissen, wofür sich jeder von ihnen besonders interes-siert. Mit manchen dieser Berliner Sammler tauscht der Mann aus dem

Hinterhaus im Prenzlauer Berg, mit dem Dramatiker Peter Hacks zum Beispiel oder dem Schauspieler Manfred Krug. Für den Jugendstil, besonders für das Glas, muß Alfred Daugs ein sicheres Gefühl der Qualität besessen haben. Sehr bald beginnt er aber auch, sich intensiv mit der Literatur zu befassen und Kontakte zu Fachleuten in den Museen zu suchen. Seine Kenntnisse und sein Urteilsvermögen machen ihn zu einem hochgeschätzten Partner.

In der DDR wurde der Jugendstil erst relativ spät, lange nach der Ausstellung »Um 1900 — Art Nouveau und Jugendstil im Züricher Kunstgewerbemuseum von 1952«, hoffähig. Die Schweizer Ausstellung löste einen förmlichen Jugendstiltaumel in den westeuropäischen Ländern aus. Als auch die Sammlerbekannten in der DDR über den Spleen von Alfred Daugs schon längst nicht mehr lächeln, gibt er seine ersten sieben Leihgaben in die Berliner Ausstellung »Stilkunst um 1900«.

Der Katalog jener Ausstellung von 1972 nennt neben Daugs und Georg Brühl noch andere private Leihgeber mit Namen. Ein Zeichen dafür, daß die konzertierten Aktionen von Steuerfahndung und Kunst & Antiquitäten GmbH noch nicht begonnen hatten.

Ausgeliehen hatte er auch eines seiner liebsten Stücke, einen vierarmigen Leuchter aus den New Yorker Werkstätten von Louis Comfort Tiffany (1848-1933). Der Maler Louis C. Tiffany begründete seinen Ruhm als einer der bedeutendsten Glasgestalter des Jugendstils mit irisierenden

Alfred Daugs in seinem Kietz Berlin-Prenzlauer Berg

Zeugnisse des Jugendstils, die Alfred Daugs in Jahrzehnten zusammengetragen hatte. Er bewohnte mit seiner Mutter eine Zwei-Zimmer-Wohnung in der Berliner Winsstraße.

66

Gläsern, hergestellt in einem geheimgehaltenen Verfahren, für das er 1894 den Namen »Tiffany Favrile-Glass« im Handelsregister eintragen ließ. Alfred Daugs' Leuchter ist aus grünem opaken Glas. Aus einem runden Fuß mit blütenförmigem Relief steigt ein sich in vier Arme teilender Schaft auf. Die Kerzentüllen besitzen die Form von Mohnkapseln. Unter dem Fuß trägt der aus der Zeit um 1902 stammende Leuchter die Signatur »TIFFANY STUDIOS/NEW YORK D 887«. Der Leuchter war das einzige Tiffany-Glas in der Sammlung Daugs.

Der kostbarste Teil seiner Jugendstilgläser bestand aus Arbeiten von Emile Gallé (1846-1904) aus der Stadt Nancy, der seinen speziellen Glasstil mit der Anwendung ostasiatischer Techniken für mehrfach überfangenes und eingelegtes Glas entwickelt hatte.

Die ersten seiner mit »E. Gallé/Nancy«, mit »E. Gallé Nancy Depose« oder einfach mit »Gallé« signierten 39 Stücke stöbert Daugs schon in den fünfziger Jahren bei Trödlern auf, als er vom Wert dieser bunten Gläser noch nichts ahnt. Später sucht und kauft er bewußt, bezahlt Preise, die er nur durch den gleichzeitigen Verkauf anderer Arbeiten seiner Sammlung an den Staatlichen Kunsthandel aufbringen kann. Vom schärfsten Konkurrenten des berühmten Gallé, Daum Frères, ebenfalls in der Glashochburg Nancy, Frankreich, ansässig, besaß Alfred Daugs in der vollgestopften Hinterhauswohnung 19 Stücke. Die Schwerpunkte seiner Sammlung lagen eindeutig beim Glas der französischen Manufakturen und im

Bereich der böhmischen Glasfabrikation, wie der wissenschaftliche Bearbeiter Hennig später feststellte. Damit gab sie Zeugnis von den, neben den USA, bedeutendsten Zentren der Jugendstilglaskunst.

Ohne die ausdauernde Leidenschaft und hartnäckige Suche des Sammlers dürfte manches Stück davon in den Mülltonnen der gleichgültigen 50er und frühen 60er Jahre verschwunden sein. Als Entdecker und Hüter kultureller Besitztümer eines Landes sind Sammler, wie Dr. Burkhard Göres, der Direktor des Berliner Kunstgewerbemuseums, sagt, unersetzbar. Sein traditionsreiches Museum, früher im zerstörten Berliner Schloß untergebracht, verlor im Krieg bis auf sieben Stücke die gesamte Jugendstilsammlung. Erst mit der Schenkung von Georg Brühl begann der systematische Neuaufbau. Den wichtigsten Zuwachs im Glas, das mit seinen Materialeigenschaften die Formensprache des Jugendstil am reinsten zum Klingen bringen konnte, bekam das Kunstgewerbemuseum nach dem Tode von Alfred Daugs: 329 Stücke, gerettet vor dem Verwerten an Zahlungs Statt.

Unter ihren Papieren bewahrt Charlotte Daugs eine Quittung über die Übernahme von 478 Positionen im Gesamtwert von 389.515 Mark auf. Ausgestellt ist sie am 16. Oktober 1981, unterschrieben von Dr. Günter Schade, dem damaligen Direktor des Köpenicker Museums. Dieser von Charlotte Daugs als »Nacht- und Nebelaktion« geschilderten Übernahme der Jugendstil-Sammlung Daugs geht eine schriftliche Ankündi-

gung des Planes an die Kulturgutschutzkommission der DDR voraus. Schade informiert in einem Brief vom 9. Oktober zunächst über die Bedeutung der Sammlung, die jetzt in Gefahr stehe, gefleddert zu werden. »Aus diesem Grunde«, so schreibt er dann, »haben wir uns in gegenseitigem Einvernehmen mit der Erbin entschlossen, die uns interessierenden wertvollen Objekte der Sammlung zum Zwecke der wissenschaftlichen Erfassung und wissenschaftlichen Bearbeitung in das KGM zu überführen, das heißt, sie erst einmal sicherzustellen, damit diese nicht zerissen und veräußert wird.«

Am 4. November bestätigt Charlotte Daugs in einer »Erklärung« die Übernahme. Kernsatz: »Meine Forderung an die Staatlichen Museen in Höhe von 389.515 Mark trete ich hiermit zur Abdeckung meiner Erbschaftsteuerschuld an den Magistrat von Berlin... ab.« Was in der Zeit zwischen dem Tode des Sammlers Alfred Daugs und dieser Erklärung geschehen ist, läßt sich nur noch aus der Erinnerung von Beteiligten rekonstruieren. Offenbar hat das Ende eines so bekannten Mannes — oder anders gesagt: die so plötzlich freigewordenen Schätze — für außerordentliche Aktivitäten der einschlägig interessierten Kreise gesorgt.

Die ersten Schätzer vom VEB (K) Antikhandel Pirna oder dem Berliner Dienstleistungskombinat, so genau erinnert sich Frau Daugs nicht mehr, kommen schon am Tage nach seinem Tode.

Wie schnell und konzentriert hier gearbeitet worden sein muß, ist am Datum des Erbschaftsteuerbescheids leicht zu erraten: Schon am 2. November wird der Erbin Charlotte Daugs unter der festgestellten »Erbmasse« (Antiquitäten und Hausrat) ein steuerpflichtiger Bestandteil im Werte von 540.020 Mark bescheinigt. Dafür hat sie laut Erbschaftsteuerklasse II eine Summe von 406.018 Mark an den Fiskus zu entrichten.

Eine der nun fälligen Verwertungen hätte gerade noch rechtzeitig für das Weihnachtsgeschäft der westlichen Kundschaft Nachschub aus den Regalen der Kunst & Antiquitäten GmbH bringen können.

Das geplante Geschäft geht nicht auf, weil hier Museumsleute im Verein mit der Kulturgutschutzkommission rechtzeitig eine Sammlung gerettet haben, die in ihrer Geschlossenheit zweifellos nach den Kriterien des Gesetzes als unbedingt zu schützende obere Kategorie II (von nationalem Rang) oder gar als Kategorie I zu bewerten war. Auf sein Geld verzichtet der Fiskus natürlich nicht; bezahlt hat am Ende der Kulturfonds der DDR. Die Kunst & Antiquitäten GmbH hat am Sammlerleben des Alfred Daugs dennoch verdient.

In einer Plastetüte bewahrt Charlotte Daugs einen Stoß Quittungen auf, unterschrieben von einem Lothar M. am 16. und 19. November 1981. Abgeholt wurden elf Kisten voller Antiquitäten und Bilder, darunter Werke von holländischen Malern, deren Herkunft Alfred Daugs bis zu einer Berliner Auktion Mitte des 19. Jahrhunderts hat nachweisen können. Als die Kisten in der Winsstraße verladen werden, ist der Sammler noch keine drei Monate tot.

Geblieben ist von ihm im Kunstgewerbemuseum auf der Schloßinsel Köpenick das bunte Glas der Gebrüder Daum, des Gallé und der Böhmischen, Lausitzer, Württembergischen oder Bayrischen Manufakturen. Wer will, kann sich Stücke aus der Sammlung Daugs in den Vitrinen des Schlosses zeigen lassen.

Skulpturen, Ratsschatz, Grafiken...
DIE SAMMLUNGEN HEINZ DIETEL UND RUDOLF KAESTNER

Anfang Dezember 1989 fordern die Direktoren der Berliner Staatlichen Museen in einem Brief zu den Hintergründen und Folgen des kulturellen Ausverkaufs unter anderem auch Aufklärung über das Schicksal der Sammlung Dietel.

Was sich heute zu den sich fast zeitgleich in der zweiten Hälfte der siebziger Jahre ereignenden Fällen der Erfurter Sammler Dietel und Kaestner sagen läßt, folgt im wesentlichen den Erinnerungen des Kunsthistorikers Dr. Lucke, der im »Amtshilfeverfahren« von der Steuerfahndung als Gutachter hinzugezogen wurde.

Der Fall Dietel beginnt mit einer Anzeige wegen Diebstahls und Hehlerei. Dietel kaufte eine fast lebensgroße spätgotische Marienstatue, die aus der Kirche von Rahmen bei Pößneck gestohlen worden war. Als er in Untersuchungshaft sitzt, wird seine Wohnung durchsucht. Festgestellt wird ein erheblicher Besitz an Kunstgut. Dr. Lucke hat seinen Bericht in den Amtsräumen der Steuerfahndung im Erfurter Rathaus schreiben müssen und durfte den Durchschlag nicht mitnehmen. Der Kunstbestand war so bedeutend, daß er, um die Verantwortung nicht allein tragen zu müssen, den Direktor der Skulpturensammlung in den Dresdner Staatlichen Museen, Raumschlüssel, um Hilfe bittet. »Es ging besonders um zwei excellente Stücke, die ich unbedingt bei einer Beschlagnahme (bei Steuerhinterziehung) für Museen sichern wollte. Herr R. hatte sehr großes Interesse an den Stücken; es waren ein spätromanisches Becken aus Oberitalien, wohl 12. Jahrhundert, und eine hervorragende Büste des 17. Jahrhunderts. Ich glaube, beide Stücke sind nach vielem Hin und Her über das (Erfurter) Angermuseum dann im Tausch gegen andere Stücke nach Dresden gekommen. An andere Stücke kann ich mich nicht mehr so genau erinnern, doch hatte Dietel eine exquisite Sammlung von Grafikblättern (Handzeichnungen und Aquarelle), die in einem ausgezeichneten Zustand waren. Genauer kann ich mich an einen sehr großen Bestand an Silbergegenständen des 17. und 18. Jahrhunderts erinnern, und man vermutete damals, es könne sich um einen kompletten Ratsschatz einer Stadt handeln (Krüge, Teller, Becher, Pokale, alle von bester Qualität, z. B. von Nürnberger Meistern).« Der Sammler oder illegale Händler Dietel, so genau dürfte das in seinem Fall nicht zu trennen sein, stirbt 1977, kurz nach seiner Verurteilung. Jene beiden vom Gutachter als besonders bedeutend angesehenen Stücke kommen tatsächlich in die Dresdner Skulpturensammlung. Das Taufbecken gehört zur ständigen Ausstellung der Sammlung im Albertinum auf der Brühlschen Terrasse. Die Skulptur befindet sich zur Zeit im Depot.

Doch darüber hinaus hatten die an dem Erhalt der wichtigsten Sammlungsteile interessierten Kunsthistoriker wenig Chancen, weil sich am Besitz Dietels offenbar verschiedene Leute auf kriminelle Weise bereicherten. Damals, um die Mitte der siebziger Jahre, war das Beschaffungssystem der gerade gegründeten Kunst & Antiquitäten GmbH noch nicht bis ins Detail ausgefeilt und abgesichert. Später wäre es kaum möglich gewesen, der GmbH größere Teile einer solchen Beute zu entwinden.

Die Sammlung von Rudolf Kaestner wird von dem berufenen Gutachter in seiner Zeitwertfestsetzung auf etwa 1,2 Millionen Mark geschätzt.

Unter den rund 10.800 Positionen befinden sich etwa zehntausend Druckgrafiken, Zeichnungen, Aquarelle und Gemälde. Dr. Lucke, der als fachkundiger Mitarbeiter des Instituts für Denkmalpflege auch hier hinzugezogen wird, empfiehlt dringend die Übergabe ganzer Komplexe an das Museum der Stadt Erfurt. Besonders wichtig für die Kunstgeschichte Thüringens ist ihm eine Gruppe von Tafelbildern des Samuel Beck vom Ende des 17. Jahrhunderts. In die Kanäle zur Verwertung an Zahlungs Statt dürften nach seiner Auffassung auch nicht Einzelstücke wie ein Aquarell von Christian Rohlfs oder figürliche Fayencen aus Thüringer Manufakturen gelangen. Der Sammler Rudolf Kaestner stirbt noch während der Untersuchung wegen schwerer vorsätzlicher Steuerhinterziehung. Ob dieser Mann mit den enormen Kunstschätzen überhaupt ein Sammler war, wurde nicht geklärt.

Fast der gesamte Besitz lag, in Kartons oder Koffern verpackt, übereinandergestapelt in einem kaum genutzten Raum seiner Wohnung am Erfurter Juri-Gagarin-Ring. Manche der Behälter waren verschnürt, niemals von Kaestner ausgepackt. An Vermerken auf den Rückseiten von Bildern ließ sich erkennen, wem die Werke gehört hatten: jüdischen Familien der Stadt, die offenbar bei Kaestner besonders kostbare Teile ihres Eigentums in Sicherheit bringen wollten.

Dr. Lucke, der die Koffer und Pakete in die Räume des »Roten Ochsen« schaffen und auspacken ließ, um überhaupt einen Überblick gewinnen zu können, hält es nicht für ausgeschlossen, daß sich jener Rudolf Kaestner nicht als Eigentümer, sondern als Treuhänder empfand.

Versucht hat niemand, die ursprünglichen Besitzer der gepfändeten Kunstwerke zu registrieren, die Stücke gesondert aufzubewahren und die verschollenen Eigentümer oder deren Nachkommen zu finden. Als nach dem Schicksal der bei Heinz Dietel und Rudolf Kaestner Mitte der siebziger Jahre gepfändeten Sachen gefragt wurde, verwies das für Finanzen und Preise zuständige Mitglied des Rates des Bezirkes Erfurt in einem Antwortschreiben auf die geltenden gesetzlichen Bestimmungen. Danach waren, wie er schreibt, »gepfändete Kunstgegenstände, Antiquitäten etc. zur Realisierung von rechtskräftigen Steuernachforderungen dem Staatlichen Kunsthandel bzw. der Kunst & Antiquitäten GmbH, Berlin, zum Ankauf anzubieten. Nach unseren Feststellungen hat der Rat der Stadt Erfurt, Abteilung Finanzen, nach den vorgegebenen Grundsätzen in den von Ihnen zitierten Fällen verfahren.«

Briefmarken und Porzellan
SAMMLUNG HEINZ-JOACHIM MAEDER

Der Sammler Heinz-Joachim Maeder bewahrt eine handschriftlich abgegebene Erklärung einer Zeugin auf, niedergeschrieben am 30. Oktober 1984, einen Tag, nachdem bei seiner Familie die Steuerfahnder, Kriminalpolizisten und Vertreter des Antikhandels Pirna einbrachen. Das Blatt zitiert einen Major G. wörtlich: »Der Maeder-Clan soll mit Stumpf und Stiel ausgerottet werden.«

Dieser »Maeder-Clan«, zu dem die Zwillingsbrüder Hans und Rudi Maeder, die Mutter von Heinz-Joachim Maeder, sein Cousin Thomas und er selbst gehören, soll aus der Produktion und dem Vertrieb von Damenoberbekleidung in geradezu abenteuerlichen Dimensionen Steuern hinterzogen haben. Die zunächst unterstellte Steuerschuld bewegt sich um 30 Millionen Mark, sie verringert sich bis zur Anklageerhebung vor dem Stadtgericht auf 14 bis 17 Millionen. Nach 32 Verhandlungstagen im bedeutendsten Steuerprozeß der Ostberliner Nachkriegsgeschichte reduziert sie sich auf die strafrechtlich relevante Summe von rund 3,3 Millionen. Eingeschlossen ist hier schon die behauptete Verkürzung von Vermögenssteuern für die Antiquitäten, Kunstwerke und die Briefmarken des Sammlers Heinz-Joachim Maeder.

Der als Beihelfer seines beihelfenden Vaters nachträglich in den Familienprozeß einbezogene Heinz-Joachim Maeder hatte sich nach dem Abitur an der Abendschule einem Selbststudium der klassischen deutschen Philatelie unterzogen. An einer Universität durfte er seinen Wissensdurst nicht stillen, denn dafür war seine Herkunft aus dieser Sippe kleiner Produzenten und Kaufleute zu anrüchig. Studiert hat er das selbstgewählte Fach vor allem in der Praxis: vor den geschnittenen und den ersten gezähnten Marken der Freien Hansestädte und der deutschen Kleinstaaten vom Großherzogtum Baden bis zum Königreich Württemberg.

Für einen Kenner beginnt die eigentliche Faszination beim Kleingedruckten in den Spezialkatalogen: bei den schwarzen, blauen und roten Ring-, Mühlrad-, Zweikreis- und Rahmenstempeln, den Mehrfach- und Mischfrankaturen, den spannenden Briefstücken mit den Stempeln der Absender- und Empfängerpostämter. Als seine Spezialsammlung der Steuerbehörde vorgelegt wird, besitzt sie eine Qualität, die ihm in Bremen eine Zulassung als Gutachter für die fünfzehn Marken der Freien Hansestadt aus den Jahren zwischen 1855 bis 1867 garantiert hätte. Ähnlich intensiv sammelt er auch die Marken der anderen Hansestädte und der Kleinstaaten. Ein junger Mann mit einer immensen, in der damaligen Arbeit als Einzelhandelskaufmann nicht auszuschöpfenden Energie, mit

Hartnäckigkeit und Intelligenz. Seine Sammlung läßt Heinz-Joachim Maeder später, nach Abschluß des Steuerkrieges gegen den »Maeder-Clan«, in einer Auktion versteigern. Ihm war der Spaß an den Briefmarken vergangen.

Neben den alten Marken sammelt Heinz-Joachim Maeder auch größere, schöne und teure Erbstücke. Er gehört zu der kleinen Schicht von Antiquitätensammlern, die, wie er sagt, »DDR-weit agierten«. Sein wichtigstes eigenes Feld ist das Meißner Porzellan. Der »Maeder-Clan« nennt sich selbst eine gut harmonierende Familie mit einem starken Zusammengehörigkeitsgefühl. Der Jung-Sammler Heinz-Joachim besitzt Geld für seine Leidenschaft, und er kann auf seine aushelfenden Eltern rechnen, wenn das eigene knapp zu werden und eine Meißner Vase zu entschwinden droht. Für jedes Stück seiner Meißen-Sammlung notiert er von Anfang an die besonderen Umstände des Kaufes oder Tausches, einschließlich der Zeugen. Daraus wurde für die Steuerfahndung später eine Schnitzeljagd voller Frustration, denn in keinem Falle läßt sich ein Beweis für gesetzwidrige Geschäfte finden! Seine akribische Buchführung erlaubt dem Sammler Heinz-Joachim Maeder, als es die Situation nach dem Überfall am 29. Oktober 1984 erzwingt, sehr genau die familiären Eigentumsverhältnisse innerhalb seiner Sammlung zu rekonstruieren.

Als die Hatz auf den »Maeder-Clan« beginnt, befinden sich unter den bestellten Jagdteilnehmern auch zwei Vertreter des VEB (K) Antikhandel Pirna. Beide sind in Wahrheit Mitarbeiter der Kunst & Antiquitäten GmbH, aber sie bedienen sich des Schutzschildes ihrer Tochterfirma. Ihre Zeitwertfeststellung vom 30.10.1984 befindet sich als Blatt 49-54 im Band III der Gerichtsakten unter den Beweismitteln. Offiziell gesehen hat Heinz-Joachim Maeder dieses Papier mit seinen 143 Positionen bis jetzt nicht, obwohl auf der Grundlage dieser Schätzungen versucht wird, auch ihn der Hinterziehung von Vermögensteuern zu bezichtigen.

Fast alles auf diesen Listen Verzeichnete wird, wie in anderen solcher Verfahren, zusammengepackt und an einen sicheren Ort gebracht. In diesem Fall ist das ein Sitzungsraum der Abteilung Finanzen im Magistrat von Berlin. In diesem Raum befinden sich auch die von Heinz-Joachim Maeder gesammelten Meißner Porzellane mit unterschiedlichen Eigentumsverhältnissen. Die hartnäckigen Spurensucher, die das »Unternehmen Maeder« mit dem offiziell befohlenen Erfolg abschließen wollen, lassen gleich nach der Beschlagnahme sämtliche Porzellane nach Meißen zu einem Zweitbegutachter bringen. Den 190 Stücken nimmt sich einer der besten Kenner an, der Chef des Museums der Staatlichen Porzellanmanufaktur. Gutachter Brandes benutzt für seine Bewertung das »Preiskarteiblatt III/620/80 vom 1. Januar 1980«. Er schätzt nicht, sondern er nennt den EVP, zu deutsch: den Einzelverkaufspreis. Eine etwas rätselhafte Verfahrensweise, aber ein Fachmann wie er wird schon wissen, wie der EVP für ein Meißner Stück aus dem 18. Jahrhundert oder ein Unikat von 1935 festzustellen ist. Am Ende der Liste steht als Wert eine Summe von 794.595 Mark; eine respektable Frucht aktiver Jungsammlerjahre.

Der Gutachter Brandes erklärt auf dem Deckblatt die Legende seiner Notizen zu den einzelnen Porzellanen. Ein bestimmtes Zeichen bedeutet: Die Manufaktur bittet um das Vorkaufsrecht, »da es sich um Stücke handelt, die dem Museumsfonds der DDR zuzurechnen sind und als Modell angesehen werden.« Heinz-Joachim Maeder besaß 21 Porzellane mit den blauen Schwertern, für die auf diese Weise der Schutz des Kulturgutschutzgesetzes gefordert wurde.

Elf davon, alle juristisches Eigentum seiner Mutter, werden an Zahlungs Statt eingezogen und von der Kunst & Antiquitäten GmbH verwertet. Das kostbarste unter den eingezogenen und seitdem verschwundenen Stücken taucht in der geheimgehaltenen Zeitwertfeststellung der Herren von der Mühlenbecker GmbH als Position 99 zwischen drei Meißner Vasen mit Blumendekor (Schätzwert 1.350 M) und einem silbernen Leuchter (1.200 M) auf: eine Vase mit einem Frauenkopf, Wert 4.000 Mark. Der Zufall will es, daß diese »Vase mit Frauenbildnis«, Form-Nummer P 249, produziert um 1935, auch bei Brandes als Position 99 genannt wird. Der Unterschied liegt im Preis — der Meißner Spezialist gibt als EVP für dieses Stück nicht 4.000, sondern 232.740 Mark an!

Zu diesem Unikat aus der weltberühmten Manufaktur kam der Sammler Maeder auf eine zuverlässig zu rekonstruierende Weise. Die Vase wird vermutlich am Anfang der 50er Jahre als Geschenk für einen erwarteten Staatsgast aus den Beständen Meißens ausgesondert worden sein. Damals mochte, wie Heinz-Joachim Maeder annimmt, ein Stück aus den dreißiger Jahren noch keine sonderliche Wertschätzung genossen haben, denn zu jener Zeit sollen in den Depots noch Kaendler-Figuren gestanden haben. Der Staatsgast kommt entweder nicht, oder er äußert einen anderen Wunsch. Jedenfalls landet die in Meißen schon aus den Bestandslisten gestrichene Vase im Berliner Industrieladen der Manufaktur. Sie wird für den in jenen Jahren astronomischen Preis von 2.500 oder 2.600 Mark angeboten; an die genaue Summe erinnert sich die Käuferin nicht, als sie ihr kostbares Stück Mitte der sechziger Jahre an Maeder weiterverkauft. Im Jahre 1979 hat Heinz-Joachim Maeder seine Wohnung mit einer Sofortbildkamera fotografiert, die in das Bild gleich das Datum einkopiert. Die Vase steht auf einem Biedermeiersekretär. Sehr viel ist von ihr nicht zu erkennen: eine bauchige Form mit eingezogenem Rand; das ovale Frauenbildnis scheint auf einem sechseckigen goldenen Rahmen zu sitzen; Höhe ungefähr vierzig Zentimeter.

Das Stück erregt beim Gerichtsverfahren, als die Rede darauf kommt, einige Unruhe. Aber vorführen läßt es sich nicht, weil schon Monate vor dem Beginn der Verhandlung, gleich nach Abschluß des Steuerverfahrens im März 1986, die übliche Verwertung an Zahlungs Statt einsetzte. Der Generalstaatsanwalt der DDR erhält im Jahr 1990 von einem an der Verteidigung des »Maeder-Clans« beteiligten Rechtsanwalt eine Anzeige wegen dieser »Vernichtung von Beweismitteln«.

Auf die gleiche Weise wie im Fall Maeder wurden in fast allen Steuerverfahren »Beweismittel« gegen Sammler und Händler beiseitegebracht. Es gehörte zum wirkenden »Rechts«-Prinzip, das ein Urteil von Steuerbehörden außerhalb jeder objektiven gerichtlichen Nachprüfung ließ. Die Gerichtsverfahren wegen strafrechtlich zu verfolgender Steuerverkürzung begannen immer erst dann, wenn das eigentliche Steuerverfahren mit einem nicht anfechtbaren Urteilsspruch abgeschlossen war. Und zu diesem Zeitpunkt hatten sich die Bilder, Möbelstücke oder Münzen längst in »Devisenwerte« verwandelt und waren oft schon außer Landes. Der Angeklagte Heinz-Joachim Maeder geht mit seinem Rechtsanwalt Lothar de Maizière Anfang 1987 in eine Berufungsverhandlung vor das Oberste Gericht. Nicht deshalb, weil er vom Stadtgericht nach dem falschen, unzutreffenden Absatz eines Paragraphen der Verkürzung von Vermögensteuern angeklagt und verurteilt worden war, sondern weil sich in den Verhandlungen vor dem Stadtgericht kein einziger stichhaltiger Beweis für eine solche Verkürzung erbringen ließ. Heinz-Joachim Maeder wird »auf Bewährung«freigesprochen, was immer das auch heißen mag.

Von seiner Porzellansammlung darf er sich schon vorher aus dem »Maeder-Zimmer« im Magistrat jenen Teil heraussuchen, der sein juristisches Eigentum ist, und der Steuer für 232.000 Mark abkaufen. Die Kunst & Antiquitäten GmbH hat sich diesmal mit einem Bruchteil der erwarteten Beute zufriedenzugeben.

Die Suche nach jener Position 99 führte bis zur Stunde zu keinem Ergebnis. Vermutlich hat der zufällige Käufer der »Vase mit Frauenbildnis« keine Ahnung, welche Kostbarkeit ihm hier in die Hände gefallen ist.

Möbel und Hausrat
SAMMLUNG WERNER SCHWARZ

Der Restaurator Werner Schwarz wird vom Bezirksgericht Potsdam am 2. Dezember 1982 wegen mehrfacher Steuerverkürzung im schweren Fall und wegen versuchter Steuerverkürzung zu einer Freiheitsstrafe von fünf Jahren und sechs Monaten sowie zu einer Zusatzgeldstrafe von 100.000 Mark verurteilt. Nach teilweise verbüßter Haftstrafe wird er durch Vermittlung der Evangelischen Kirche freigekauft und am 18. Dezember 1984 entlassen. Werner Schwarz lebt heute mit seiner Frau in einer Stadt in Westfalen.

Am 12. November 1986 schrieb Werner Schwarz an den Kulturminister der DDR: »Wie wenig der DDR an der Erhaltung von Kultur gelegen ist, möchte ich an meinem Ergehen aufzeigen. Welch ein Widerspruch besteht zwischen den Gesetzen zur Erhaltung von Kulturgut und der Realität!

Seit 1955 war ich ehrenamtlicher Denkmalpfleger im Kreis Rathenow. Die Zusammenarbeit mit dem Institut für Denkmalpflege in Berlin war sehr gut. Leider ergaben sich in Hinsicht der Baudenkmale immer wieder Schwierigkeiten, und es war mir oft nicht vergönnt, die Gegenseite zum Einlenken und zum Erhalten zu bewegen.

Ich selbst habe versucht, soviel wie möglich an erhaltenswerten Werken der Vergangenheit zusammenzutragen und zu bewahren, denn vieles ist in den Wirren des Krieges und der Nachkriegszeit in unzweckmäßigen Gebrauch geraten.

Schon von Kindheit an hatte ich Freude an allem, was altertümlich war. So hatte ich von meinen Vorfahren aus Behnitz und Plaue schon vor dem Krieg einige Möbel, Werkzeuge, Bilder, Urkunden und anderes zusammengetragen, und ich konnte einiges vor der Kriegszerstörung bewahren. Viele neue Familienstücke konnte ich in den 50er Jahren hinzufügen. Aus der Familie meiner Frau, deren Vorfahren auch im Brandenburgischen ansässig waren und mit dem Baumeister Karl Friedrich Schinkel eng verwandt sind, bekamen wir viele Sachen – Möbel, Zeichnungen, Bilder, Stickereien, Schmuck – geschenkt. Zudem vermachten mir alteingesessene Rathenower viele Dinge, die sie nicht gern untergehen lassen wollten. Und ein jedes Stück hat seine eigene Geschichte. Bis in die 60er Jahre ließ ich auch viele Dinge dem Heimatmuseum zukommen, weil nicht alles für mich interessant war und mir auch der Platz fehlte. Das meiste ist dort längst untergangen und verschwunden.

Im Laufe der Jahre waren so viele Zeugnisse aus der Vergangenheit zusammengekommen, daß ich mich entschloß, meine Sammlung in die Kreisdenkmalliste aufnehmen zu lassen. Seit 1967 wurde sie dort geführt mit der Bezeichnung ›Möbel und Hausrat des 18. und frühen 19. Jahrhunderts aus brandenburgisch-preußischem Raum‹. Das Institut für Denkmalpflege befürwortete diesen Schritt. Die Abteilung Kultur beim Rat des Kreises kannte Inhalt und Umfang meiner Sammlung und besichtigte diese wiederholt.

Später wechselte ich meinen Beruf (vorher seit 1948 als Stellmacher tätig gewesen) und restaurierte ab 1972 Möbel, hauptsächlich für den Brandenburger Dom und das Brandenburger Heimatmuseum. 1976 wurde mir der Titel ›Anerkannter Kunsthandwerker‹ verliehen.«

Im Urteil des Kammergerichts, Westberlin, vom 29. September 1987 im Rechtsstreit der Firma Antik-Shop Antiquitätengalerie GmbH Co. gegen Werner Schwarz heißt es unter anderem: »Im Dezember 1981 wurde gegen den Kläger (Werner Schwarz) ein Nachbesteuerungsverfahren und ein Strafverfahren wegen Steuerverkürzung eingeleitet. Am 8. Dezember 1981 wurde er in seinem Haus in Rathenow verhaftet und in der Untersuchungshaftanstalt Potsdam inhaftiert. In den folgenden Tagen erfaßte der wissenschaftliche Mitarbeiter des VEB (K) Antikhandel Pirna (DDR) die im Hause des Klägers befindlichen Kunstgegenstände und Antiquitäten in einer als ›Zeitwertfeststellung‹ bezeichneten Liste vom 12. Dezember, die insgesamt 1.774 Positionen mit der jeweiligen Wertangabe der aufgeführten Gegenstände enthält und mit einem geschätzten Gesamtwert von 1.444.170 Mark abschließt...

Am 15. Dezember erließ das Finanzamt Rathenow eine sogenannte Sicherungsverfügung, durch die wegen einer Steuerforderung gegen den Kläger in Höhe von 2.000.000 Mark sein bewegliches und unbewegliches Vermögen (gepfändet wird)... Danach wurden die in der Liste erfaßten Gegenstände auf Veranlassung des Finanzamtes noch im Dezember aus dem Hause des Klägers abtransportiert und in das in Mühlenbeck (DDR) befindliche Auslieferungslager der Firma Kunst & Antiquitäten GmbH/ Internationale Gesellschaft für den Export und Import von Kunstgegenständen und Antiquitäten (Berlin/Ost) gebracht. Am 17. März 1982 setzte das Finanzamt aufgrund eines Prüfungsberichts vom 15. März 1982 gegen den Kläger eine Steuernachzahlung für Einkommens-, Umsatz- und Vermögensteuer für den Zeitraum vom 1. Januar 1972 bis zum 31. Dezember 1981 in Höhe von insgesamt 1.517.739 Mark fest... Die von dem Rechtsanwalt des Klägers Lothar de Maizière gegen die Nachbesteuerungsbescheide vom 17. März 1982 eingelegte Beschwerde vom 11. Mai 1982 wies das Finanzamt durch Bescheid vom 18. Juni 1982, gegen den kein weiteres Rechtsmittel gegeben ist, zurück. Gleichzeitig setzte es für das Beschwerdeverfahren eine Gebühr in Höhe von 94.973 Mark fest. Nach dem damit rechtskräftigen Abschluß des Steuerverfahrens verwertete das Finanzamt die gepfändeten Gegenstände am 8. Juli 1982 durch Verkauf an die Firma Kunst & Antiquitäten GmbH, in deren Auslieferungslager sie zuvor gebracht worden waren.«

In dem Berufungsgerichtsverfahren ging es um die von Werner Schwarz geforderte Herausgabe einer Standuhr aus seinem früheren Besitz.

Außer dem »wissenschaftlichen Mitarbeiter« Walter, der langjährig für die Kunst & Antiquitäten GmbH als Gutachter und Aufkäufer gearbeitet hat, werden zur Zeitwertfeststellung von der Steuerfahndung noch andere Spezialisten einbezogen. Der Goldschmiedemeister Hans-Joachim Förster aus Luckenwalde schätzt laut seiner Expertise vom 16. Februar 1982

78

den Materialwert der bedeutenden Silbersammlung und des Schmuckes auf 310.178,60 Mark. Wie Schwarz in der Anlage zu jenem schon zitierten Brief an den Kulturminister der DDR schreibt, wäre von den vielen handwerklich gearbeiteten Kannen, Tabletts, Dosen, Pokalen und anderem aus den Jahren von 1780 bis 1850 nichts übrig geblieben. Nach seinen Informationen hat man die Stücke eingeschmolzen.

Die Sammlung von Münzen und Medaillen, insgesamt 625 Stück, schätzt der Gutachter Gerhard Gierow am 4. Februar 1982 auf 285.770 Mark. Als letzte Position nennt er, kategorisiert als stempelfrisch und mit 25.000 Mark bewertet, ein außerordentlich seltenes Stück: Preußen, Friedrich Wilhelm I., Taler von 1727. »Dieser Taler ist mit an Sicherheit grenzender Wahrscheinlichkeit als echt zu bezeichnen. Die Erhaltung ist als ›Kabinettstück‹ anzusehen und derart noch nicht im Handel gewesen.«

Aus der Untersuchungshaftanstalt schreibt Werner Schwarz eine Eingabe an den Vorsitzenden des Staatsrates der DDR, Erich Honecker. Sie wird am 4. Mai 1982 registriert. Am 20. 5. übergibt der Sekretär des Staatsrates Klaus Eichler die Beschwerde des Untersuchungshäftlings zur Prüfung an den Kulturminister und an den Generalstaatsanwalt der DDR.

Der Minister für Kultur Hoffmann wendet sich am 28. Mai 1982, angeregt durch die Eingabe Schwarz', auf prinzipielle Weise an die Abteilungsleiterin Kultur im ZK der SED, Ursula Ragwitz. »In letzter Zeit«, schreibt Hoffmann, »sind mehrfach gleichartige Fälle aufgetreten, in denen andere Staatsorgane geschütztes Kulturgut, darunter solches von höchster Bedeutung, schematisch veräußerten bzw. veräußern wollten (in der Regel an den Außenhandel)... Ich bin der Auffassung, daß auch bei Berücksichtigung der bekannten außenwirtschaftlichen Situation dennoch unwiederbringliche Teile des kulturellen Erbes der DDR nicht automatisch zur Ausfuhr gelangen dürften.«

Ziel seines Briefes ist offenbar die Klärung der allgemeinen Stimmungslage in den zuständigen ZK-Abteilungen zu einer von ihm beabsichtigten Ministerratsvorlage über den Schutz von Kulturgut in privatem Besitz vor der praktizierten Steuerwillkür.

Im Namen der Kulturgutschutzkommission teilt deren Vorsitzender Schmeichler am 9. Juni 1982 seinem stellvertretenden Kulturminister Wagner mit, »daß unabhängig von einer generellen Regelung durch eine eventuelle Ministerratsvorlage die Sammlung Schwarz, die sich in Verwahrung der Finanzorgane befindet, geprüft werden wird«, um Kulturgut von besonderer nationaler und internationaler Bedeutung auszusondern, das nicht an die Außenhandelsorgane verkauft wird.

Für den Erhalt von Teilen der Sammlung Schwarz hat sich vorher schon in einem Brief vom 7. April 1982 die Abteilung Kultur beim Rat des Bezirkes Potsdam eingesetzt. »Ziel sollte sein«, schreibt der Abteilungsleiter

Theuerkauf an die Kulturgutschutzkommission, »die vorhandene Sammlung bzw. Teile daraus, die nach unserer Überzeugung große Bedeutung für das Territorium hat, in den Staatlichen Museumsfonds des Kreises zu überführen... Besonders wichtig: Berliner Porzellan (1767-1850), Gläser der Hütten Potsdam, Zechlin und Neustadt/Dosse, bäuerliche Volkstrachten, alte Waffen (Schwedenzeit), Möbel – und Hausgeräte (Sammlung Bauernstühle) und Zinngerät.«

Aus den Unterlagen ist nicht bekannt, ob Werke aus dem Besitz von Schwarz tatsächlich für den Export durch die Kunst & Antiquitäten GmbH gesperrt worden sind. Eine Gesetzesinitiative, wie sie dem Minister für Kultur offenbar vorschwebte, kam nicht zustande. Der beabsichtigte bessere Schutz von Privatsammlungen vor dem Zugriff der Steuerbehörden endete auf schmähliche Weise in jenem bereits erwähnten, vom Finanzministerium für den internen Gebrauch ausgearbeiteten Informationsbrief 1/82. Wie bei Schwarz interessierte sich in allen bekanntgewordenen Fällen zerschlagener Kunstsammlungen oder enteigneter Antiquitätenhändler keine Steuerbehörde für die möglicherweise ehrenwerten Absichten dieses Papiers. Und keiner der Betroffenen konnte sich auf die Buchstaben dieses Papiers berufen, das in den Aktenschränken der Finanzämter sicher vor Unbefugten verschlossen gehalten wurde.

Von den 1.774 Positionen auf der Liste des VEB (K) Antikhandel Pirna nennt Werner Schwarz auf drei eng beschriebenen Seiten die ihm wichtigsten. Eine kleine Auswahl daraus läßt ahnen, welche Beute der Kunst & Antiquitäten GmbH hier in die Hände gefallen ist: »Barockschrank, Nußbaum um 1700 aus Senzke, Berliner Pilasterspind, Meisterstück, Barockschrank, Nußbaum 1660/80, stammte aus dem kaiserlichen Jagdschloß Letzlingen, Barockschrank um 1720, Braunschweiger Arbeit, mit sehr schönen mehrfarbigen Blumenintarsien, Tabernakelschreibsekretär, sehr reiche Rokokoarbeit 1740/50, reiche Intarsien aus bunten Hölzern und Elfenbein, Barocktruhe mit leicht gewölbtem Deckel, sehr reicher Eisenbeschlag (Thomas v.d. Hagen), 1718 aus Hohennauen, in den Kunstdenkmälern des Kreises Westhavelland erwähnt, Renaissancestühle, Mitte des 16. Jahrhunderts, Eiche und Obstbaumholz, gedrechselte Stollen, Spiegel, Rokoko, Potsdamer Arbeit um 1700, Zinnkrüge vom 17. bis zum Anfang des 19. Jahrhunderts, Pokale von 1650 bis 1820, Schraubkannen von 1652 bis 1780, Öllampen, zwei Öluhren und weiteres Zinngerät. Alle haben neben dem Meisterstempel den Stadtstempel, oft den Brandenburgischen Adler. (Meine Zinnsammlung war für den Kreis Rathenow einmalig und ist nie wieder zu beschaffen.)

Schwert des Hasso von Bredow um 1400, Kettenhemd um 1400, desgleichen zwei Spieße, Pokal, Potsdam um 1690/1700, Tiefschnitt FWC Kurhut und Brandenburgischer Adler, Pokalgläser mit Dekor FWR und

Kurhut, verschiedene sehr seltene farbige Gläser von Kunkel, Berliner Porzellantassen mit Berliner und Potsdamer Ansichten von 1825/30, Standuhr, Barock, Anfang 18. Jahrhundert, Wurzelmaser auf Eiche furniert, Vinzens Mendl Amsterdam, Standuhr, etwa 1770/80, Apfelbaum mit vergoldeten Ranken, von C. E. Kleemeyer, Berlin, dem Hofuhrmacher von Friedrich II., Spindeltaschenuhren deutscher, französischer und englischer Uhrmacher in Gold, Silber, mit Emaille oder Schildpatt von 1740 an.« In der Zeitwertfestsetzung werden sie mit den Namen ihrer Schöpfer genannt. Eine Uhr von Frey aus Braunschweig wurde mit 3.500 Mark angesetzt.

Jene von Schwarz als wichtiger Teil seiner Sammlung hervorgehobene Standuhr des Meisters Kleemeyer wurde vom Antikhandel Pirna auf 15.000 Mark geschätzt. Sie war der Auslöser des erwähnten Rechtsstreits zwischen ihm und der Antik-Shop Antiquitätengalerie GmbH, der nach dem Urteil des Kammergerichts in Westberlin noch bis zum Bundesgerichtshof führte und jetzt beim Bundesverfassungsgericht liegt.

Um seinen Besitz gebracht wurde Werner Schwarz auf eine einfache, in fast jedem vergleichbaren Steuerfall immer wieder festzustellende Weise: Die enorm gestiegenen, in der DDR noch künstlich durch die Aufkaufpraktiken des VEB (K) Antikhandel Pirna hochgetriebenen Antiquitätenpreise werden als Handelsgewinn interpretiert und dementsprechend versteuert.

Wie andere, erst geplünderte, um ihre materielle Existenz gebrachte, von Gerichten in einzelnen Fällen zu Freiheitsstrafen verurteilte und dann abgeschobene Opfer des Zusammenspiels von Steuerfahndung, Gerichten und der Mühlenbecker GmbH erwartet er moralische und finanzielle Wiedergutmachung.

Lithographien
SAMMLUNG DR. KARL KÖHLER

Sein erstes Blatt hat der Sammler Karl Köhler als 19jähriger auf der Durchreise in Berlin bei dem Kunsthändler Reinhold Puppelt gekauft. Damals, im Jahre 1916, mußte er für die kaum handtellergroße Radierung von Ostade nur wenige Mark bezahlen.

Einen Tag vor seinem Tode schickt der fast Neunzigjährige noch einen seiner Enkel mit einem telegrafischen Gebot an ein Leipziger Auktionshaus zur Post, denn er will unbedingt als Fernbieter bei der Versteigerung eines im Angebotskatalog entdeckten Ostade dabeisein.

Anfang und Ende eines leidenschaftlichen Grafiksammlers. Keine

Erfindung, bestenfalls im ersten Teil die von Köhler selbst, denn niemand kann bezeugen, ob er bei Puppel wirklich einen Ostade und nicht vielleicht einen Teniers erstanden hat.

Karl Köhler ist Halbwaise, besteht ein Notabitur, bevor er für Vaterland und Kaiser in den I. Weltkrieg zieht. Über den nächsten rettet er nichts vom Besitz. Seine erste Arbeit nach 1945 verrichtet der Metallurge Dr. Karl Köhler in Thale beim Straßenbau, weil das Stahlwerk nicht sofort einen Fachmann wie ihn beschäftigen kann. Doch Spezialisten waren in jener Zeit der antifaschistisch-demokratischen Nachkriegsordnung kostbar im Osten Deutschlands; er erhält bald hochdotierte Einzelverträge. Später, nach der Zeit als technischer Direktor in Thale, geht er als Wissenschaftler an ein Institut in Hennigsdorf. Eine Arbeit mit angemessener Bezahlung, gut dotiert, ähnlich wie die Mitgliedschaft in der Akademie der Wissenschaften.

Zu sagen ist das alles, weil dieser Mann als zweites Lebenswerk eine Sammlung aufbaut, für die er jede hineingesteckte Mark mit beruflichen Leistungen verdient hat. Bis zuletzt arbeitet er an einem genauen Verzeichnis seiner Sammlung.

Die Steuerfahndung nahm aus dem Haus seiner Tochter Marianne in einem Vorort von Berlin die gesamten Unterlagen mit. Zufällig blieb eine der Karteikarten zurück. Sie nennt den Köhlerschen Bestand an Arbeiten des deutschen Malers und Grafikers Max Slevoigt (1868-1932): Verzeichnet sind 18 meist großformatige Lithographien in vorzüglichem Zustand. Der Sammler hat sich zu solchen Urteilen über seine Blätter erst nach gründlichsten Studien in Kupferstichkabinetten entschlossen. Wenn es irgendwie möglich war, informierte er sich vor dem Kauf einer Druckgrafik in einer anerkannten öffentlichen Sammlung über den dort vorhandenen Bestand und über die Druckqualität der Arbeiten.

Dr. Karl Köhler stirbt Mitte November 1986. Seine beiden Töchter als gleichberechtigte Erben teilen sich die Grafiksammlung; es war der Wunsch ihres Vaters, daß sie im Familienbesitz bleiben soll. Zur Erbschaftssteuer bestehen Nachforderungen. Ein Ermittlungsverfahren wird in Gang gesetzt; die Steuerfahndung greift ein. Hausdurchsuchungen, unterstützt von der Kriminalpolizei und begleitet von Zeugen aus der Nachbarschaft, in den Wohnungen der Schwestern und ihrer sieben erwachsenen Kinder. Ein Alptraum für alle Beteiligten...

In ihrem abschließenden Bericht vom 28. Oktober 1988 kommen die Steuerfahnder zu einer »Berichtigung der Vermögensteuerfestsetzung für den Zeitraum 1978-1986«. Dr. Köhler hatte den Wert seiner Sammlung, wie sie feststellten, »per 1. 1. 76... mit nur 85.000 Mark, wobei es sich seinen Angaben zufolge auch nur um Arbeiten ›überwiegend neuerer (steuerfreier) Künstler‹ handelte«, viel zu niedrig angegeben. Die Steuerfahnder

Der Grafiksammler Dr. Karl Köhler im Alter von 85 Jahren
Radierungen aus der Folge »Vedute di Roma« des Giovanni Battista Piranesi in der Samm-
lung Köhler: I. Zustand »Ansicht des Forum Romanum vom Kapitol«, 1775, »Der Tempel
der Fortuna virilis«, 1758, I. Zustand »Blick vom Forum Romanum zur Piazza de Fienili«,
1756, I. Zust.

schätzten per Stichtag 1. Januar 1978 den Sammlungswert auf 800.000
Mark, eine offenbar ausgewürfelte Summe, für die ebensowenig eine
objektive Grundlage erkennbar ist wie für den gleichfalls geschätzten
jährlichen Wertzuwachs von 25.000 Mark. Das Urteil der Steuerfahnder
bedeutet Nachzahlung von Vermögensteuer über einen Zeitraum von
zehn Jahren in Höhe von 210.000 Mark.

Nicht berücksichtigt werden von der Steuerfahndung des Bezirkes
Potsdam die vom stellvertretenden Finanzminister Schindler im Informationsbrief 1/82 gegebenen Hinweise zur Festsetzung der »Vermögensteuer für Kunstgegenstände und Sammlungen«.

Wenn es nach dieser internen Weisung zugegangen wäre, dann hätte es
zwei gute Gründe für die gänzliche Befreiung von der Vermögensteuer im
Falle der Sammlung Köhler gegeben. Erstens bestand ein erheblicher Teil
aus Werken, die »von Künstlern der DDR geschaffen wurden, die noch
leben oder seit nicht mehr als 15 Jahren verstorben« waren. Und zweitens
hätte man auch deshalb auf jegliche Vermögensteuern verzichten können,
weil sich die Grafiksammlung seit über zwanzig Jahren im Besitz der
Familie befand. Solche Vergünstigungen billigte der interne Informationsbrief auch Sammlungen zu, die »in den späteren Jahren durch weitere
Erwerbungen ergänzt worden sind«.

Zur Familie von Marianne L. kommt kurz nach dem Steuernachforde-
rungsbescheid ein Herr W. aus Leipzig. Als anerkannter Grafikfachmann
schätzt er durchaus korrekt. Für Grieshabers beim Verlag der Kunst
gedruckte limitierte Auflage »Der Totentanz von Basel« zum Beispiel, die

Veduta del Tempio della Fortuna virile.

Dr. Köhler beim Verlag für 6.000 Mark gekauft hat, setzt er in seinen Listen 30.000 Mark an. Insgesamt nimmt jener W. laut Quittung des VEB (K) Antikhandel Pirna, Bereich Antiquarische Bücher und Grafik, am 8. November 1988 Grafiken im Gesamtwert von 428.960 Mark auf. Eine glatte Viertelmillion verwertet der Antikhandel, lies: die Kunst & Antiquitäten GmbH, im Auftrag der Steuer an Zahlungs Statt. Vom Rest trennt sich, bis auf einige Andenken, die Familie im Schock nach der Aktion der Steuerfahnder und unter dem Druck auf sie zukommender jährlicher Vermögensteuern, die vom Renteneinkommen wahrlich nicht zu zahlen sind. Köhlers Tochter Marianne läßt sich vorher von Herrn W. die Zusicherung geben, daß alle Blätter vor einer weiteren Verwertung zuerst den Museen der DDR angeboten werden. Der Sammler Karl Köhler hatte viel zu deutliche Spuren hinterlassen, um die Begierde der Kunst & Antiquitäten GmbH nicht zu wecken. Man kannte ihn von Auktionen als Käufer hochkarätiger Blätter, und man wußte, was er im Laufe der Jahre für Grafikausstellungen alles ausgeliehen hatte.

Ein Aquarell von Erich Heckel beispielsweise, ein Stilleben mit Blumen, irgendwo im Januar 1975 im Bezirk Magdeburg für 11.000 Mark gekauft.

Ausgeliehen hat er 1985, schon unter dem Vorbehalt, daß sein Name nicht genannt wird, eine Handzeichnung von Max Liebermann für die Ausstellung des Berliner Kupferstichkabinetts. »Sie wissen ja«, schreibt er dazu an die Kunstwissenschaftlerin Gudrun Schmidt, »daß ich nicht zu den Sammlern gehöre, die wie ein Drachen auf ihrem Schatz sitzen, damit

Veduta del Sito, ov'era l'antico Foro Romano

nur ja niemand merkt, was sie alles haben, sondern den Sammler als moralisch verpflichtet fühle, Blätter aus seinem Besitz auszuleihen, wenn es erwünscht ist, sie einem größeren Kreis zu zeigen.« Von Köhler stammt in der Ausstellung »Ateliergemeinschaft Klosterstraße« ein Zyklus von Lithographien der Käthe Kollwitz, die Folge »Tod«, komplett bis auf ein Blatt. Herausgesucht haben diese Arbeiten aus seiner Sammlung schon die Töchter, 1988, kurz bevor die Steuerfahnder in ihre Häuser einfielen.

Für die Kustodin des Berliner Kupferstichkabinetts Renate Kroll lieh er aus der Gruppe älterer Kunst in seiner Sammlung zum 250. Geburtstag von Giovanni Battista Piranesi (1720-1778) neun Blätter. Das reich ausgestattete Kabinett besaß diese Arbeiten aus dem Zyklus »Vedute di Roma« nicht. In ihrer Entstehungszeit hatten sich Piranesis römische Stadtansichten blitzschnell über Europa verbreitet. Nach Preußen kamen die ersten Beispiele durch Graf Algarotti, einen Vertrauten von Friedrich II. Sie beeindruckten den König so sehr, daß er die Eingangspforte der Potsdamer Nikolaikirche nach dem Vorbild einer der Veduten bauen ließ, nach der von Piranesi gezeichneten Eingangstür von Santa Maria Maggiore. Diese Stadtansichten setzten die Mode maßstabgerechter Korkmodelle in die Welt, ansteckend wie die Moden unserer Zeit, wenn auch ohne den Multiplikator Fernsehen nicht ganz so schnell verbreitet. Dr. Köhler war für die Piranesi-Ausstellung der bedeutendste Leihgeber. Und die Qualität seiner Blätter wurde, mit einer Ausnahme, als I. Zustand bezeichnet.

Von der Sammlung des Dr. Karl Köhler sind in der Wohnung seiner Tochter Marianne noch Mappen mit Einkaufsquittungen und einige Briefe von Künstlern an den Freund und Mäzen geblieben. Die Piranesis, die kleinen Radierungen Ostades und selbst die älteren Modernen der deutschen Kunst wie Liebermann, Heckel oder Kollwitz ersetzten dem Sammler nicht den für ihn so befruchtenden Kontakt mit den zeitgenössischen Künstlern. Von manchem jungen Grafiker kaufte er schon, als ihn kaum jemand kannte. Es ist vorstellbar, welche Ermunterung vom Urteil eines solch erfahrenen Mannes ausging, wenn er zur rechten Zeit einem gerade beginnenden Künstler begegnete. Hermann Glöckner, ein damals wahrlich nicht mehr junger Mann, aber lange Zeit als Kenner von Rang totgeschwiegen, schreibt 1977 an Köhler nach einem Verkauf: »...daß ich mich sehr freue darüber, daß das Blatt-Bild in Ihre Sammlung kommt. Sie werden Ihre Freude daran haben. Es ist mir selbst ein liebes Kind.«

Die wichtigste Leistung des Sammlers aber verbindet sich mit dem Werk von Hans Theo Richter (1902-1969).[4] Der sehr zurückhaltende, fast scheue Grafiker baute über die Jahre ein freundschaftliches Verhältnis zu Karl Köhler auf. Aus dem Vertrauensverhältnis zwischen Künstler und Sammler entsteht eine der bedeutendsten Sammlungen an Druckgrafik mit manchen nur ein oder zweimal existierenden Probedrucken, mit Zeichnungen und Aquarellen Richters. In ihrer Komplexität und der darin versammelten Qualität wird sie nur übertroffen durch die von Dr.hc. Werner Schmidt aufgebaute Sammlung des Dresdner Kupferstichkabinetts.

Das Ende dieses Teils der Köhlerschen Grafiksammlung ist im Katalog der 59. Auktion des Bremer Auktionshauses Bolland & Marotz nachzulesen: Am 11. November 1989 wird von der Kunst & Antiquitäten GmbH unter der Auktionsnummer 935 ein Konvolut mit 125 Druckgrafiken von Hans Theo Richter versteigert. Das Lebenswerk eines Sammlers: zerschlagen und verhökert.

Das Schicksal der Händler

Unter den Quittungen im Nachlaß des Hennigsdorfer Grafiksammlers Dr. Köhler finden sich auch etliche der privaten Kunsthandlung Kühl, einer seit Generationen im Familienbesitz befindlichen Institution. Man kann in den Biographien der Dresdner bildenden Künstler dieses Jahrhunderts nachlesen: Fast jeder hat bei Kühl ausgestellt, und oft ganz am Anfang, als es besonders wichtig war, hier vertreten zu sein, weil bei diesem Händler nicht nur die einflußreichen Kunstsammler verkehrten, sondern auch Kunstkritiker der Dresdner Tageszeitungen. Bei Kühl, in der Nähe der Bautzener Straße, kauft Dr. Köhler 1968 seine ersten Blätter des Leningrader Anatoli Kaplan, und am 19. April 1975 findet er hier die Farblithographie »Der Hahn« von Otto Dix. Das Blatt wird auch der jetzige Besitzer leicht wiedererkennen, denn Dix hatte es mit einer Widmung versehen: »Für Schwimmer«.

Kunsthändler und Kunstsammler verband schon immer eine Art Symbiose, eine Lebensgemeinschaft, ohne die der eine ebensowenig existieren kann wie der andere. In den Satzungen des Bundesverbandes des Deutschen Kunst- und Antiquitätenhandels e. V. der Bundesrepublik wird das Berufsbild dieses Standes beschrieben: »Kunsthandel unterscheidet sich wesentlich von anderer Handelstätigkeit. Als Vermittler von originalen Kunstwerken ist dieser Beruf nicht nur auf Gewinnerzielung ausgerichtet, sondern erfüllt ebenso eine kulturelle Aufgabe. Der Kunsthändler ist also nicht nur Kaufmann, sondern auch Berater. Das Verhältnis zwischen Kunsthändler und Kunstkäufer bedingt somit ein besonderes hohes Maß an persönlichem Vertrauen.«

In den sieben Landesverbänden der Bundesrepublik sind 560 Kunst- und Antiquitätenhändler organisiert, aber ihre tatsächliche Zahl liegt weit darüber. Kunstvermittlung an private und öffentliche Sammler betreiben außerdem rund 150 Auktionshäuser, bei denen, wie nachzuweisen ist, manches kostbare Stück aus den Lagern der Kunst & Antiquitäten GmbH gelandet war.

Die Dresdner Kunsthandlung Kühl übersteht die in der DDR seit Anfang der siebziger Jahre stattfindende Flurbereinigung auf dem Feld des privaten Kunst- und Antiquitätenhandels. In dieser Stadt trifft es allein zwischen 1982 und 1984 die sechs Antiquitätenhändler Helmuth Meissner (1982), Wilfried Jentsch, Gerhard Patzig (1983), Ernst-Gottfried Günther, Werner Wahl und Heinz Miech (1984). Nach Abschluß der ruinierenden Steuerverfahren folgen in jedem der sechs Fälle Strafverfahren wegen vorsätzlicher Steuerverkürzung, die sich teilweise über Jahre hinziehen. Das Verfahren gegen den am Ende schon über 80jährigen Meissner wird beispielsweise erst nach drei Jahren endgültig aus gesundheitlichen Gründen eingestellt.

Die Aktionen der Steuerfahndung in Dresden, aber auch in anderen Städten nutzten dem Außenhandelsbetrieb Kunst & Antiquitäten GmbH auf doppelte Weise: kurzfristig, weil praktisch ohne jeden Aufwand hervorragende Ware in die Lager kommt, und mittelfristig, weil auf dem ohnehin ausgebluteten Antiquitätenmarkt der DDR Konkurrenten wegfallen, über die möglicherweise kostbare Stücke unwiederbringlich in Privathaushalte verschwunden wären. Einige der beseitigten Konkurrenten für den zentralen Aufkäufer VEB (K) Antikhandel Pirna hatten zwar, wie Gerhard Patzig aus Freital, Liefervereinbarungen mit Mühlenbeck abgeschlossen, aber Brosamen zählen nicht, wenn man alles haben konnte. Wie der Kunsthistoriker Hartmut Pätzke mitteilt, gab es 1970 »noch etwa 60 private Antiquitätengeschäfte von Eisenach bis Rostock, aber vor allem in Dresden und Leipzig. In Berlin hatte der letzte private Händler in der Schönhauser Allee sich Mitte der fünfziger Jahre nach Westberlin begeben, nachdem Anfang der fünfziger Jahre in einer Nacht- und Nebelaktion aufgrund ›Steuerhinterziehung‹ alteingesessene Händler wie ›China Fritzsche‹, aber auch Antiquare, nach dem Westen vertrieben worden waren.« In der Zeit, als die Kunst & Antiquitäten GmbH gegründet wurde, hielten nach seiner Rechnung die privaten Antiquitätenhändler noch den Hauptanteil am Antiquitätenumsatz in der DDR.

Mit der weitgehenden »Bereinigung« des Marktes seit Beginn der siebziger Jahre wurden die Warenströme in kontrollierbare Kanäle gelenkt. Wer Kunstwerke, Antiquitäten oder auch hochwertige sogenannte »kulturelle Gebrauchtwaren« verkaufen will, kommt fast immer direkt an die Adresse der Mühlenbecker GmbH: direkt über den flächendeckend operierenden hauseigenen Aufkäufer VEB (K) Antikhandel; indirekt über die eng an das Unternehmen gebundenen Vertragspartner.

Für den Antiquitätenmarkt der DDR hat das »Legen« der meisten privaten Händler und jener danach noch ungehemmtere Abfluß auf der Einbahnstraße nach Westen verheerende Folgen. Der natürliche Kreislauf kostbarer Stücke, wenn nach dem Tode eines Sammlers Teile seines Eigentums wieder in den Handel gelangen und von dort in Besitz eines nächsten, ist zerstört. Alles, was im Handel dennoch auftaucht, besitzt eine immer geringere Qualität und wird immer teurer.

Den Preis für den organisierten und immer mehr perfektionierten Kunstraub müssen auch hier die Bürger bezahlen, nicht nur die in jedem Land kleine Gruppe ernsthafter Sammler, sondern auch all jene, die aus einem natürlichen Bedürfnis heraus sich gern mit schönen alten Dingen umgeben hätten.

Zur Flurbereinigung gehörte im Jahre 1976 auch das plötzliche Ende der Auktionen für Antiquitäten und Schmuck, die der Staatliche Kunsthandel bis dahin regelmäßig veranstaltet hatte. Die Preise stiegen, nachdem auch das letzte Regulativ durch Angebot und Nachfrage weggefallen war, in unkontrollierbare Grauzonen, von keinerlei Maßstäben außer den zu erwartenden Devisenerlösen bestimmt.

Zu den letzten von der Steuerfahndung um ihre Existenz gebrachten privaten Antiquitätenhändlern gehörten 1987 Bettina und Martin Wendl in Rudolstadt.

In den Gerichtsakten zu ihrem Fall ist die Aussage eines ihrer Kunden, des Schauspielers Eberhard Esche, festgehalten. »Ich möchte bemerken«, diktiert er 1987 in das Protokoll, »daß ich die Steuerfahndung als eine dem Staat dienliche Gegebenheit betrachte und eine erzieherische Funktion nicht abspreche, aber es nutzt dem ›Erziehungsberechtigten‹ nichts, wenn seine ›Zöglinge‹ sich aufhängen oder nach dem Westen abhauen.«

Die Wendls sind außer Landes gegangen.

Druckgrafik Richard Müllers
DER FALL HORST KEMPE

Das Schaufenster der Münchener Galerie »Saxonia« in der Galeriestraße 6a zeigt die Spezialität des Hauses: Zeichnungen und Druckgrafik von Richard Müller (1874-1954). Als die Nazis die berühmte Dresdner Kunstakademie von mißliebigen Lehrern säuberten, setzten sie Müller als Rektor ein. Ein Mann von »deutscher Gesinnung«, unverdächtig einer Kunstauffassung solcher Maler wie Otto Dix oder Wilhelm Rudolph, die beide ihre Lehrämter an der Akademie verließen. Als Maler, vor allem aber als Zeichner war Müller von einer artistischen Perfektion. Eine seiner berühmtesten Zeichnungen, die »Verhungerte Katze« von 1905, ist hier in München unter den Hammer gekommen. In der linken unteren Hälfte des Blattes hatte der Zeichner die Herkunft des Tieres genannt: aufgefunden in der alten Akademie zu Dresden zwischen Schränken. Das Blatt war schon in der ersten Monographie Müllers abgebildet, einem Werkverzeichnis von 1921, ihm also wichtig. Zur Versteigerung nach München kam es über das Lager der Kunst & Antiquitäten GmbH in Mühlenbeck. »Mein Vater«, so sagt es Frank Kempe, der Besitzer der Galerie »Saxonia« am Münchener Hofgarten, »war in Dresden so etwas wie ein Pilotprojekt, für das , was später mit den anderen Antiquitätenhändlern geschah.«

Das Geschäft von Horst Kempe, zuletzt unter dem Namen »Nova« in der Straße der Befreiung ansässig, gehörte unter den Antiquitätensammlern der DDR zu den bekannten Adressen. Bei Kempe kann man noch gute Stücke finden, als der Markt durch den ständigen Abfluß von hochwertigen Antiquitäten schon sichtbar geschwächt ist. Der Spürsinn des alten Kempe kommt gelegentlich auch den Museen zugute. 1970 vermittelt er beispielsweise der Dresdner Gemäldegalerie Neue Meister die Stiftung von zwei wichtigen Werken aus der Periode des deutschen Expressionismus, ein Selbstbildnis von Otto Dix aus dem Jahre 1918 und ein Stilleben von Erich Heckel aus den frühen zwanziger Jahren. Diese beiden Bilder waren aus der Sicht des Direktors Joachim Uhlitzsch »eine wesentliche Bereicherung der Abteilung der Gemäldegalerie, die durch die Aktion ›Entartete Kunst‹ der Faschisten eine nicht mehr zu reparierende Schwächung erfahren hat.«

Zu Dank gegenüber Horst Kempe fühlt sich 1971 auch der damalige Direktor des angesehenen Dresdner Kupferstich-Kabinetts, Werner Schmidt, für eine »Stiftung von 32 graphischen Blättern Richard Müllers« verpflichtet. »Ich bin sehr froh darüber, daß wir dadurch das graphische Werk Richard Müllers in einem gewissen Grade vollständig in unserer Sammlung bewahren, was gerade bei einem so problematischen, aber

Der Antiquitätenhändler
Frank Kempe.
Er verkauft jetzt in München
sächsische Kunst.

Richard Müller:
»Verhungerte Katze«, 1905,
Kohlezeichnung, 36 x 44,5 cm.
Das Blatt wurde in einem
Steuerverfahren gepfändet und
in München versteigert.

zweifellos interessanten Künstler wichtig ist, um Wissenschaftlern wie Kunstfreunden die Urteilsbildung auch in der ferneren Zukunft zu ermöglichen.«

Nach der offiziellen Danksagung folgt ein fast persönlicher Satz des Kunsthistorikers. »Bei dieser Gelegenheit möchte ich auch einmal bemerken, daß Ihr Einsatz für Richard Müller schon vor Jahren Anerkennung verdient unter dem Gesichtspunkt der Bewahrung eines historisch wertvollen Materials aus dem Bereich Dresdner Kunst.«

Richard Müller war 1954 im Alter von achtzig Jahren in völliger Vergessenheit in Dresden gestorben.

Solch vertrauensvolle Beziehungen zwischen öffentlichen Kunstsammlungen und den Kunst- und Antiquitätenhändlern sind so ungewöhnlich nicht; sie gehören zum kulturellen Mikrokosmos vieler Länder. In der DDR haben verantwortungsbewußte Galeristen in den Häusern des Staatlichen Kunsthandels derartige Kontakte aufrechterhalten und auf diese Weise auch manche museumswürdigen Stücke vor dem Abfluß über die Grenzen bewahrt. Von den anderen Dresdner Antiquitätenhändlern unterscheidet sich Horst Kempe, und das dürfte sehr früh Mißfallen erregt haben, durch seine aktive Ankaufswerbung. Seine Anzeigen stehen regelmäßig in allen Lokalzeitungen und sind auf eine Weise formuliert, die auf diesem dürren Acker wie exotische Gewächse gewirkt haben müssen. Schon damals sucht »Nova« übrigens unter den hochwertigen Gemälden »anerkannter, erstklassiger Künstler der Dresdner, Münchner und Düsseldorfer Schule« ausdrücklich auch Prof. Richard Müller, Dresden. Die offenkundige Geschäftstüchtigkeit eines privaten Händlers muß als besonderes Ärgernis in einer Zeit wirken, in der, wie 1972/73 geschehen, eine große Anzahl von privaten Industriebetrieben enteignet und zu staatlichen oder halbstaatlichen Betrieben gemacht werden.

Anfang dieser für Privatunternehmen sehr schwierigen siebziger Jahre entschließt sich Kempe sen. aus gesundheitlichen Gründen zur Geschäftsaufgabe. Sein Sohn soll an seiner Stelle die Leitung von »Nova« übernehmen. Die endgültige Ablehnung der beantragten Gewerbegenehmigung ist unzweideutig formuliert und entspricht genau dem Geist jener Jahre: »Ihrem Antrag kann nicht stattgegeben werden«, schreibt der zuständige Abteilungsleiter K. aus dem Dresdner Rathaus. »Der Antiquitätenhandel gehört nicht zu den Bereichen unserer Volkswirtschaft, für die in der Folge weitere private Genehmigungen erteilt werden. Zur Befriedigung der auf diesem Gebiet existierenden Bedürfnisse steht in zunehmendem Maße der Volkseigene Handel zur Verfügung.«

An der fachlichen Kompetenz des jungen Kempe wird nicht gezweifelt, denn man bietet ihm in diesem Brief gleich zwei Stellen an: die als Chef einer Filiale des VolkseigenenHandelsringes Antiquitäten, einzurichten in den Räumen des väterlichen Geschäfts, und die Perspektive einer leitenden Position beim Dresdner An- und Verkauf.

Der kranke Horst Kempe, der sein Geschäft nach dem Kriege aus dem Nichts aufgebaut hat, entschließt sich zur Übersiedlung in die Bundesrepublik. Das geschieht schon nach der vollzogenen Schließung von »Nova«. Als der Ausreiseantrag genehmigt worden ist, läßt der vorsichtige Antiquitätenhändler seinen gesamten Besitz unter den Gesichtspunkten des Kulturgutschutzes prüfen. Einige Stücke gelangen dadurch in musealen Besitz.

Kurz vor der Ausreise fertigt der Zoll die Kisten, in denen das Umzugsgut verstaut ist, ab und versiegelt sie, wie für den grenzüberschreitenden Verkehr erforderlich.

Am Tag vor der Abreise fallen bei Kempes die Steuer- und Zollfahnder ein.

Zwanzig Mann, sagt der Sohn.

Die vom Zoll verschlossenen Kisten werden ausgepackt, die Stücke registriert und der gesamte Inhalt — Kunstwerke und Antiquitäten aus dem Familienbesitz — zur Handelsware erklärt, obwohl das Geschäft offiziell gekündigt und aufgelöst war. Auf diese »Handelsware« werden Steuern in einer Höhe berechnet, daß danach praktisch der gesamte Besitz als

Sicherheit gepfändet werden kann. Das alles geschieht an einem für die Jahreszeit auffallend warmen Frühlingstag 1974.

Kurz vor Weihnachten wird der verhaftete Horst Kempe in der leichten Kleidung, in der man ihn abgeholt hat, bei Herleshausen auf dem üblichen Weg über die Grenze abgeschoben.

Der Berliner Rechtsanwalt Wolfgang Vogel, der Kempe sen. und die Familie vertritt, erreicht, daß die konstruierte Steuerschuld mit Geld bezahlt werden kann. Dadurch bleibt die Familie im Besitz von Antiquitäten und Kunstwerken, darunter nicht wenige jenes Richard Müllers die den Start für eine neue berufliche Existenz in der Bundesrepublik erleichtern.

Der Rechtsanwalt sorgt auch dafür, daß die jungen Kempes ausreisen dürfen. Den Preis dafür, so Frank Kempe, hätte Vogel mit den dafür zuständigen Stellen ausgehandelt. Zuständig für solche Geschäfte im MfS war die sogenannte »Zentrale Koordinierungsgruppe«, eingerichtet zur Kontrolle von Ausreisewilligen und zur Regulierung der Ausreisewelle.

Am 29. September 1975 erscheinen beim Staatlichen Notariat Dresden (Stadt) der Kaufmann Frank Kempe, zur Zeit ohne Beschäftigung, und die selbständige Kunstgewerblerin Margret Freia Kempe und schenken dem anwesenden Diplomjuristen Dieter Eberhard L. Grundstück nebst Mietwohnung in 8055 Dresden, Wachwitzer Bergstraße 30, »so wie es steht und liegt«.

Herr und Fräulein Kempe wollen, wie es im Vertrag heißt, »aus persönlichen Gründen den Grundbesitz an Herrn L. verschenken. Herr L. hat das Grundstück in der Wachwitzer Bergstraße inzwischen weiterverkauft. Die heutigen Besitzer haben mit dem Kuhhandel mit der Stasi nichts zu tun, auf den die Kempes eingehen mußten, um ihr Land zu verlassen.

Als Antiquitätenhändler auf dem wichtigen Absatzmarkt München erhielt Frank Kempe in den folgenden Jahren mehrfach Angebote zur Zusammenarbeit mit der Kunst & Antiquitäten GmbH. Von alten Bekannten, die bei der GmbH beschäftigt waren oder mit ihr in Kontakt standen. Im ursprünglichen Geschäft seines Vaters hatte jener Siegfried Kath gearbeitet, der Anfang der siebziger Jahre auf eigene Rechnung das Netz geknüpft hatte, mit dem dann der VEB (K) Antikhandel so perfekt die DDR abfischen konnte. In dem kleinen Staate DDR kannte man sich in den illustren Kreisen der Antiquitätenhändler und -sammler.

Der Galerist lehnte ab. »Ich wußte, wie vieles lief, und ich wollte mich nicht zum Hehler machen«.

Spezialität: Porzellan aus Meißen
DER FALL HELMUTH MEISSNER

Der Sohn Meissners, ein in der Nähe von München lebender Indologe, besitzt Tonbandkassetten, auf denen seine damals hoch in den Siebzigern stehende Mutter die Ereignisse des 31. März 1982 und der folgenden nächsten Tage schildert.

Ihren Mann hat man an diesem Tage zu früher Stunde zur Kriminalpolizei bestellt: Um 8.30 Uhr muß er dort sein »zwecks Klärung eines Sachverhalts«. Kurz nach acht klingelt es bei ihr. »Sechs bis sieben Männer und eine Frau, darunter auch Leute aus Berlin«, erzählt sie, hätten draußen gestanden. Einer zeigt einen Hausdurchsuchungsbefehl. Sie will niemand in die Wohnung lassen, weil ihr Mann nicht da sei. »Das wissen wir«, antwortet man. »Er ist bei uns.«

Die Steuerfahnder und Gutachter der Kunst & Antiquitäten GmbH dringen in die Wohnung ein, öffnen Schränke, Kommoden und Truhen. Alle Stücke, auch die Möbel und die Bilder an den Wänden erhalten Marken, laufende Nummern, die in Listen notiert werden. Ihr Mann kommt gegen Mittag. »Erschrecken Sie nicht«, soll einer an der Tür zu ihm gesagt haben, »es sind schon Leute drin«. Die Bestandsaufnahmen zwecks einer merkwürdigerweise nirgendwo mehr aufzufindenden Zeitwertfestsetzung [5] als Grundlage für die Steuerprüfung werden am folgenden Tag in der Wohnung, im Geschäft in der Bautzener Straße und im Wochenendhaus der Familie fortgesetzt. Als erste Sicherungsverfügung für die zu erwartende Steuernachforderung wird am 5. April eine Summe von zwei Millionen Mark festgesetzt. Diesen Betrag erhöhen die Steuerfahnder mehrfach. Nach Abschluß der Untersuchungen am 19. August steht fest, daß Helmuth Meissner Steuern in Höhe von 6.552.598 Mark nachzuzahlen hat. Zu diesem Zeitpunkt ist er 79 Jahre alt.

Der massive Einfall in seine Lebenssphäre trifft ihn so sehr, daß er körperlich zusammenbricht. Am 3. April bringt man ihn, wie er später schreibt, »mit Gewalt und gegen meinen Willen« in das Bezirkskrankenhaus Arnsdorf bei Dresden, eine Nervenheilanstalt. Dort bleibt er über ein halbes Jahr, und dort finden auch die Vernehmungen der Steuerfahnder in Gegenwart der behandelnden Ärzte statt, bei denen er es meist grundsätzlich ablehnt, irgendwelche Auskünfte zu geben.

Die Steuerakte Meissner, die Berechnungen der Steuerfahnder, die eingelegte und abgelehnte Beschwerde seines Rechtsanwalts — das alles ist für einen Laien kaum objektiv zu bewerten. Es bildet ausreichendes Material für Belegarbeiten von Jurastudenten zur Geschichte des Steuerrechts in der DDR.

Bemerkenswert am Fall des Antiquitätenhändlers Meissner ist die eilige

Der Antiquitätenhändler Helmut Meissner mit dem Birnkrug von 1722/23

Art, in der die meisten seiner Kunstwerke und Antiquitäten in die Lager der Kunst & Antiquitäten GmbH verschwinden. Es müssen Unmengen an Stücken gewesen sein, denn auf Anfrage des Rechtsanwalts Dr. St. bittet Dresdens Stadtrat für Finanzen noch fünf Monate nach der Beschlagnahme um Verständnis dafür, »daß bei dem Umfang und der Größenordnung der aufzunehmenden Gegenstände eine sofortige Übergabe einer listenmäßig aufbereiteten Gesamtaufstellung nicht möglich war.«

Aus dem riesigen Besitz wählt, nach rechtsgültigem Abschluß des Steuerverfahrens und der danach erfolgten offiziellen Übernahme durch die GmbH zur Verwertung an Zahlungs Statt, die Kulturgutschutzkommission Antiquitäten und Kunstwerke im Werte von 280.000 Mark aus. Diese Stücke gelten nach Auffassung der Gutachter als erstrangiges Kulturgut (Kategorie I oder obere Gruppe II) und dürfen daher nicht für den Export freigegeben werden.

Hervorhebenswert am Fall Meissner erscheint eine auf ähnliche Weise häufig verwendete Methode der Steuerfahndung: Dem Kunstbesitz wird der Charakter einer Sammlung abgesprochen. Damit verwandeln sich Malereien, Grafiken, Porzellane, Fayencen, Möbel oder Münzen sofort in gehortete Warenbestände, für die nicht einmal die vergleichsweise freundlichen Vermögensteuersätze für Kunstsammlungen anzulegen sind.

In dem von Meissner, gehandicapt durch sein Alter und den Aufenthalt in der Nervenheilanstalt, von vornherein mit wenig Gewinnaussichten geführten Kampf wird die Bewertung seines in vielen Jahrzehnten zusammengetragenen Kunstbesitzes zur entscheidenden Frage. Ihm hilft dabei nichts, daß er aus den zurückliegenden Jahren ein Papier vorweisen kann, in dem ihm die wahrlich strengen Angestellten eines Amtes zur Wohnraumlenkung zwei überzählige Zimmer zugestehen. Sie beugten sich damit einer »Stellungnahme der Staatlichen Kunstsammlungen Dresden«, aus der hervorging, daß die in der Wohnung untergebrachte »Sammlung« einen beträchtlichen Wert repräsentiert und Aufsicht und Pflege braucht. Ebensowenig zählen seine engen Kontakte zu prominenten Kunstsammlern der DDR, zu dem Grafiksammler Dr. Lothar Bolz, dem früheren Außenminister, beispielsweise oder die nachweisbar ständig wechselnden Ausstellungen von Sammlungsteilen als »unverkäufliche Schaustücke« in den Vitrinen und im Schaufenster seines Antiquitätengeschäftes.

Was alles von der Kunst & Antiquitäten GmbH an die guten Kunden zwischen München und Westberlin, in Großbritannien, Belgien oder Italien verkauft wurde, wird sich präzise wohl niemals nachweisen lassen. Wenn man den Reaktionen der Mühlenbecker Händler vertrauen darf, dann war Meissner der dickste Fisch, den ihnen die Steuer in den achtziger Jahren ins Haus brachte.

Die Spurensuche anhand von Fotos aus der noch intakten Wohnung in Dresden-Striesen besitzt kaum Aussichten auf Erfolg; nur auf den wenigsten der schwarz-weißen Amateuraufnahmen können die abgebildeten Stücke eindeutig bestimmt werden. Erkannt hat auf diesen Fotos der Direktor des Berliner Kunstgewerbemuseums im Schloß Köpenick, Dr. Burkhardt Göres, einige kostbare, geschnittene Gläser aus dem 18. Jahr-

Kunst und Kitsch in einer der Scheunen des VEB (K) Antikhandel im Kreis Meißen. Hier kauften Antiquitätenhändler und Trödler die Billigwaren ein.

Scheunenstilleben mit Bergmann. Der Antikhandel Pirna hatte seine Lager spezialisiert: »kulturelle Gebrauchtwaren« gehörten fast immer dazu.

Stengelglas in Blütenform von Louis Comfort Tiffany, 39 cm hoch, aus der Zeit um 1900. Das im Nachlaß der Kunst & Antiquitäten GmbH aufgefundene Stück würde auf dem Kunstmarkt zwischen 20. und 30.000 DM kosten.

Robert Sterl: »Auf der Wolga«, Öl, 77,5 x 65 cm. Gerade noch rechtzeitig vor dem Export aus den Lagern von Mühlenbeck herausgeholt. Das Gemälde befindet sich heute im Besitz der Nationalgalerie Berlin.

Vasen und Schale von Emile Gallé aus dem Besitz des Sammlers Alfred Daugs. Die Stücke nach den Entwürfen von Eugène Krèmers wurden zwischen 1890 und 1895 in der Glashütte Burgun, Schverer und Co. in Meisenthal hergestellt. Vergleichbare Stücke werden zwischen 15. und 30.000 DM gehandelt.

Das kleine Gemälde der Julie Mihes aus der Kirche von Paretz gehörte zur Beute eines Kirchendiebstals. Das Bild kam als einziges Stück zu Ruhestandspfarrer Koch zurück: Es wurde von einem Kunsthändler in einem Westberliner Kaufhaus erkannt und gekauft.

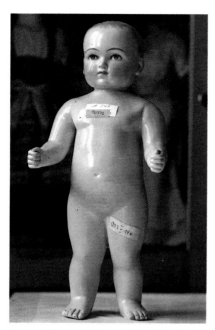 

Exportschlager Spielzeug: Nacktfrosch oder »Gefrorene Charlotte«, Porzellanpuppe um 1860 (Handelswert ca. 900 DM), drei Puppenköpfe aus der Serie »Wickelkinder« des Waltershauser Fabrikanten Max Handwerck von 1915 (ca. 200 DM) und Linolfiguren eines Berliner Fabrikanten aus der Zeit um 1930 (Stück zwischen 20 und 100 DM). Die abgebildeten Spielzeuge erwarb das Märkische Museum Berlin.

Sächsische Bauernmöbel in der Galerie des privaten Antiquitätenhändlers Gerhard Patzig, bevor er von der Steuerfahndung überfallen und ruiniert wurde.

Detail eines Marschallstabes, verliehen 1870 im Deutsch-französischen Krieg vor der Festung Metz an den Prinzen Friedrich Carl von Preußen. Er wurde außer Landes geschafft und in München im November 1987 für 80.000 DM versteigert.

Krug aus braunem Steinzeug mit dem Reliefbild eines Paares und bunter Emailbemalung, Annaberg, 2. Hälfte des 17. Jahrhunderts. Datiert mit 1694 ist der danebenstehende Anna-berger Deckelhumpen (nach Kreußener Art) aus braunem Steinzeug, mit Reliefdarstellung: Jagdszene und Wappen. Die seltenen Stücke (Marktwert ca. 5.000 DM) erwarb das Kunst-gewerbemuseum Berlin-Köpenick bei der Auflösung der Kunst & Antiquitäten GmbH.

Wandplastik aus der Meißner Porzellanmanufaktur: Meerkatze im Gezweig, grün und rostrot staffiert. Entwurf Paul Walther, um 1927. Der Preis auf dem Kunstmarkt liegt über 10.000 DM.

hundert und ein vorzügliches Mohnglas mit einer Abbildung des Wasserschlosses Laxenburg. Vermutlich stammt auch eine von Mühlenbeck gekommene Likörgarnitur mit Lederschatulle der Firma Lobmeyer, Wien, um 1860, aus der Meissnerschen Wohnung.

Von seinen vielen Figuren, Deckelkrügen, Bechern, Vasen oder Geschirrteilen aus dem Porzellan der ältesten und berühmtesten deutschen Porzellanmanufaktur Meißen ist das meiste wohl unauffindbar verschwunden.

Helmuth Meissner hat in den Jahrzehnten seines Sammlerlebens, er selbst spricht von 55 Jahren voller »Liebe und begeisterter Hingabe«, manch Seltenes aus Meißens großen Zeiten erwerben können.

Aber auf Fotos unterscheiden sich Porzellane aus der Schaffensperiode eines Höroldt und Kaendlers um die Mitte des 18. Jahrhunderts nicht von den später nach alten Formen und Mustern geschaffenen Stücken. Um hier zu bewerten, muß ein Kenner die Farben sehen, die nach der Art der Beimischung unterschiedlich schimmern können, oder wenigstens die Signatur, denn die Manufaktur änderte in ihrer Geschichte bekanntlich häufig Details an ihren berühmten blauen Schwertern.

Ohne die Gefahr eines Irrtums ist ein außerordentlich seltenes Produkt der Porzellanmanufaktur zu identifizieren, ein ungefähr 1,50 m hohes Schmuckschränkchen. Denn eine der Platten hat die »FESTSCHRIFT ZUR 200JÄHRIGEN JUBELFEIER DER ÄLTESTEN EUROPÄISCHEN PORZELLANMANUFAKTUR MEISSEN« im Jahre 1910 abgebildet. Das Schränkchen entwarf 1893 ein sächsischer Hofrat, Professor Ludwig Phillip Georg Surm, zu jener Zeit Malereivorsteher in der Manufaktur. Angewandt wurde von ihm die Technik der Massemalerei (pâte sur pâte), die fünfzehn Jahre zuvor Meißens Betriebsdirektor Dr. Heintze entwickelt hatte und die nur eine Episode in der langen Geschichte des Hauses blieb. Mit der Massemalerei in engster Verbindung stand die Scharffeuerdekoration, deren Palette Heintze von etwa 1880 an vermehrte und für Hartporzellan erweiterte. Die allegorischen Damen im Zentrum der 25 x 35 cm großen Porzellanplatten des Schmuckschrankes sind ein Beispiel für das Zusammenspiel beider Techniken.

Dieses Produkt der Meißner Manufaktur sollte in einem Gründerzeitmuseum stehen, denn es ist ein erstaunliches Zeugnis des Historismus. Doch Helmuth Meissners Schränkchen ist mit unbekanntem Ziel aus Dresden entschwunden. Seine Scharffeuerfarben kann man dort aber dennoch jeder Zeit studieren: am Fürstenzug des Schlosses, den zu besichtigen zum Pflichtprogramm eines jeden Dresdner Touristen gehört. 100 Meter lang und zehn Meter hoch ist die Parade des Wettiner Fürstengeschlechts. Jede Gestalt, ob Mann oder Roß, erscheint in zweifacher Lebensgröße. Das Schmuckschränkchen war nur eine Fingerübung vor

diesem wohl bedeutendsten Auftrag der Manufaktur, denn für den Fürstenzug mußten zwischen 1905 und 1906 genau 25.000 Platten bemalt und gebrannt werden.

Sein schönstes und seltenstes Stück aus Meißner Porzellan hat Helmuth Meissner so sehr geschätzt, daß er sich damit fotografieren ließ: Ein Birnkrug aus dem Jahre 1722/23, zugeschrieben dem Porzellanmaler Johann Christoph Horn. Im Standardwerk »Meißner Blaumalerei aus drei Jahrhunderten« wird er ausführlich beschrieben: »Birnförmiger Krug mit einfachem Wulsthenkel, Dekor: Umlaufend bemalt in Gelb, Grün, Graubraun, Eisenrot und Unterglasur, blau mit gebirgiger Landschaft. Im Hintergrund Häuser und Türme einer Stadt. Im Vordergrund eine Badeszene in Aufglasurmalerei. Im Boot mit zeltartigem Aufbau drei leichtbekleidete Damen, die im Begriff sind, mit Hilfe eines unbekleideten Mannes ins Wasser zu steigen. Eine weitere steht bereits hinter ihm. Die prallen Körper sind mit malerischen Mitteln modelliert. Der Krug steht qualitativ über allen anderen, ebenfalls J. Ch. Horn zugeschriebenen Stücken.«

Das Buch nennt den gegenwärtigen Standort: Porzellansammlung Dresden. Hinter der Inventar-Nummer folgt als Angabe zur Herkunft: »1985 erworben von der Kunst & Antiquitäten GmbH, Berlin, vorher im Besitz von Kunsthändler Meissner, Dresden.«

Vermutlich ist das der einzige Fall in der gemeinsamen Geschichte von

An Zahlungs Statt eingezogen und seitdem verschwunden: Art van der Neer, »Mondscheinlandschaft« und Gerhard Dou, »Beim Zahnarzt«

Teile der Sammlung Meissners — das Mohn-Glas mit einer Abbildung der Ritterburg in Laxenburg von 1810/15 befindet sich heute im Kunstgewerbemuseum Berlin-Köpenick

Staatlichen Museen der DDR und dem Außenhandelsbetrieb in Mühlenbeck, daß tatsächlich ein an Zahlungs Statt übernommenes Stück herausgekauft werden konnte und nicht ertauscht werden mußte. Die Devisen für den Kauf des Kruges, von dem in der Welt nur vier oder fünf erhaltene Exemplare bekannt sind, hatte Dresden aus den Einnahmen für Leihgaben, Filmrechte und ähnliches abzweigen können.

Wie fast alle größeren Museen der DDR hat auch die Porzellansammlung im Dresdner Zwinger erhebliche Kriegsverluste hinnehmen müssen. Gegen Kriegsende wurden in immer größerer Hast von einem zum anderen Auslagerungsort Sammlungsteile umgelagert. Bei dem Angriff vom 13. Februar 1945 muß ein solcher Transport auf dem Hof des Schlosses gestanden haben und verbrannt sein, denn Rosemarie Menzhausen, die langjährige Direktorin der Sammlung, barg dort in den fünfziger Jahren Porzellanscherben aus den Trümmern. Aus manchen Depots sind Verluste durch Diebstähle aufgetreten. Da vor 1945 auch in der Porzellansammlung eine strenge Inventarisierung nicht üblich war, sind längst nicht alle verlorengegangenen Stücke genau zu benennen.

Im Besitz von Helmuth Meissner befand sich nach der Plünderung durch die Steuerfahnder noch eine jener Vasen, die Preußens Soldatenkönig im Tausch gegen lange Kerls an den sächsischen Königshof geliefert hatte: eine Dragonervase, noch mit der Inventar-Nummer des Joanneums von 1721, von Meissner unmittelbar nach 1945 erworben. Die als Sachkenner an der Aktion beteiligten Abgesandten der Kunst & Antiquitäten GmbH zeigten daran kein Interesse: unverkäuflich. Im November 1984 gab Meissner die Dragonervase an den alten Eigentümer zurück.

Solch ein Beispiel für zufällig aufgetauchte Stücke von internationalem Rang macht die seit den fünfziger Jahren unter wechselndem Namen betriebenen Exportgeschäfte mit Antiquitäten und alter Kunst noch verdächtiger. Wieviel mag aus geplünderten Auslagerungstätten aus der DDR hinausgeflossen sein? Bis zu jenem 31. März 1982 soll Helmuth Meissner, wie ein sich hartnäckig haltendes Gerücht besagt, in dem Besitz eines Skizzenbuches von Johann Joachim Kaendler gewesen sein. Über die Herkunft werden verschiedene Versionen verbreitet, von denen jene am wahrscheinlichsten klingt, die besagt, daß dieses Skizzenbuch zum Nachlaß des Malers Richard Müller gehört hätte. Meissner hat Teile des Nachlasses gekauft. Von der Existenz eines Skizzenbuches Kaendlers ist allerdings in der Fachliteratur nichts bekannt. Für Dr. Klaus-Peter Arnold, den Direktor der Dresdner Porzellansammlung, wäre die Bestätigung eine »wissenschaftliche Sensation.«

In jenem Buch hätte Kaendler Einfälle zu einem ihm als Auftrag angetragenen Reiterdenkmal August des Starken skizziert und aufgeschrieben. Es soll sich vor Richard Müller in dem Besitz der Bibliothek der Dresdner Kunstgewerbeakademie befunden haben, die in die zentrale Kunstbibliothek der Staatlichen Kunstsammlungen eingegangen ist. Bücher von einigem Wert, besonders zu Teilen seiner Sammlung, die ihm, wie die alten Meißner Porzellane, besonders wichtig waren, bewahrte Helmuth Meissner in seiner Wohnung in einem ausgeplünderten zweitürigen Barockschrank auf.

Vielleicht hat das Skizzenbuch Kaendlers, falls es existierte und falls es in jenem Schrank gestanden hatte, noch eine Chance, dorthin zu kommen, wohin es gehören würde: an die Öffentlichkeit.

Ein Teil jener mit den roten Klebemarken versehenen und als gepfändet erklärten Gegenstände wird unmittelbar nach der Durchsuchung vom 31. März weggebracht, der Rest folgt im August, als das Steuerverfahren rechtsgültig abgeschlossen ist. Der Sohn Helmuth Meissners hat die leeren Wände fotografiert.

Auf dem einen Foto ist auf der rechten Seite ein hell umrandeter Fleck, wo ehemals eine »Mondscheinlandschaft« des Holländers Art von der Neer hing, links fehlt eine der deftigen Zahnarzt-Szenen von dessen Landsmann Gerhard Dou. Auf einem zweiten Foto, dem mit dem Radioapparat, fehlen ein »Blumenstilleben« Balthasars van der Art und »Die beiden Schusterjungen« von Wilhelm Busch.

Der Weg dieses Busch-Gemäldes in den Besitz von Helmuth Meissner und danach aus den Lagerräumen der Kunst & Antiquitäten GmbH hinaus läßt sich erstaunlich genau verfolgen.

Vermutlich hingen »Die beiden Schusterjungen« noch nicht in einer der beiden Ausstellungen, die im Todesjahr des Malers in München stattfanden; Wilhelm Busch, geboren am 15. April 1832, stirbt 1908 am 9. Januar. Aus dem Nachlaß zeigt die Galerie Heinemann knapp 300 Ölbilder, Ölskizzen und Studien. Sicher ist, daß die »Schusterjungen« mit einer Gruppe anderer Busch-Gemälde von Adrian Müller, dem Sohn des Dresdner Malers Richard Müller, in den zwanziger Jahren in München für seinen Vater gekauft werden. Von Richard Müller, dem vergessenen Rektor der Dresdner Kunstakademie während der Nazizeit, erwirbt Helmuth Meissner nach dem Krieg die gesamte Gruppe.

Am 2. Juli 1965 schreibt ihm Direktor Behrens von der Wilhelm-Busch-Gesellschaft in Hannover seinen besten Dank für entgegenkommende Hilfe: Er konnte bei Meissner insgesamt zwölf Ölbilder für das Werkverzeichnis des Mannes aufnehmen, den noch heute viele nur als Vater von Max und Moritz oder der Witwe Bolte kennen. Die Deutsche Fotothek schickt dem Dresdner Antiquitätenhändler und Sammler wenig später Belegfotos der reproduzierten, meist kleinformatigen Gemälde. Zwei dieser Malereien, darunter »Die beiden Schusterjungen«, befinden sich heute in der Abteilung 19. Jahrhundert der Berliner Nationalgalerie.

Drei kommen am 29. Mai 1984 bei Wolfgang Ketterer, München, in seiner 83. Auktion (15.-19. Jahrhundert) unter den Hammer. Aufgerufen als Position Nr. 2027 wird die unvollendete Studie »Trinkender Bauer« (Öl auf Karton), angesetzt mit 12.000 DM. Auf der Rückseite hat das Bild, wie fast alle anderen auch, eine Echtheitsbestätigung der Erben; hier von Otto Nöldeke, einem der drei Neffen. Als Nummer 2028 wird der »Bayerische Bauernhof (Hauseingang und Stadel)« versteigert, als 2029 »Zwei Kühe im Unterholz, eine pissend«.

Alle drei genannten Busch-Gemälde nennt Hans-Georg Gmelin in seinem 1980 in Westberlin erschienenen Werkverzeichnis »Wilhelm Busch als Maler«; ihm standen dafür die Unterlagen der Busch-Gesellschaft in Hannover zur Verfügung. Auch für das angesehene Auktionshaus dürfte es deshalb nicht kompliziert gewesen sein, ihre Herkunft herauszufinden. Im Katalog jedenfalls sind zu jedem der Bilder die dazugehörenden Nummern aus dem Werkverzeichnis genannt.

Aus dem Meissner-Besitz wird an diesem Tag außerdem eine kolorierte Tuschfederzeichnung von Busch mit den dazugehörigen Versen einer Bildergeschichte angeboten. Wenn man es weiß, kann man das Blatt auf einem der Fotos aus der noch intakten Wohnung erkennen. Der fünfte Busch aus dieser Quelle ist bei Ketterer »Die Waldfrau«, eine Bleistiftzeichnung.

Von einer der reichsten Dresdner Kunstsammlungen lassen sich nur noch wenige andere Stücke, verlorene und bewahrte, auf eine ähnliche Weise verfolgen. Die genannten Beispiele geben eine Vorstellung davon, wie erfolgreich die GmbH die Steuerschulden dieses Mannes vermarktet hat.

Bauernkunst aus Sachsen
DER FALL GERHARD PATZIG

Der ehemalige Antiquitätenhändler Gerhard Patzig muß ein geradezu lustbetontes Verhältnis zum Schmerz besitzen. Jeden Morgen beim Frühstück sieht er auf das kunstvoll restaurierte Oberteil eines alten Bauernschrankes, von dem ihm ein barocker Engelskopf mit weit aufgerissenen Augen über dunkle Worte entgegenstarrt: »Breit aus die Scheine«. Den Spruch hat Patzig selbst auf das Holz geschrieben, ebenso wie die Zahlen 1.3.83 zum originalen schwungvollen ANNO. Welches »83« hier gemeint ist – vielleicht 1683, einigermaßen passend zum geschnitzten Engelskopf – das hatte ein ungeladener Besucher seines Hauses schon selbst zu erraten. Am 1. März 1983 fangen ihn in aller Frühe, er kommt gerade mit einem Netz frischer Brötchen vom Bäcker, die Steuerfahnder vor seiner Gartentür ab. Sie kommen mit der üblichen Begleitung, mit Genossen der Kriminalpolizei und den sachkundigen Fachleuten der Berliner Kunst & Antiquitäten GmbH. Gerhard Patzig ist denen die Fahrt wert, diesen Fisch überlassen sie nicht ihren Kollegen vom VEB (K) Antikhandel aus dem nahegelegenen Pirna. Die Spürnasen der GmbH verrichten dann auch ihre Arbeit mit der gewohnten Sorgfalt; sie angeln selbst vier Eierbecher hervor, arglistig im Küchenschrank verborgen, und setzen sie auf ihre Bestandslisten. Zwei Wochen danach meldet ein Doktor M. im Namen der Dresdner Steuerfahnder den erfolgreichen Vollzug der Aktion an den zuständigen Abteilungsleiter B. im Ministerium der Finanzen, Berlin, 1080. »Die Aufnahme der Bestände in den Wohn- sowie Geschäftsräumen einschließlich aller Nebengelasse durch Mitarbeiter von Kunst & Antiquitäten GmbH Berlin« bestätigte, wie er schreibt, »unsere Verdachtsgründe in der Form, daß ein gesamter Warenbestand (Betrieb und privat) zum 01. 03. 1983 in etwaiger Höhe von rund 1 Million ermittelt wurde«. In diesen amtsdeutschen Satz ist kein Wort zufällig hineingeraten. Auch die Eierbecher aus dem Küchenschrank wurden als Teil des zu versteuernden Warenbestandes erfaßt und nicht etwa als im Alltag gebrauchter Hausrat ausgenommen. Nachzulesen unter der Position 25 (Zwiebelmuster der Firma Teichert, Schätzwert pro Stück 20 Mark) auf der später aus Mühlenbeck gelieferten 30seitigen Zeitwertfeststellung.

Nach den Steuergesetzen ist Hausrat von der Steuer befreit, aber selbst eine Bewertung als privates Vermögen wäre für den Besitzer noch kulanter gewesen. Schon bei dieser ersten schriftlichen Information über den Start der Aktion Patzig erfährt der »Werte Genosse B.« im Finanzministerium, daß alles seinen gewohnten Gang gehen wird, denn die zu erwartende Steuernachforderung ist »durch Übergabe von Kunstgegenständen an Kunst & Antiquitäten GmbH Berlin vollauf gesichert.« Bis zu jenem Morgen, an dem ihn die Steuerfahnder vor der Tür abgefangen, besitzt der Antiquitätenhändler Gerhard Patzig, Eigentümer der Freitaler Verkaufsgalerie »Haus der Volkskunst«, ein reines Gewissen gegenüber dem Finanzamt. Jahrelang schon war er der beste Steuerzahler des Kreises am Rande von Dresden, und vor drei Monaten erst bestand er eine offizielle Betriebsprüfung mit Glanz. Jetzt erhält er in kürzester Zeit die gleiche Lektion wie die anderen der vor und nach ihm von der Steuerfahndung erpreßten fünf Dresdner Antiquitätenhändler Meissner, Jentsch, Günther, Miech und Wahl.

Nach dem Krieg lernt Gerhard Patzig privat bei einem Künstler das Nötigste für den Beruf des Grafikers. Von seinem Jahrgang 1927 haben nicht viele überlebt, und auf ein Studium an der Akademie oder einer anderen Kunstschule will er nach der langen verlorenen Zeit nicht warten. Schon während der Ausbildung beginnt er zu sammeln, grafische Blätter von Ludwig Richter und anderen bildenden Künstlern des späten Biedermeier. Der Strich von Ludwig Richter, so erzählt er, gerät ihm immer stärker in die eigenen Blätter hinein, bis er es satt hat und einen anderen Berufsweg für sich sucht. Originaltext Patzig: »Ich schmiß den Dreck hin.«

Für sein erstes Antiquitätengeschäft, 1954 eröffnet, borgt er sich die Hälfte des Geldes zusammen. Sein »Haus der Volkskunst« in der Dresdner Straße 76 der kleinen Industriestadt Freital bezieht er neun Jahre später. Er macht daraus nicht nur eine in der ganzen DDR bekannte gute Adresse, für alle Leute, die in jenen Jahren Kunst und Antiquitäten sammeln, für Schauspieler, Schriftsteller, Ärzte und Rechtsanwälte, sondern auch für ausländische Künstler. Die Künstleragentur der DDR hat viele Jahre lang Auftritte nicht mit Devisen bezahlt, sondern mit dem Recht, auf dem bis weit in die sechziger Jahre hinein noch relativ ergiebigen Antiquitätenmarkt für DDR-Mark einzukaufen und die Einkäufe dann auch auszuführen. »Beispielsweise gab es Mitte der sechziger Jahre einen Wal, der in zahlreichen Städten der DDR vorgeführt wurde, ganze Schulklassen wurden in das präparierte Tier hineingeschleust — ein Millionenbetrag kam zusammen, der nahezu gänzlich in Antiquitäten angelegt wurde«. Der Kunsthistoriker Pätzke, der das in einem Beitrag für die Zeitschrift der Pirckheimer-Gesellschaft mitteilt, arbeitete in jenen Jahren selbst im

Der Antiquitätenhändler Gerhard Patzig

Kunsthandel. Louis Armstrong, ein weiteres dort angeführtes Beispiel für derartig honorierte Künstler, läßt ebenfalls in Freital einkaufen. Immer wieder besucht auch die Sängerin Katja Ebstein den Händler Patzig. Ein an sie als Freundschaftsdienst aus dem Privatbesitz verkaufter Stollenschrank kommt ihn später außerordentlich teuer zu stehen, denn für die Steuerfahnder ist dieser eine nachweisbare Fall in knapp dreißig Berufsjahren der klare Beweis, daß Antiquitätenhändler in ihrer Wohnung nicht zwischen Tischen, Stühlen, Schränken, Kommoden und Betten leben, sondern inmitten von Warenbeständen. Gleich zwei Verkäufe aus privatem Vermögen muß sich übrigens der kurz nach ihm in die Steuermühle geratene Heinz Miech vorwerfen lassen. Einer seiner alten Kunden, der Schauspieler Armin Mueller-Stahl, konnte bei ihm 1976 einen Braunschweiger Barockschreibsekretär und ein gotisches Tafelbild erstehen. Und kurz vor Weihnachten 1975 bekam Manfred Krug einen Gobelin für 35.000 Mark. Ausnahmen auch hier, offenbar ausreichend, um daraus die bei Patzig und den anderen fünf fast durchgehend angewandte (Warenlager-)Regel zu konstruieren.

Dieser Gerhard Patzig ist wie jeder andere seines Berufsstandes aufs Geschäft bedacht, aber gleichzeitig auch mit einer über das Professionelle weit hinausreichenden Liebe zu den überkommenen Zeugnissen bäuerlicher Lebensweise in seiner engeren Heimat ausgestattet. Seine Galerie heißt nicht nur »Haus der Volkskunst«, er hat sie über die Jahre wirklich in

Herrnhuter Bauernschrank und Bauerntruhe in der Freitaler Galerie

ein Museum voller Bauernschränke, Bauerntruhen und bäuerlichen Hausrats verwandelt. In den Räumen des denkmalgeschützten Hauses von 1802 stehen die schönsten Stücke sächsischer Volkskunst aus deren Blütezeit in der zweiten Hälfte des 18. Jahrhunderts: Bauernschränke aus Herrnhut, aus Hainewalde, aus der Gegend um Pirna oder den Dörfern des Erzgebirges. Alle sind sie von unverwechselbarer Eigenart, trotz der territorialen Nähe oft einem Ort sicher zuzuordnen, beispielsweise die Landschaftsschränke von Hainewalde, bei denen die Maler auf den einzelnen Türfeldern Fensterausblicke auf das Dorf oder die Berge dahinter wiedergaben. Vor seinen Schränken kann Gerhard Patzig über die Wanderwege mancher herumgezogener Maler erzählen, er weiß von den wichtigsten, wann sie in welchen Dörfern gearbeitet haben und wie lange.

Fast alle größeren, die Atmosphäre des Hauses bestimmenden Stücke tragen seit Jahren den Vermerk »unverkäuflich«. In diesen Räumen läßt sich die Schauspielerin Helene Weigel, die solche alte Bauernkunst liebt und sammelt, bei fast jedem ihrer häufigen Besuche von Gerhard Patzig einschließen. Sie sitzt dann auf einem Bauernstuhl zwei Stunden zwischen den bemalten Schränken, den alten hölzernen Truhen und den Wandborden voller bäuerlichen Hausrats. Das passiert zur Mittagszeit, wenn keine Kunden in die Galerie kommen und die Stille stören können.

Der einsichtige Patzig, der zugibt, angesichts der explodierenden Antiquitätenpreise seinen Warenbestand zu niedrig deklariert zu haben, wehrt sich entschieden gegen den unterstellten Vorsatz zur Steuerhinterziehung. »Ich möchte hier aber noch zum Ausdruck bringen«, so erklärt er bei einem der Verhöre, »daß ich doch den größten Teil meiner Kunstgegenstände nicht versteckt, sondern in meinen Verkaufsräumen der Bevölkerung zugänglich gemacht habe.«

Die Schätzer der Kunst & Antiquitäten GmbH kleben an jenem 1. März 1983 ihre rosafarbenen Marken mit den laufenden Nummern auf 27 sorgfältig restaurierte Bauernschränke im »Haus der Volkskunst«. Aber auch auf alte Honigkrüge, auf Holzmodeln, Keramikschüsseln und Zinnkannen, auf Bauernstühle, -tische und -betten. Die rosa Klebezettel hat er zu respektieren wie einen Kuckuck vom Gerichtsvollzieher: Sein gesamter Besitz an Kunstgegenständen und Antiquitäten ist bis zum Abschluß des Steuerverfahrens für ihn nicht mehr verfügbar.

Dabei hatte Patzig sogar einmal eine Liefervereinbarung mit Mühlenbeck. »Im Interesse eines maximalen Warenaufkommens für den Export« verpflichtete er sich, Antiquitäten und geeignete Gebrauchtwaren für 100.000 Mark jährlich zu liefern. Dafür erhielt er eine steuerfreie Exportprämie von acht Prozent.

Am 25. Mai 1983 liegt ein 15seitiger, eng mit Zahlenkolonnen gefüllter Bericht über die »steuerlichen Erhebungen im Ermittlungsverfahren« gegen ihn vor: Die Nachforderungen erreichen insgesamt 530.459 Mark. Schon am 12. April ist gegen den Antiquitätenhändler eine Untersuchungshaft wegen »vorsätzlich verkürzter Steuernachforderung von rund 600.000 Mark« beantragt worden. Die Steuerfahnder hatten also ziemlich präzise geschätzt. Die geforderte Untersuchungshaft wird nicht verhängt, weil der Kreisstaatsanwalt die dafür unerläßlichen Voraussetzungen nicht erkennen kann. Was hätte Patzig auch verdunkeln können, und wohin sollte er fliehen?

Gegen die erste Forderung der Steuerfahnder läßt er von seinem Leipziger Steueranwalt das bereits erwähnte einzige Rechtsmittel einlegen, die Beschwerde. Einzureichen nicht bei einem neutral prüfenden Gericht, sondern beim Finanzamt, das durch diese eigenartige Rechtskonstruktion in die Lage gerät, sein eigenes Urteil in Frage zu stellen.

Unter Punkt 8 wendet sich der Anwalt gegen die steuerliche Behandlung der privaten Sammlung Gerhard Patzigs, der schon vor der Eröffnung seines ersten Antiquitätengeschäftes begonnen hatte, Keramikkrüge und Fayencen aus dem 17. und 18. Jahrhundert zu sammeln. In den dreißig Jahren hat er 185 Krüge aus den wichtigsten Manufakturen zusammengetragen, aus Annaberg, Bunzlau, Frechen und Muskau, aus Berlin, Erfurt, Frankfurt und Potsdam. »Bei der privaten Sammlung des Steuerpflichtigen handelt es sich um eine in der DDR einmalige und umfassende Zusammenfassung von Sammelgegenständen, deren Erhaltung und Weiterfüh-

Hainewalder Landschaftsschrank, frühes 19. Jahrhundert

rung im öffentlichen Interesse liegt. Sie hat bedeutenden kulturellen Wert und ist daher gemäß den geltenden Vermögensteuer- und Bewertungsrichtlinien... nur mit 40 Prozent ihres gemeinen Wertes zur Vermögensteuer heranzuziehen«, fordert der Anwalt.

Aber auch dieses Argument gegen die Steuerveranlagung wird beiseite geschoben. Der Steuerfahnder P. verfährt in seiner Antwort mit der bezwingenden Logik eines Christian Morgenstern, der seinen Palmström, obwohl tödlich überfahren, aufstehen und quicklebendig davonschreiten läßt. Bei Palmström konnte nicht sein, was nicht sein darf, denn an der Stätte des Malheurs war Kraftfahrzeugen der Verkehr strikt verboten. Beim Steuerfahnder P. findet die unzweifelhaft einzigartige Sammlung keine Anerkennung, denn solche Kunstgegenstände und Sammlungen wären »nach den Rechtsvorschriften zum Schutze des Kulturgutes der DDR... als geschütztes Kulturgut registriert« gewesen. Dies aber ist bei Patzigs Krügen nicht der Fall.

Die 185 Krüge werden bald darauf in die Faltkartons der Mühlenbecker Kunst & Antiquitäten GmbH gepackt und zur Verwertung abtransportiert. Ein öffentliches Interesse »an der Erhaltung der Kunstgegenstände und Sammlungen wegen ihrer Bedeutung für die Kunst, Geschichte oder Wissenschaft« liegt schließlich erst dann vor, »wenn diese nach den Rechtsvorschriften... registriert sind«. Und da sich der Steuerfahnder hier in völliger Übereinstimmung mit dem in der Steuerpraxis zu Gunsten von Kunstsammlern so selten genutzten Informationsbrief 1/82 befindet, muß er beim Abtransport nicht einmal ein schlechtes Gewissen haben.

Eine Nachfrage nach dem Verbleib der Sammlung, von der einige Stücke wegen ihrer Seltenheit nach dem Kulturgutschutzgesetz von 1980 nicht hätten ausgeführt werden dürfen, stößt in Mühlenbeck später auf Achselzucken. Zu erfahren ist auch nicht das Schicksal einiger Positionen auf der langen Liste zur Zeitwertfeststellung, die im Gegensatz zu den meisten anderen recht genau bezeichnet sind: Blumenverkäuferin mit Pfau, Mann mit Affe, Engel mit Hacke und Blumenkorb usw., Porzellanfiguren, Meißen 2. Hälfte des 18. Jahrhunderts, acht insgesamt. Nicht mehr als handspannenhoch, alle von dem berühmten Johann Joachim Kaendler in der Zeit von 1749 bis 1763 geschaffen.

An die Bauernschränke kann man sich dagegen noch genau erinnern. Die letzten müssen noch Jahre nach der »Aktion Patzig« in den endlosen Hallen von Mühlenbeck gestanden haben. Abgeholt wurden aus dem »Haus der Volkskunst« nicht nur die 27 dort registrierten Stücke, sondern auch 60 Bauerntruhen und 23 Bauernschränke aus einem Stall in der Feldstraße. Nach dem rechtskräftigen Steuerbescheid, der durch die Beschwerde um rund 60.000 Mark, also nur unwesentlich niedriger gerät als der erste, folgen Gerichtsverfahren. Im zweiten vor dem 3. Senat des

Eingangstür zu Gerhard Patzigs »Haus der Volkskunst« — sechs Jahre nach der Plünderung

Bezirksgerichts Dresden wird Gerhard Patzig am 22./23. November 1983 zu zwei Jahren Haft auf Bewährung und zu einer Geldstrafe in Höhe von 75.000 Mark verurteilt.

Ein Tätigkeitsverbot spricht das Gericht nicht aus.

Manchmal rätselt Gerhard Patzig noch, weshalb ihm sehr bald nach jenem 1. März der Rat des Kreises Freital die Gewerbegenehmigung »auf Beschluß des Rates des Bezirkes« entzogen haben mag. Wer dort in den Regierungsstuben über der Elbe einen solchen Beschluß und auf wessen Wunsch gefaßt hat, das weiß er bis heute nicht.

Bald darauf kündigt der Bürgermeister von Freital die Gewerberäume in dem alten Haus an der Ausfallstraße nach Dresden. Einwohner protestieren dagegen. Sie befürchten den Verlust einer kulturellen Oase in ihrer heruntergekommenen Stadt, denn Patzig stellte regelmäßig Gegenwartskunst in seinen Räumen aus. Der angesehene Grafiker Wolfgang Petrowsky schreibt im Namen vieler, die nicht verstehen, »daß die Gewerbegenehmigung entzogen wurde und der Großteil dieser Kulturgüter, aus dem Zusammenhang der historischen Räume gerissen, bereits vom Handel veräußert wurde. Hier ist ein immenser Verlust für unsere Stadt... entstanden.«

Der Staatliche Kunsthandel, so wird den Beschwerdeführern geantwortet, werde die Galerie übernehmen und alles unverändert lassen. Hat man bei den offiziellen Stellen nichts von den rosa Klebezetteln und dem verbindlich fixierten Abräumrecht der Kunst & Antiquitäten GmbH gewußt?

Die erzwungene, durch nichts begründete Geschäftsaufgabe kostet Gerhard Patzig zusätzlich zu den nachgeforderten Steuern noch einmal ein Vermögen. Am 11. November teilt ihm sein Finanzamt mit, daß nach Auflösung des Betriebes für das Jahr 1983 eine Steuernachzahlung in Höhe von 367.287,60 M fällig wird. Gerhard Patzigs persönliche Bilanz: Ruin nach 29 Berufsjahren. Er hatte Kunst und Antiquitäten gesammelt, kein Geld. Fast jeden Pfennig der Steuernachforderung mußte er mit Stücken aus dem Geschäft oder seiner Wohnung begleichen.

Der Preis, den die DDR und ihre Gesellschaft für die permanente Ausplünderung zu bezahlen hat, wird im Fall Patzig auf geradezu symbolische Weise offengelegt: Das denkmalgeschützte Haus in der Dresdner Straße, in dem er seine Galerie hatte, ist bis Anfang 1990 zur Ruine verkommen und soll abgerissen werden.

Antiquitäten aus Rudolstadt

DER FALL BETTINA UND MARTIN WENDL

Manches spricht dafür, daß es sich bei diesem Angriff der Steuerfahndung um ein Auftragswerk der Kunst & Antiquitäten GmbH handelte.

Bettina Wendl, Eigentümerin des gemeinsam mit ihrem Mann betriebenen Rudolstädter Antiquitätengeschäfts in der Stiftsgasse 11, war als leidenschaftliche und erfolgreiche Puppensammlerin bekannt. Mehrere Male hatte sie Teile ihrer Sammlung öffentlich ausgestellt; es wird sich also in den interessierten Kreisen herumgesprochen haben, welche speziellen Schätze in der alten Residenzstadt der Fürsten von Schwarzburg-Rudolstadt zu finden waren. Die nicht belegbare Version dieses Falles: Für die Puppen der Frau Wendl hätte sich, nachdem er entsprechende Informationen über die Sammlung erhalten hatte, ein Liebhaber in Köln interessiert. Geredet wird selbst von einem vereinbarten Preis, von einer Summe um 400.000 DM.

Ein solches Ziel der Aktion in Rudolstadt läßt sich zwar anhand von Dokumenten oder Zeugenaussagen direkt Beteiligter nicht nachweisen, aber der ungewöhnliche Ausgangsort könnte dafür sprechen. Am 8. April 1987 stellt die zentrale Steuerfahndung im Ministerium der Finanzen in Berlin einen Antrag auf Eröffnung eines Ermittlungsverfahrens gemäß Verbrechen nach Paragraph 176, Absatz 1 und 2, Strafgesetzbuch, gegen Bettina und Martin Wendl. Als Schaden aus der vermuteten vorsätzlichen Steuerhinterziehung wird eine Summe von 100.000 Mark genannt. Den Antrag zur Untersuchung erhält die Steuerfahndung des Bezirkes Gera. Noch am gleichen Tage verfügt der Staatsanwalt des Kreises Rudolstadt die Einleitung eines Ermittlungsverfahrens.

Und ebenfalls am 8. April 1987, in aller Frühe, beginnen die Steuerfahnder in Begleitung von Staatsanwalt, Gutachtern des VEB (K) Antikhandel Pirna und Zeugen die Durchsuchung des Geschäfts. Die Beschuldigten sind, wie in den meisten Fällen, ganz zufällig nicht zugegen. Eine sturmfreie Bude, sozusagen. Und ein schnell zurückgelegter Weg vom Antrag zur Tat, bedenkt man die Entfernung zwischen der Hauptstadt Berlin und der thüringischen Kleinstadt Rudolstadt.

Der erwartete schnelle Erfolg allerdings bleibt den Steuerfahndern versagt. Am 14. August, also über vier Monate nach der Durchsuchung und der Beschlagnahme von 158 Gegenständen, von Geschäftsbüchern über Bankauszüge bis zu Benzinquittungen, beantragt der untersuchende Beamte zum zweiten Mal eine Fristverlängerung. Denn die Beschuldigten konnten den Verdacht nicht widerlegen, daß ihr hohes Vermögen an Kunstwerken und Antiquitäten »aus der Verkürzung von Steuern resultiert«. Auch zeigte sich das Ehepaar »nach wie vor nicht bereit, bei der

119

Aufklärung des Sachverhalts konstruktiv mitzuwirken, so daß weitere Beweismittel erarbeitet... werden müssen.«

Ein Kabinettstück realsozialistischer Rechtspraxis: Die Beweislast liegt beim Angeklagten. Er hat seine Unschuld zu beweisen, nicht die Ankläger seine Schuld. Für Bettina Wendl muß zwei Monate später ihr Arzt ein Attest vorlegen, mit dem er die inzwischen erreichte Vernehmungsunfähigkeit bescheinigt. Die Steuerbehörde stellt sich nicht dagegen, zumal der Besitzerin des Antiquitätengeschäfts eine konkrete Tatbeteiligung immer noch nicht »eindeutig und zweifelsfrei« nachgewiesen werden konnte. Aber auch gegen den übriggebliebenen Verdächtigen, den gelegentlich mithelfenden Ehemann Martin Wendl, reichen die Beweise nicht aus, so daß die Untersuchungsfrist erneut verlängert werden muß. Inzwischen aber haben die Steuerfahnder nicht nur gefahndet, sondern auch gerechnet. Noch bevor irgendein stichhaltiger Beweis für Steuerverkürzung durch den Verkauf nicht gebuchter, also in den Bilanzen nicht ausgewiesener und abgerechneter Antiquitäten vorliegt, kennen sie die Höhe der dem Staatshaushalt seit 1977 vorenthaltenen Steuern genau: 620.621 Mark.

Die festgestellten Steuerschulden entsprechen auch in diesem Fall fast exakt den Zahlen der Zeitwertfeststellung der Gutachter vom VEB (K) Antikhandel Pirna: Der Spezialist dieser Firma hatte im Geschäft und in den Wohnräumen der Wendls 863 Gegenstände bewertet und war dabei auf 607.091 Mark gekommen.

Beide sammeln seit ihrer Verlobungszeit und haben in 21 Jahren manche schönen alten Stücke zusammengetragen. Im »Puppenzimmer« der Frau Wendl, in dem sie ihre Sammlung aufbewahrt, zählt der Gutachter 200 »Positionen« zusammen.

Ihre Puppen hatte Bettina Wendl mit kunsthandwerklichem Geschick von den Schäden der Zeit befreit, Teile ergänzt, Kleider aus alten Stoffen nach den Moden der Herkunftsjahre genäht. Dennoch kommt die Steuerfahndung in ihrem Abschlußbericht zu dem Schluß: »Eine Trennung eventueller privater Sammeltätigkeit von der betrieblichen Handelstätigkeit ist nicht erkennbar.« Der größte Teil der geschätzten Stücke (Wert: 529.645 Mark) befand sich in Privaträumen und war in wirklicher, nicht in »eventueller« Sammeltätigkeit zusammengetragen worden.

Verfahren wurde hier wieder nach der Methode, daß alte Möbel, Bilder oder Gläser im privaten Lebensbereich grundsätzlich als Warenbestand bewertet und entsprechend versteuert werden. Als Handelsware im Hause der Wendls wird so das Bauernbett, in dem die Tochter schläft, ebenso gezählt wie die Puppensammlung der Mutter. Nach den Paragraphen des Informationsbriefes 1/82 hätte diese Sammlung sogar von einer Vermögensteuer befreit werden können, denn Frau Wendl hatte sie mehrfach »der Forschung und Volksbildung nutzbar gemacht«. An ihren Puppen hatten häufig Besucher in Galerien ihr Vergnügen gehabt, vom geforderten Nutzen für die allgemeine und spezielle kulturhistorische Bildung ganz zu schweigen. Fast überflüssig zu sagen, daß der anstoßerregende Wertzuwachs der privaten Sammlungsstücke, die hier als Warenbestände definiert werden, seinen wichtigsten Ursprung in Preissteigerungen für Antiquitäten hatte.

Als die Steuerfahnder landauf und landab nach Beweisen und Zeugen für Manipulationen suchen, geraten auch Aussagen ins Protokoll, die nichts zu den Wendls, aber dafür manches zu den Geschäftspraktiken der Außenhandelsfirma aussagen, die vermutlich hier im Hintergrund die Fäden zieht. Ein Herr Franz L. aus Berlin kaufte in Rudolstadt zwei Vitrinen, ein Regal und einen Schrank, die er danach beim VEB (K) Antikhandel gegen ein japanisches Farbfernsehgerät eintauschte. Wer das richtige bot, konnte in der DDR-Gesellschaft alles haben — aus dem permanenten Mangel entwickelte sich ein florierendes System des Austausches von Dienstleistungen und Waren.

Wichtiger für die Beurteilung dessen, was hier geschah, sind die Aussagen der Leumundzeugen, die allesamt für die Steuerfahnder enttäuschend gewesen sein müssen. Martin Wendl, der im Geschäft helfende Ehemann, hatte aus seiner Liebe zu Antiquitäten heraus vor Jahren die Idee zu einer Buchreihe »Spaß am Sammeln« entwickelt. Sein erstes eigenes Buch hieß »Altes Thüringer Porzellan«, sein zweites »Urgroßmutters Leib- und Küchenwäsche« und sein drittes, 1987 gerade erschienen, »Alte Thüringer Töpferkunst«. Gutachter hatten ihm bescheinigt, daß seine Bücher im Sinne des Bewahrens und des volkskundlichen Aufarbeitens von Kulturgut wirken.

Das vorsorglich, vor Auffinden eines ersten Beweises gegen Martin Wendl, angestrengte Strafverfahren wegen Steuerhinterziehung wird vor dem Abschluß niedergeschlagen. Es fällt unter eine Amnestie des Staatsratsvorsitzenden. Die Beschwerde des Rechtsanwaltes Christian D. gegen den Steuerbescheid hat keinen Erfolg. In dem Schlußbericht der Steuerfahndung vom 30. November taucht erneut als zu bezahlende Steuernachforderung die Summe von 620.621 Mark auf — wie schon in der Rechnung von Mitte Oktober. Die Wendls sind um ihre in einem Jahrzehnt aufgebaute Existenz gebracht. Sie verlassen 1988 die DDR.

Vorher aber begleichen sie ihre konstruierten Steuerschulden bis auf den Pfennig durch Barzahlungen zugunsten der Steuerkasse des Kreises Rudolstadt. Wie die Akten mitteilen, pumpen sie sich den weitaus größten Teil bei »27 privaten Gläubigern« zusammen. Von ihrem Antiquitätenbesitz konnte an Zahlungs Statt nichts verwertet werden. Die Puppen tanzten nicht so, wie es die Kunst & Antiquitäten GmbH wollte.

Sondergeschäfte

Pflastersteine, Loks und Schwellen

Selbst ein Schalck-Golodkowski hatte die Mächtigen über sich zu fürchten. Und gefährlich konnte ihm fast jeder werden, der zur unrechten Zeit einen Verdacht gegen ihn ausstreute. Solche Erfahrungen werden es gewesen sein, die ihn zu den besorgten Nachfragen veranlaßten, ob es denn beim Pflastersteingeschäft seiner Kunst & Antiquitäten GmbH auch wirklich mit rechten Dingen zugehe.

Hintergrund der ungewöhnlichen Ängste eines solchen Mannes war der damalige Rang des Wohnungsbauprogramms in der politischen Werteskala der DDR. In der zum Fetisch erhobenen »Einheit von Wirtschafts- und Sozialpolitik«, die über das persönliche Interessse jedes einzelnen die Wirtschaft des Landes vorantreiben sollte, besaß das Wohnungsbauprogramm eine Schlüsselrolle. Auch Schalck hätte es sich nicht leisten können, diese heilige Kuh etwa schlachten zu wollen. Deshalb also fragte er in der zweiten Hälfte der 80er Jahre mehrfach schriftlich bei der Leiterin seiner Abteilung 2, einer Frau B., an, ob sich die DDR den Steine-Export trotz des eigenen Baubooms erlauben könne.

Frau B. schickt Trupps in die als repräsentativ für das Land ermittelten Bezirke Leipzig, Halle und Magdeburg. Festgestellt wird ein beruhigender Bestand von 9,2 Millionen Tonnen Pflastersteinen. Ausreichend für Exporte in die ganze Welt. Nach einer anderen Umfrage läßt Generaldirektor Joachim Farken seinem Chef die Mitteilung zukommen, daß allein der Bezirk Magdeburg über mehr als 2.500 Kilometer gepflasterter Straße verfügt. Vieles davon sei so löchrig, daß es die Qualitätsnote 3 erhalten hätte. Straßen dieser Qualitätsstufe müßten nach der gängigen Praxis erneuert werden, nicht nur mit Flickwerk, mit neuen Steinen für alte Löcher, sondern über eine großzügige Pflastersteinsubstitution. Also raus mit dem Zeug.

Nur lächerliche Quantitäten hat die Kunst & Antiquitäten GmbH verkauft: im besonders guten Jahr 1989 beispielsweise 37.000 Tonnen. Erlöst wurden dafür 3,7 Millionen DM. Ein lukratives Nebengeschäft wie viele andere.

Einer der langjährigen vertraglich verpflichteten Geschäftspartner der Kunst & Antiquitäten GmbH war das Ministerium für Verkehrswesen. Im letzten, 1987 abgeschlossenen Vertrag, gelang es dem Ministerium, den eigenen Devisenanteil auf fünfzig Prozent zu erhöhen. Selbst die mächtige Reichsbahn war in dem an Devisen chronisch armen Staat DDR auf Brosamen aus solchen Nebeneinnahmen angewiesen. Von den Anteilen aus dem Geschäft mit Mühlenbeck wurden Kopiergeräte für ein Projektierungsbüro eingekauft, aber beispielsweise auch Ersatzteile für importierte Gleisbaumaschinen. Die Devisenkonten für solche Vertragspartner führt KoKo, und KoKo besorgte für die angesammelten Prozente auch, was aus dem westlichen Ausland dringlichst gebraucht wurde.

Verkauft wurden aus den Beständen der Reichsbahn vor allem alte Schwellen und ausrangierte Dampfloks. Am häufigsten gingen an die Interessenten in den Eisenbahnvereinen Westeuropas Güterzuglokomotiven der Baureihen 50 (ab 1939 hergestellt) und 52 (ab 1942).

Es war immer eine Attraktion für's Publikum, wenn sich bei Ausstellungen auf einem Stück Gleis eine echte Dampflok, womöglich mit Feuer unterm Kessel, bestaunen ließ. Die allerletzte Dampflok aus den Geschäftsbeziehungen mit der Kunst & Antiquitäten GmbH erhielt im September 1989 ein niederländischer Verein für 85.000 DM über die Lieferadresse Vetuwsche Stoomtriinmaatschappit B.V. in 7361 AZ Beekbergen. Kurz vor der Maueröffnung gelangte auch noch eine alte Diesellok der Baureihe 118 in das »Museum für Verkehr und Technik« in Westberlin.

Als die ersten Informationen über die systematische Ausplünderung des kulturellen Besitzstandes der DDR durch die Mühlenbecker GmbH an die Öffentlichkeit dringen, wird den Eisenbahnfreunden auch klar, welchen Weg die abgebaute Kleinbahn Wolkenstein − Jöhstadt im Erzgebirge gegangen ist.

Der Personenverkehr auf der traditionsreichen Strecke war schon 1984 eingestellt worden, gegen erheblichen Bevölkerungsprotest und nach vergeblichen Aussprachen beim Minister. Zwei Jahre danach endete auch der Güterverkehr. Nach dem sogenannten Rückbau blieben von der Strecke Jöhstadt − Wolkenstein 100 Meter Gleis mit zwei abgestellten Personenwagen am ehemaligen Bahnhof Großrückerswalde übrig. Grund für die Stillegung soll, das teilt auf Nachfragen die Berliner Zentrale der Deutschen Reichsbahn mit, ein irreparabel schlechter Betriebszustand gewesen sein. Dort wird auch versichert, daß die alte Bahn nicht in den Westen gedampft sei. Als heutige Standorte noch diensttauglicher einzelner Wagen oder Loks werden andere Kleinbahnen im sächsischen Raum genannt. Die Schmalspurbahnen Sachsens haben ausnahmslos die Spurbreite 750 mm − ein Einsatz in Kippsdorf, Oberwiesenthal oder Radebeul war also nicht ausgeschlossen.

Bei ihren Geschäften mit dem Partner Reichsbahn konnte die Kunst Antiquitäten GmbH auf elementare Leidenschaften bauen, die einen zuverlässigen Absatz garantierten. Ähnlich wie im Modelleisenbahnverband der DDR setzen in den zahllosen Eisenbahnvereinen Westeuropas viele Menschen in ihrer Freizeit alte Loks instand, pflegen längst ausgemusterte Waggons und halten ganze Züge in betriebsbereitem Zustand. Bei den 1920 durch einen Staatsvertrag vom Deutschen Reich übernommenen Länderbahnen war so gut wie nichts einheitlich. Die Bayrischen, Badischen, Preußischen oder Sächsischen Bahnen hatten nicht einmal die gleichen Klinken. Ein unerschöpflicher Markt tat sich auch hier auf, denn in einem zu rekonstruierenden Personenwagen 4. Klasse der Königlich Bayrischen Bahn mußte natürlich auch das Gepäcknetz original sein! Und das konnte unter Umständen noch in einem alten Materiallager an einem benachbarten thüringischen Streckenabschnitt aufzutreiben sein. Ein ständiges kleines Geschäft garantierten auch die Oberwagenlaternen, auf deutsch: die Schlußlichter auf Petroleumbasis, die laut Zugvorschriften vor jeder Abfahrt eine halbe Stunde auf Probe zu brennen hatten. Das sollte ausschließen, daß sie blakten und mit verrußten Scheiben ihre Warnfunktion nicht mehr erfüllen konnten.

Der rege Geschäftsverkehr zwischen den Eisenbahn-Vereinen der Bundesrepublik und der Kunst & Antiquitäten GmbH verschaffte dem Mühlenbecker Unternehmen sehr schnell einen durchaus angemessenen Ruf. Das »Eisenbahn-Magazin« teilt so in seinem Heft 4/1989 in seiner Information zu der anläßlich des 150jährigen Geburtstages der Eisenbahn in Riesa vorbereiteten Fahrzeugparade lakonisch mit: »Anschließend wird 01137 die DDR verlassen, da sie in die Schweiz verkauft wurde.« Das bundesdeutsche Magazin kennt sogar den Preis: 80.000 Schweizer Franken. Bei der 01137 handelt es sich um eine der schönsten jemals gebauten Dampfloks. Die Meldung des »Eisenbahn-Magazins« erweist sich als Ente. Zum Glück.

Erwähnt wird der fälschlich gemeldete Export der denkmalsgeschützten Lokomotive aber, weil kurz nach dem Abdruck dieser Nachricht der Verein »Dampfbahn Kochertal e. V.« aus Sulzbach Laufen voller Empörung an die Kunst & Antiquitäten GmbH schreibt. Die GmbH hatte dem Eisenbahnverein auf eine vorhergegangene Anfrage nur die üblichen Loks der Baureihen 50 und 52 anbieten wollen. »Sie werden verstehen«, so der Kern des Briefes, »daß wir kein Verständnis für den Verlauf unserer Angelegenheiten haben, zumal wir niemals, aus Rücksicht auf die kulturellen Werte der DDR, den Kauf einer Traditionslok beabsichtigt haben.« Schön zu lesen, wie ein Mann aus Bayern die kulturellen Besitztümer der damals fast 40jährigen DDR zu schätzen weiß! In Mühlenbeck hätte er mit einer solchen Haltung wohl nicht sehr lange unternehmensdienlich arbeiten können.

Aus den Nebengeschäften der GmbH mit dem Vertragspartner Ministerium für Verkehrswesen erregen, als sie öffentlich bekannt werden, die

Geschäfte mit gebrauchten Eisenbahnschwellen besonderes Erstaunen. Mehr als zehn Jahre lang werden über Mühlenbeck Holzschwellen in die Bundesrepublik und nach Holland verkauft. Die Schwellen stammen meist aus den Braunkohletagebauen. Sie sind leichter zu rücken als Betonschwellen, kommen aber selbst in den Tagebauen nicht allzu häufig vor, weil sie meist nur unter Weichen und Gleisbögen eingesetzt werden. Insgesamt sollen in den zehn Jahren nicht mehr als 3.000 Kubikmeter ausgedienter Schwellen für rund 300.000 DM verkauft worden sein.

Was damit geschah?

Das manchmal jahrzehntelang allen Witterungen ausgesetzte Holz war unverwüstlich und deshalb geradezu ideal für außergewöhnliche Landschaftsgestaltungen oder für Abenteuerspielplätze. Wenn ein Bedürfnis neu entsteht, dann organisiert sich auch immer ein Mittel zur Befriedigung. Die Männer der Kunst & Antiquitäten GmbH mußten nicht unbedingt den Ökonomen Karl Marx gelesen haben, um ihre Geschäftsstrategien nach wechselnden Marktbedürfnissen auszurichten. Im Selbstbedienungsladen DDR fand sich für sie fast immer das passende Angebot zu jeder Art von Nachfrage.

Militaria aus Mühlenbeck

»Aus diesen Darlegungen ergibt sich der Schluß, daß eine rechtswidrige Ausfuhr des militärhistorischen Sachzeugen als eine schwere Schädigung des Kulturgutes der DDR... zu qualifizieren ist«. (Aus einem Gutachten des Militärhistorikers Dr. Günter Thiede für die Staaatsanwaltschaft vom 10. Februar 1990)

Der »militärhistorische Sachzeuge«, von dem hier die Rede ist, wurde am 27. Oktober 1870, einen Tag nach dem Fall von Metz, an Friedrich Carl Nicolaus Prinz von Preußen (1828-1885) verliehen. Prinz Friedrich Carl befehligte die II. Preußische Armee im Frankreichfeldzug und hatte Marschall Bazaine vor der als uneinnehmbar geltenden Festung zur Kapitulation gezwungen. Nach seinem Erfolg vor Metz war für die preußischen Armeen der Weg in das Herz Frankreichs offen. Von diesem Prinzen, der nach seinem Sieg zum Generalfeldmarschall befördert und mit dem Marschallstab geehrt wurde, teilt ein Brockhaus-Lexikon mit, daß er »als Feldherr ohne Genialität, schwer von Entschluß, aber zähe im Durchhalten« gewesen sei. Seine Karriere erhielt nur einmal kurzzeitig einen Knick, als er 1858 in Ungnade fiel, weil er sich gegen den ehrwürdigen preußischen Parade- und Gamaschendienst ausgesprochen hatte. Dahinter verbarg sich der berüchtigte ganzjährige Kasernenhofdrill, den selbst ein konservativer Preuße wie er als militärisch sinnlose Menschenschinderei ansehen mußte. Die Verleihung von Marschallstäben läßt sich in einer Reihe von europäischen Armeen bis ins 17. Jahrhundert zurückverfolgen. Preußen hielt sich bei diesen besonders exklusiven militärischen Ehrungen lange zurück. Den ersten Marschallstab der preußischen Geschichte verlieh König Friedrich Wilhelm IV. am 10. Juni 1857 an Generalfeldmarschall Graf von Wrangel. Ein fast schmuckloser, mit rotem Samt bezogener Stab, den prachtvollen späteren Exemplaren nur in der Länge überlegen.

Der vor Metz an den Prinzen Friedrich Carl verliehene Marschallstab ist der zweite in der Ära der preußischen Militärs, 47,5 Zentimeter lang, ein Kilogramm schwer. Zu tragen war das kostbar geschmückte und durch den blauen Samtbezug sehr empfindliche Stück nur bei Paraden und ähnlichen Anlässen. Im Alltag reichte als Rangabzeichen ein strapazierfähiger hölzerner Stab mit flüchtig geschnitzten Knäufen.

An jenem 2. Oktober vor 120 Jahren erhielt diese Auszeichnung auch sein Cousin Friedrich Wilhelm, der rangniedere Kronprinz und spätere 99-Tage-Kaiser Friedrich III. Die Stäbe sind nahezu identisch. Ein kleiner Unterschied macht beide zum Unikat: Auf der Umschrift auf einer der beiden Hülsen ist in erhabenen Buchstaben der Name des Trägers zu lesen.

Der Marschallstab des Kronprinzen Friedrich Wilhelm liegt in einer Vitrine des Dresdner Armeemuseums, eine Dauerleihgabe des Museums für Deutsche Geschichte. Der Stab des Prinzen Friedrich Carl kommt unter der Nummer 2881 in der 17. Auktion des Münchener Auktionshauses Hermann Historica OHG, angesetzt für den 6./7. November 1987, unter den Hammer. Im Katalog wird er mit Sachkunde beschrieben: »Ein hohlgetriebener, massiv silberner Stab mit geschraubten Enden. Blauer, ergänzter Samtbezug. Abwechselnd in 4 Reihen aufgelegt die Silber vergoldeten preußischen Adler und Kronen... Am oberen Ende aufgeschraubt, befindet sich der massiv silberne, vergoldete und emaillierte Knauf mit dem restaurierten preußischen Adler und der profilierten Dedikation ›König Wilhelm dem Prinzen Friedrich Carl von Preussen‹... Die Goldschmiedearbeit ist hervorragend ausgeführt und unterscheidet sich, bedingt durch die frühe Verleihung, wesentlich von den nach 1900 verliehenen Stäben... Der Stab entspricht hiermit dem Marschallstab des Kaisers Wilhelm II., ausgestellt im Museum für Deutsche Geschichte, Berlin.«[6]

Das Auktionshaus hat seinen Sitz im vierten Stock eines Hauses in der Münchener Maximilianstraße. Franz Hermann, einer der drei Gesellschafter, antwortet auf die Frage nach dem Rang seines auf Militaria spezialisierten Auktionshauses ohne falsche Zurückhaltung: »Sie werden kein größeres Haus in der Welt finden...«

Aus diesem Grunde landen viele der besten Stücke in der Maximilianstraße 32. Als gute Adresse für Militaria war die Hermann Historica OHG auch immer wieder im Umkreis der Mühlenbecker Kunst & Antiquitäten GmbH genannt worden. Franz Hermann schließt nicht aus, daß über Strohmänner manches Stück in die Auktionen lanciert wurde, aber direkte Geschäfte oder auch nur Kontakte, die habe es mit der Mühlenbecker GmbH »nie gegeben«. Nach kurzem Blättern in den Ergebnislisten findet er die erlöste Summe: Nummer 2881 wechselte für 80.000 DM den Besitzer. Zur Herkunft und zum jetzigen Eigentümer des Marschallstabes: »Das darf ich nicht, aber das will ich auch nicht sagen.«

In der kleinen Welt der DDR-Sammler von Militaria wird erzählt, daß der Stab des Prinzen Friedrich Carl Ende der 60er Jahre unter allem möglichen Gerümpel auf dem Dachboden eines Hauses in Mecklenburg gefunden worden sei. Niemand wußte damit etwas anzufangen. Ein herbeigeeilter Nachbar, ein früherer Postangestellter, soll das Ding zur allgemeinen Zufriedenheit als eine Art »Postrohr« definiert haben.

Wie der Stab des Prinzen Friedrich Carl auf jenem unbekannten Dachboden ins Gerümpel gekommen sein mag, das ist unschwer zu erraten. Viele mecklenburgische Gutshäuser standen am Kriegsende Plünderern offen. Manches Stück verschwand in private Taschen, wurde erst versteckt und geriet dann mit der Zeit in Vergessenheit. Anfang der 30er Jahre sollen die Hohenzollern kleinere Teile des Familienerbes verkauft haben; möglicherweise geriet dabei der Marschallstab des Prinzen Friedrich Carl in den Besitz eines patriotisch gesinnten mecklenburgischen Gutsherren. Der erste nachweisbare Besitzer, der Militaria-Sammler St., will das Stück im Jahre 1977 von einem Studienfreund erhalten haben. Beide leben nicht mehr; deshalb wird die Legende vom »Postrohr« nur noch schwer aufzuklären sein. Von St. erwirbt im Jahre 1986 der Dachdeckermeister Wolfgang B. aus Neubrandenburg den Stab. Dieser Wolfgang B. ist seit 1968 ein leidenschaftlicher und fachlich erfahrener Militaria-Sammler. Dennoch hat er, wie er Anfang 1990 bei einem polizeilichen Verhör zu Protokoll gibt, den historischen und materiellen Wert des Marschallstabes nicht erkannt. Er sieht ihn »nur als Tauschobjekt« an.

Von Wolfgang B. wissen auch die Berufssammler in den Museen, daß er oft und gern tauscht. Er schreibt an das Armeemuseum und das Museum für Deutsche Geschichte. Zunächst fragt er ziemlich lapidar an, ob an einem Marschallstab des Prinzen Friedrich Carl Interesse bestünde. Konkrete Tauschwünsche nennt er erst im zweiten Brief an das Haus Unter den Linden am 17. Januar 1987. Mit dem geforderten kompletten Küraß der preußischen Gardekürassiere (Vorder- und Rückseite mit aufgelegtem Ringkragen), einem Schuppenkettenriemen für Helme der Gardekürassiere und der Krone für einen Paradeadler will er offenbar eine Uniform seiner Sammlung vervollständigen. Der gesamte Wert des erwarteten Äquivalents liegt zur damaligen Zeit auf dem geschlossenen DDR-Markt knapp unter 5.000 Mark. Das Museum kann nur mit der gesuchten Krone für den Helm nicht dienen und bittet um einen anderen Tauschwunsch für dieses Stück.

Dem Dachdeckermeister B. ist aber inzwischen ein Sammlerfreund aus Osterburg, Frank K., begegnet, der einen Mannschaftsküraß der Gardekürassiere abgeben kann und schneller schaltet als die zögerlichen Museen. Frank K. hat den Marschallstab bis zum 23. Juni 1987. An diesem Tag wechselt er für 8.000 Mark in den Besitz von Norbert M. in Dobbrun über. Das Datum ist bemerkenswert, denn nur einen Tag später liefert Norbert M. laut handgeschriebenem Tauschvertrag einen »de. Marschallstab« an einen Herrn Josef K. Erhalten hat er dafür »3 Säbel, 1 Helm, 1 Ring sowie andere Gegenstände, welche Eigentum des Herrn K. waren (Schmuck)«.

Herr Josef K. hat als Bereichsleiter und Aufkäufer des VEB (K) Antikhandel Pirna in den Nordbezirken gearbeitet und kennt sich sehr gut in dem Geschäft mit den schönen, seltenen und teuren Erbstücken aus. Und er weiß von den besonderen Vorlieben der devisenhungrigen Mühlenbekker Antiquitätenexporteure. Bei der Transaktion in der Gaststätte von Dobbrun soll bereits Jörg I., der Militaria-Spezialist der Kunst & Antiquitäten GmbH, dabeigesessen haben. Der studierte Militärhistoriker I. leitete in der GmbH das lukrative Geschäft mit Militaria. Mit seiner fachlichen Kompetenz kann er genau beurteilen, welchen Rang das Stück hat, das seinem Unternehmer hier in die Hände gefallen war.

Der Besitzer Josef K. liefert den Marschallstab des Prinzen Friedrich Carl auf der Basis eines AT-Vertrages an die Kunst & Antiquitäten GmbH.

AT: Das ist ein bemerkenswert phantasieloses Kürzel für ein phantastisches Mittel zur Beschaffung hochwertiger Antiquitäten-Autotausch. Suche Barocksekretär, Brandenburgische Gläser und altes Meißner, biete Golf, Mercedes oder Volvo. Innerhalb der geschlossenen Gesellschaft zählte für gutbuchte Leute die schwache DDR-Mark immer weniger. Und je länger die Wartezeiten für die einheimischen Wartburgs oder Trabants wurden, desto magischer zogen die AT-Angebote der Zauberer von Mühlenbeck an. Generaldirektor Joachim Farken konnte seinem Chef Manfred Seidel, dem Stellvertreter von Schalck-Golodkowski, Jahr für Jahr bestaunenswerte AT-Bilanzen vorlegen...

Josef K. bekommt für den Marschallstab, den er in der Gaststätte von Dobbrun eingetauscht hat, den gewünschten Lada-Kombi (sandfarben/hell) und einen zweiten Lada für ein Mitglied seiner Familie.

Als der Marschallstab des Prinzen Friedrich Carl im Herbst 1987 in einer farbigen Anzeige der Zeitschrift »Weltkunst« erscheint, erhält das Münchener Auktionshaus Hermann Historica Post aus Bremen. Im Namen der »Generalverwaltung des vormals regierenden preußischen Königshauses« bittet ein Rechtsanwalt um nähere Informationen zur Herkunft des Kleinods. Verständlich, denn für das Haus Hohenzollern ist der »militärhistorische Sachzeuge« so etwas wie ein Familienerbstück.

Der Brief aus Bremen, nicht mehr als eine freundschaftliche Anfrage, mit einem beigelegten Scheck über 25 DM für den Auktionskatalog, löst hektische Aktivitäten aus.

Als erstes wird der Marschallstab zur Kunst & Antiquitäten GmbH zurückbeordert. Nach München war er laut Ausfuhrmeldung vom 29. Juni 1987 direkt von Mühlenbeck geschickt worden. Auf diesem Papier taucht als Käufer die Westberliner Firma Wiegand-Consulting GmbH (WiCon) auf. Die hatte bekanntlich aufs engste mit der Mühlenbecker GmbH zusammengearbeitet. Über WiCon, in einer idyllischen Straße am Grunewald ansässig, ließ Generaldirektor Farken einen großen Teil seiner Militaria-Geschäfte abwickeln. Am 9. Juni jenes Jahres 87 vereinbarten beide Firmen beispielsweise eine »Lieferung von Orden, Ehrenzeichen gem. Spezifikation des Einzelabrufs bis zu 500.000 DM«. Per Vorauskasse von WiCon war Zahlung auf das Konto der Mühlenbecker bei der Deutschen Außenhandels AG zu leisten. Außer dem Marschallstab hatte die Westberliner Firma für die Novemberauktion auch einen Radschloßpuffer, eine Pistole der Trabanten-Leibgarde aus der Regierungszeit des sächsischen Kurfürsten Christian II. (1591-1611), für 12.000 DM und einen seltenen Orden von Mecklenburg-Schwerin aus dem 19. Jahrhundert für 6.000 DM geliefert. Für diese drei Positionen forderte WiCon im Auftrag der Kunst & Antiquitäten GmbH die unbedingte Einhaltung der vorgegebenen Preislimite.

Wie der offiziell in die DDR zurückgekehrte »militärhistorische Sachzeuge« dennoch bei Hermann Historica unter den Hammer kommen konnte, darüber gibt es nur Mutmaßungen. Wahrscheinlich reiste er im Diplomatenkoffer eines Herrn, der lästige Zöllner nicht zu fürchten hatte. Eine Aktennotiz, in Mühlenbeck gefunden, läßt ahnen, was geschehen sein kann.

WiCon übernimmt den Marschallstab des Prinzen Friedrich Carl noch einmal, und zwar für eine Nachauktion am Sonntag nach der offiziellen 17. Auktion von Hermann Historica, veranstaltet im Kreis von fünf Interessenten. Die Weichen zum solcherart geplanten Abschluß des Unternehmens soll der Mühlenbecker Generaldirektor Farken am 3. November persönlich in Bayerns Hauptstadt gestellt haben.

Von einem außergewöhnlichen Verfahren bei der Versteigerung der Nummer 2881 hat der befragte Gesellschafter des international renommierten Auktionshauses in der Maximilianstraße 32 allerdings nichts erwähnt. Diskretion gehörte stets zum guten Stil der deutsch-deutschen Geschäfte mit den alten, den schönen und seltenen Dingen des Lebens. Das Geschäft mit Militaria aus der Zeit des III. Reiches betreibt die Kunst & Antiquitäten GmbH erst relativ spät, seit Mitte der 8oer Jahre, in größerem Stil. Wahrscheinlich mußte hier sogar bei einem Unternehmen dieser Art eine Schmerzgrenze überwunden werden.

Dafür spricht die bis zuletzt strikt waltende Geheimniskrämerei beim Ankauf, dem Transport, der Lagerung und dem Vertrieb aller materiellen Zeugnisse des deutschen Faschismus und der Hitler-Armee. Nur ein kleiner Personenkreis in der Zentrale der GmbH wußte Genaueres über das anrüchige Geschäft, denn der Handel mit Ritterkreuzen oder Goldenen Parteiabzeichen stand nach allgemeiner Auffassung auch unter Strafe. Hier wurde allerdings so genau nicht nachgefragt: Das einzige eindeutige Handelsverbot stammte nämlich aus den Frühzeiten der DDR, formuliert von einem Handelsminister für den Bereich seines Ministeriums. Eine strafrechtliche Verfolgung wäre nur über den Paragraphen 220, Absatz 3, des Strafgesetzbuches möglich gewesen, der neofaschistische Aktivitäten verbietet.

Trotz solch diffuser Rechtslage war es beispielsweise allen Museen der DDR, die Geschichtsmuseen eingeschlossen, strikt verboten, materielle Zeugnisse aus den Jahren von 1933 bis Kriegsende aufzukaufen. Die Mitarbeiter waren von ihren Leitungen offiziell verpflichtet, selbst zufällige Angebote von Bürgern aus deren Privatbesitz bei der Kriminalpolizei anzuzeigen.

Die Scheu vor allem, was aus der Zeit des deutschen Faschismus stammt, hätte bei der Liquidation der Mühlenbecker GmbH im Februar 1990 fast zur staatsanwaltschaftlich angeordneten Vernichtung des Inhalts von acht randvoll gefüllten Kisten geführt. Es handelte sich um Militaria im klassischen Sinne (Ehrenzeichen, Effekten, Ehrenwaffen etc.), um militärisches Spielzeug wie Zinnsoldaten, um Bücher, Bildbände, Plastiken und unterschiedlichste Objekte mit nationalsozialistischer Symbolik – einschließlich eines Nachttopfes mit Hakenkreuz. Glanzstück des zutage geförderten Sammelsuriums war eines der seltenen Mutterkreuze in Gold, mit dem der Führer deutsche Frauen nach dem achten, ihm geschenkten Kind ehren ließ. Mit einiger Mühe erreichten die eingesetzten Gutachter unter Hinweis auf die »Verordnung über den Staatlichen Museumsfonds der Deutschen Demokratischen Republik«, daß die Kisten Mitte März entschädigungslos ins Museum für Deutsche Geschichte kamen und nicht in den Reißwolf oder den Hochofen. Auch hier wollten die Rechtsnachfolger der GmbH noch kassieren, denn für einige dieser Objekte sind aus den Akten die Ankaufpreise nachweisbar.

Der Handel mit faschistischen Symbolen ist in der Bundesrepublik nicht verboten, unterliegt aber klaren Beschränkungen. Militariahändler dürfen Hakenkreuzfahnen oder Ritterkreuze beispielsweise nicht in den Schaufenstern zeigen, und innerhalb eines Geschäftes muß für solche Objekte ein gesonderter Raum zur Verfügung gehalten werden. Mit Verweis auf das Strafgesetzbuch (Paragraph 86 a) druckt das Militariahaus Hermann Historica OHG in den Katalog eine Art Verpflichtungserklärung ihrer Kunden ab. »Solange Kataloginhaber, Auktionsteilnehmer und Bieter sich nicht gegenteilig äußern«, heißt es darin, »versichern sie, daß sie den Katalog und die darin abgebildeten Gegenstände des III. Reiches nur zu Zwecken der staatsbürgerlichen Aufklärung, der Abwehr verfassungswidriger Bestrebungen, der Kunst oder der Wissenschaft, der Forschung oder der Lehre, der Berichterstattung über Vorgänge des Zeitgeschehens oder der Geschichte oder ähnlichen Zwecken erwerben.« Besonders zahlreich dürften auch unter den Kunden dieses Hauses die Interessenten mit »ähnlichen Zwecken« sein, denn damit lassen sich wohl am ehesten die unterschiedlichsten Sammlerleidenschaften zusammenfassen.

Im Katalog zur 21. Auktion vom November 1989 bietet Hermann Historica beispielsweise von rund 5.000 Positionen über 3.000 aus der Zeit des Faschismus an. Die Palette reicht von Zeichnungen des verhinderten Kunstmalers Adolf Hitler — eine 9 x 13,5 cm große Karikatur erlöste immerhin 5.500 DM! — bis zu einem kompletten Sturmbootmotor in der Ausfertigung für mittlere Boote (1.200 DM) und Kragenspiegeln aller Waffengattungen.

Wieviel von der Kunst & Antiquitäten GmbH an Massenware in die spezialisierten Londoner oder in die bundesdeutschen Auktionshäuser und zu den Militaria-Großhändlern gewandert ist, das läßt sich kaum noch feststellen. Aber bis in die achtziger Jahre hinein müssen auf dem Territorium der DDR große Bestände der Wehrmachtslager existiert haben, aus denen zum Teil hervorragend erhaltene Schützenschnüre, Koppelschnallen und Rangabzeichen auch auf den illegalen einheimischen Markt sickerten. Der Erhaltungsgrad war so außergewöhnlich gut, daß organisierte Militaria-Sammler eine wissenschaftliche Untersuchung veranlaßten, um den Verdacht massenhafter Neuproduktionen zu prüfen. Zu aller Erstaunen erwiesen sich dabei die geprüften Effekten als echt.

Und weil in einem Staat wie der DDR ohne Kenntnis der Staatssicherheit kein altes Lager über vierzig Jahre hätte bestehen und kein neues hätte entdeckt werden können, war allen Beteiligten klar, wer die Schlüssel besaß und die Weichen stellte. Getreu dem Befehl 14/83 haben die Mitarbeiter der Arbeitsgruppe »Bereich Kommerzielle Koordinierung« (BKK) im MfS wohl auch hier im »Zusammenwirken der operative Diensteinheiten« die Geschäfte der Kunst & Antiquitäten GmbH auf angemessene Weise unterstützen lassen. In das nahezu lückenlose System der Beschaffung von devisenversprechenden Stücken für die Kunst & Antiquitäten GmbH wurde auf diesem speziellen Gebiet selbst der Munitionsbergungsdienst einbezogen. Nach Funden von Waffen, Granaten oder Patronengurten erschienen nicht nur die Sprengmeister, sondern wenig später auch die pflichtgemäß benachrichtigten Schatzsucher des MfS.

Auf den Schlachtfeldern im Raum Halbe/Teupitz spürten Mitarbeiter des Munitionsbergungsdienstes Halbe Mitte der achtziger Jahre die Stabskiste eines SS-Regimentes mit Personalpapieren, Befehlen und hochkarätigen Auszeichnungen auf. Um den Inhalt bemühte sich das Dresdner Armeemuseum, aber selbst die obersten Dienstherren der Militärhistoriker im Verteidigungsministerium konnten dem MfS den kassierten Fund nicht mehr abnehmen. Denn auf dem bundesdeutschen Markt ließ sich für hartes Geld aus einer solchen Stabskiste alles losschlagen: von den Soldbüchern der Gefallenen bis zur Dienstschreibmaschine mit dem Runenzeichen der SS auf der Tastatur.

Nicht immer führte der Abfluß von Militaria aus dem III. Reich an den Geschichtsmuseen vorbei. Im Jahre 1988 schloß das Dresdner Armeemuseum mit Mühlenbeck einen offiziellen Tauschvertrag ab. Auf der Basis dieses Vertrages lieferte das Museum für den Export unter anderem aus einem aufgekauften Park von Militärfahrzeugen ein Sanitätsauto aus dem II. Weltkrieg im Austausch gegen Orden und Prunkwaffen. Der Sanka hatte seinem einstigen Besitzer übrigens manche Mark als Darsteller in den berühmten antifaschistischen Kriegsfilmen der DEFA verdient...

Die politische Wende in der DDR wendet auch für das Museum im alten sächsischen Arsenalhauptgebäude in Dresden-Neustadt nahezu alles. Getauscht wird jetzt nicht mehr auf der Basis erpresserischer Zwänge mit einem kommerziellen Partner, sondern auf die für Museen international übliche Weise. Aus der Erbmasse der Nationalen Volksarmee der DDR wird das Museum Wiener-Neustadt noch 1990 eine ausgediente MIG 21 erhalten. Im Gegenzug kommt dafür Militärtechnik aus dem II. Weltkrieg nach Dresden.

Nashorntrophäen

Auch bei der Kunst & Antiquitäten GmbH lief trotz aller fördernder Hilfe nichts im Selbstlauf. Er hoffe, schreibt Generaldirektor Joachim Farken in seinem Brief vom 4. April 1989 an einen stellvertretenden Minister, mit den neuen Vereinbarungen »werden Voraussetzungen für eine Vertiefung der Zusammenarbeit geschaffen.«

Adressat ist Professor Garscha, der zuständige Mann für Ökonomie im Ministerium für Hoch- und Fachschulwesen, und bei den geschäftsfördernden »Voraussetzungen« handelt es sich um den neu ausgehandelten Devisenanteil von 50 Prozent. Bis dahin war ein Vertrag vom 9. Juli 1985 gültig, der dem Ministerium nur 30 Prozent zugebilligt hatte. Vermerkt wurde bereits, daß eine Verständigungsrunde zu diesem Papier am 6. November stattfand, also während der politischen Zeitenwende in der DDR, von der dann auch die Geschäfte der Kunst & Antiquitäten GmbH beendet wurden. Das Ministerium für Hoch- und Fachschulwesen war für Generaldirektor Farken nicht irgendein Partner, denn zu dessen Bereich gehörten 14 direkt unterstellte Museen, die mit ihren Sammlungen und Depots geradezu unerschöpfliche Devisenvorräte boten.

Interessante Ware hätte sich im Mathematisch-Physikalischen Salon in Dresden und selbst in fünf Ur- und Frühgeschichtlichen Museen der DDR finden lassen. Auf dem internationalen Markt waren nicht nur Antiquitäten und Kunstwerke lukrative Handelsobjekte, sondern auch sogenannte Sammlungsstücke, also Gegenstände von geschichtlichem, archäologischem, paläontologischem oder völkerkundlichem Wert. Überliefert ist das Interesse an »überzähligen« Masai-Speeren im Leipziger Völkerkundemuseum und an den attraktivsten Stücken der Mineraliensammlung in der Bergakademie Freiberg. Manche der zum Bereich des Hochschulministeriums zählenden 120 Sammlungen waren öffentlich nur wenig bekannt und schienen daher ein besonders günstiges Feld für Wildereien zu sein.

Wer hätte sich schon darum geschert, wenn die Forschungsbibliothek Gotha, die die bedeutendste Sammlung von Schriften des 15. Jahrhunderts und von frühen Drucken im östlichen Teil Deutschlands besitzt, um einen Bruchteil ihrer Bestände erleichtert worden wäre? Eher wäre schon aufgefallen, wenn die Universität Leipzig, einem inoffiziell unterbreiteten Vorschlag folgend, eine ihrer zwei Gutenberg-Bibeln zum Verkauf freigegeben hätte. Diese Idee klang verlockend: die bald 450jährige Universitätsbibliothek hätte mit dem Devisenanteil alle ihre Bauprobleme lösen können. Aber auch im Bereich dieses Vertragspartners stießen die Männer der Kunst & Antiquitäten GmbH immer wieder auf ein schwer überwindbares Hindernis: auf die Mentalität von Sammlern, deren Beruf das Bewahren ist.

Beim mehrfachen Besitz einzelner Stücke tauschte das Leipziger Völkerkundemuseum beispielsweise lieber mit dem fernen New Yorker Kunsthändler Everett Sammlungsstücke aus, als Masai-Speere gegen Devisen an Mühlenbeck zu verlieren. Auf die Suche nach verhökerbarem Museumsgut hatte sich in spezialisierten Sammlungen, die dem Ministerium für Hoch- und Fachschulwesen zugerechnet wurden, ein Dr. F.

gemacht, ein freiberuflicher Aufkäufer des VEB (K) Antikhandel. Mit der Vereinbarung von 1985 zwischen dem Staatssekretär Schalck und dem Minister Professor Dr. hc. Böhme drohte er beispielsweise im Dresdner Museum für Mineralogie und Geologie. In der Bergakademie Freiberg trat er so unverschämt auf, daß ihn der Direktor der Mineraliensammlung hinauswarf.

Dieser Dr. F. leitete im Berliner Naturkundemuseum im Jahre 1986 einen Deal ein, der rund acht Millionen Valutamark einbringen sollte.

Hintergrund dieses Geschäfts ist der in Ostasien weitverbreitete Glaube an die potenzstärkende Kraft des gewaltigen Horns, das die Nashörner vor sich her tragen. Die Hoffnung der Männer in Japan oder Taiwan auf einen »dritten Frühling« hat die Gattung der Rhinozerosse an den Rand des Aussterbens gebracht. Für ein einziges Kilogramm der Trophäen von Spitz- und Breitmaulnashörnern werden auf dem Schwarzmarkt von Produzenten solcher Aphrodisiaka 20.000 Dollar gezahlt. Jeder dort umgesetzte Dollar heizt die Jagd aufs neue an. Selbst in den Schutzgebieten Ostafrikas sind die letzten Überlebenden dieser Tiergattung vor den Banden der Wilderer nicht sicher. Das 1973 geschlossene Washingtoner Artenschutzübereinkommen CITES bezieht in den Kreis der gefährdeten Tiere das Nashorn ein. Nach diesem Abkommen ist der Handel mit bedrohten Pflanzen- und Tierarten, einschließlich ihrer Produkte, streng verboten. Für Ausnahmen sind Export- und Importgenehmigungen der beteiligten Staaten erforderlich.

Im Berliner Naturkundemuseum lagerten noch seit der Kaiserzeit neben anderen Jagdtrophäen aus den deutschen Kolonien 98 Nasenhörner. Sie waren wissenschaftlich wertlos, weil jegliche Angabe über Standort, Alter oder Art fehlte. Museumsdirektor Barthel, wie seine anderen Kollegen durch die Vereinbarung des Ministers mit Schalck, zur tätigen Unterstützung der Devisengeschäfte verpflichtet, sah hier eine gute Chance, die Partie ohne sonderlichen Schaden für sein Haus loszuwerden. Der Aufkäufer Dr. F. durfte daher die von der Kustodin für Säugetiere längst aussortierten Hörner in die Lagerhallen von Mühlenbeck abtransportieren lassen. Wie die Illustrierte »NBI« berichtet hatte, verhielt sich die Kunst & Antiquitäten GmbH in diesem diffizilen Fall (zunächst) außerordentlich korrekt – schließlich gehörte die DDR zu den 96 Unterzeichnerstaaten des Washingtoner Abkommens. Sie fragten also »vorschriftsmäßig« bei der obersten Naturschutzbehörde der DDR an. Generalforstmeister Rudolf Rüthnick, Stellvertreter des Ministers für Land- und Forstwirtschaft, hielt das Geschäft für möglich. Akuter Devisenmangel des Staates – ein hinreichender Grund für solch eine Ausnahmeregelung? Aber die Hornträger sind ja seit Jahrzehnten tot! Auch Dr. Wolfgang Grummt, Sachverständiger für CITES-Angelegenheiten, riet nicht ab.

Die in Ausnahmefällen geforderte Exportgenehmigung beim Handel mit Produkten bedrohter Tiere hatte die Kunst & Antiquitäten GmbH erreicht. Schwierigkeiten tauchten völlig unerwartet im Empfängerland auf: Taiwan verweigerte die Importgenehmigung.

Eine Firma vom Format der Mühlenbecker GmbH konnte sich von solch einem Mißgeschick nicht unterkriegen lassen. In ihrem Haus saß ja eine für Zollprobleme zuständige Vertreterin der KoKo-Zentrale mit ihrem grenzöffnenden Trockensiegel.

Außerdem hatten die Befehle 14/83 und 12/88 von Staatssicherheitschef Mielke alle Bereiche des MfS zur Amtshilfe verpflichtet. Der Leiter der Hauptabteilung VI war »speziell für die Durchsetzung der durch den Bereich verfügten Ausnahmeentscheidungen bei der Kontrolle von Personen, Gütern und Transportmitteln im grenzüberschreitenden Verkehr verantwortlich« gemacht worden. Was im 40. Jahr der DDR zur Lösung des Problems unternommen wurde, das läßt sich der Ausgabe 15/1989 des bundesdeutschen Journals »Wild und Hund« entnehmen. Im Hafen von Rotterdam beschlagnahmten niederländische Zollbeamte eine LKW-Ladung von Nashorntrophäen. Absender war laut Begleitpapieren das Berliner Naturkundemuseum; der Empfänger saß in Taiwan. Ein Fall von staatlich organisiertem Schmuggel, der durch die falsche Etikettierung eine besondere Niedertracht bekommt. Die Kunst & Antiquitäten GmbH war sich ihrer kriminellen Aktion voll bewußt, denn sonst hätte sie nicht das ahnungslose Naturkundemuseum als notfalls haftbar zu machenden Absender deklariert.

Als sich im Dezember 1989 in einem Brief an den Generalforstmeister der DDR die Kustoden des Museums von diesem üblen Geschäft distanzierten, baten sie auch um die Rückführung der Nashorntrophäen an ihr Haus. Bis zum Mai des folgenden Jahres hatte der Rotterdamer Zoll die Beschlagnahme nicht aufgehoben. Nach dem Recht der Europäischen Gemeinschaft hätte der Nashörnerschmuggel aber noch teurer werden können: bis zu 100.000 DM Geldstrafe und Haftstrafen bis zu fünf Jahren.

Ein Geschäft der Kunst & Antiquitäten GmbH mit dem einen der 21 »zentralen Partner«, mit denen sie Vereinbarungen abgeschlossen hatte, war geplatzt. Was alles aus dem Bereich dieses Ministeriums auf den internationalen Markt geworfen werden konnte, war in dem nicht mehr abgeschlossenen Vertrag nachzulesen: Auszusondern waren als potentielle Devisenwerte »Dubletten und ungenutzte Bestände aus Bibliotheken, Nachlässe von Gelehrten, Autographen, Schriften, Sammlungen verschiedenster Art, Mineralien und Fossilien, Originale, Reproduktionen bzw. Repliken alter Geräte, Instrumentarien, Maschinen, Einrichtungen, Lehr- und Anschauungsmittel, Gemälde, Plastiken und sonstige Gegenstände...«

Zu den »Sammlungen verschiedenster Art« werden die 10.000 Plakate der Deutschen Bücherei gerechnet worden sein, die im Jahre 1988 von der Kunst & Antiquitäten GmbH in Devisen für KoKo-Konten verwandelt wurden. Die Plakate sollten einzeln verkauft werden, aber da das Konvolut »relativ billig« zu haben war, entschloß sich der Direktor des Landesarchivs Westberlin zur kompletten Übernahme.

Die Genehmigung für dieses Geschäft dürfte das zuständige Exportbüro des Ministers Professor Dr. hc. Böhme erteilt haben. In solchen Fällen wurde die Kulturgutschutzkommission des Kulturministers sicherlich selten gefragt.

Griff in Museumsdepots

Kleinere Museen der DDR wurden schon in den sechziger Jahren genötigt, aus ihren Beständen Kunst zum Verkauf freizugeben. Geredet wird darüber nur ungern von den Beteiligten, denn sie beugten sich einem Druck, dem aus heutiger Sicht vielleicht zu widerstehen gewesen wäre. In einigen Fällen wurden solche »Aussonderungen« unter dem Vorwand von Profilbereinigungen vorbereitet: Kunstwerke reisten von Museum zu Museum, bis sie einen Grad an Anonymität erreicht hatten, der die Übergabe des ungewollten Besitzes an Außenhändler zur bloßen Formalität werden ließ.

Auf Anfragen an Museumsdirektoren antwortete unter anderen der Leiter des Stadt- und Kreismuseums Meißen Horst Blawitzki. Sein Brief dokumentiert die Technologie des Griffs in die Museumsdepots: »Zur Angelegenheit: Verbleib der Bilder aus dem Stadt- und Kreismuseum Meißen.

Auf Grund der Ratsbeschlüsse des Stadtrates zu Meißen 1960 und 1965 mußten sowohl Holzplastiken aus der Otto- und Emma-Horn-Stiftung als auch Gemälde derselben Stiftung, aus der Stiftung Conrad Kürtz, aus der sogenannten Schloßbergung und Bodenreform sowie der Sammlung des Meißner Geschichtsvereins aus dem Stadt- und Kreismuseum herausgenommen und an die Albrechtsburg übergeben werden. Es handelte sich um einige hundert Exemplare. Hier lag bereits eine Art Zwang vor, weil der damalige Stadtrat der Auffassung war, daß in ein ›sozialistisches‹ Museum keine Ahnengalerie von Adligen und Bürgerlichen gehört. Diese Geschichtszeugnisse verschwanden für Jahre im Depot der Albrechtsburg, und die Öffentlichkeit hatte zu diesen Kunstwerken keinen Zugang mehr.

Im Zuge der Profilierung und der damit angestrebten Profilbereinigung waren die Museen aufgefordert, Exponate, die nicht zum Sammlungsprofil des jeweiligen Museums gehörten, an Interessenten abzugeben. Vom Rat des Bezirkes Dresden, Abteilung Kultur, wurde in diesem Zusammenhang eine Broschüre ›Abgabe- und Tauschangebote von Exponaten des Bezirkes Dresden 1986‹ herausgegeben. Darin heißt es u. a. im § 10(4): ›Zur Durchsetzung kulturpolitischer oder wissenschaftlich notwendiger Maßnahmen kann eine unentgeltliche Übertragung von musealen Objekten oder Sammlungen entsprechend dem bestätigten Profil der Einrichtung zwischen Museen der DDR erfolgen.‹ In dieser Broschüre wurden 127 Bilder von der Albrechtsburg zur Abgabe angeboten. Meine Bemühungen, die ich bereits seit Aufnahme meiner Tätigkeit als Museumsdirektor 1978 angestrengt hatte, die Bilder für das Stadt- und Kreismuseum Meißen zurückzubekommen, scheiterten immer wieder, bis es mir endlich im Januar 1988 gelang, wenigstens einen geringen Teil der Bilder rückführen zu können.

Zu Ihrer Information sei gesagt, daß die Bilder aus der Otto- und Emma-Horn-Stiftung testamentarisch dem damaligen Haus der Heimat (jetzt Stadt- und Kreismuseum) übereignet wurden. Der Erblasser, Weingroßhändler Otto Horn, hatte großes Interesse daran, daß nach seinem Tode, er starb im Mai 1945, seine Sammlung im Museum der Öffentlichkeit in Meißen zugängig gemacht werden sollte. Von der Albrechtsburg wurden an die Staatlichen Kunstsammlungen im Februar 1988 insgesamt 548 Bilder (alle ehemals Eigentum des Stadt- und Kreismuseums Meißen) übergeben. Dies geschah also im Zuge der sogenannten Profilbereinigung.

Im Juli 1989 durch Dr. Marx, Staatliche Kunstsammlungen Dresden, aufmerksam gemacht, erfuhr ich, daß Bilder zum Verkauf an die Antiquitäten GmbH Mühlenbeck in der Restaurierungswerkstatt der Kunstsammlungen vorbereitet werden. Daraufhin hatte ich Rücksprache mit dem damaligen Generaldirektor, Prof. Dr. M. Bachmann. Auf mein Drängen hin konnte ich zunächst beim Generaldirektor erreichen, daß die weiteren Vorbereitungsarbeiten für den Verkauf der Meißner Bilder eingestellt wurden, einige waren zu diesem Zeitpunkt bereits abtransportiert. Inzwischen habe ich mich an den neuen Generaldirektor der Staatlichen Kunstsammlungen Dresden, Dr. Schmidt, mit dem gleichen Anliegen gewandt und hoffe nun auf eine endgültige Klärung.

Soweit die Information zu diesem Vorgang.

Zum Gesamtwert der Bilder kann ich Ihnen leider keinen Überblick geben, nur insoweit, daß sie für das Meißner Stadt- und Kreismuseum im Zusammenhang mit der Territorial- und Kunstgeschichte sehr wertvoll sind, zumal sich darunter Werke von William Baring, Paul Kretzschmar, Rudolf Bergander, Walter Meinig, Oskar Bluhm, Oskar Zwintscher,

Sascha Schneider, Jutta Damme, Schnorr von Carolsfeld, Erich Fruhnert, Arnulf de Bouche, E. Kolbe und andere befinden.«

Wieviele von den im Februar 1988 von der Albrechtsburg abgeholten 548 Bilder sich unwiederbringlich in Valutamark verwandelt haben, wußte Direktor Blawitzki noch nicht. Die Staatlichen Kunstsammlungen Dresden waren offensichtlich nicht der beste Platz, um Kunstschätze vor dem Zugriff der Kunst & Antiquitäten GmbH zu bewahren. In einem Brief an das Ministerium für Kultur rechnete GmbH-Generaldirektor Farken die jüngsten Ergebnisse seiner langjährigen Zusammenarbeit mit jenem weltberühmten Kunstinstitut ab: »Es erfolgte bisher der Verkauf der mit den Sendungen vom 24.8.1988 und vom 5.1.1989 übernommenen Gemälde gemäß Freigabe durch das Ministerium für Kultur der DDR. Das Valutaanrecht beträgt dafür 50 Prozent des realisierten Valutaerlöses, was einem anteiligen Betrag in Höhe von 86 495 Valutamark entspricht.«

Die hier betonte »Freigabe durch das Ministerium für Kultur« erfolgte offenbar bei einem Telefongespräch, das der Generaldirektor am 8. März 1989 mit dem damaligen Staatssekretär Dr. Dietmar Keller führte. Der sorgfältige Farken notierte danach in einem Hausvermerk: »...über die von den Staatlichen Kunstsammlungen zur Verfügung gestellten Bilder kann frei verfügt werden.« Als im Herbst 1989 die Verwicklungen der Staatlichen Kunstsammlungen Dresden in die Devisengeschäfte mit Museumsgut bekannt wurden, leitete die Staatsanwaltschaft gegen ehemalige leitende Mitarbeiter Ermittlungsverfahren wegen des Verdachts der Beihilfe zum Verstoß gegen das Kulturgutschutzgesetz ein. Aber da Mühlenbeck mit ministerieller Genehmigung exportiert hatte, war von einer strafbaren Handlung nicht die Rede und damit nicht von einer zu ahndenden Beihilfe.

Der Bericht der »Kommission zur Untersuchung von Kunstverkäufen der Staatlichen Museen Dresden« vom Februar 1990 schildert, wie in der Grauzone zwischen dem international üblichen Moralkodex der Museen und dem Strafgesetzbuch operiert wurde: »Geschäftliche Verbindungen zwischen den SKD (den Staatlichen Sammlungen Dresden) und K & A (Kunst & Antiquitäten GmbH) bzw. deren Vorläuferfirmen sind seit Ende der 60er Jahre belegt. Seit dem 1.10.1983 besteht zu den geschäftlichen Beziehungen eine ›Vereinbarung‹ — ›Über die Verwertung von Gegenständen, die für den Export freigegeben sind‹. Unterzeichner dieser Vereinbarung waren der ehemalige Generaldirektor der SKD, Prof. Dr. Manfred Bachmann, sowie der ehemalige Generaldirektor der K & A, Herr Joachim Farken; ihre Zustimmung gaben der damalige Dresdner Oberbürgermeister sowie ein Vertreter des Ministeriums für Außenhandel, Bereich Kommerzielle Koordinierung. Diese Vereinbarung enthält unter anderem präzise finanzielle Regelungen für den Export von Kunstgut sowie Bestimmungen zu dessen Freigabe. Aus den Akten ist ersichtlich, daß bis Mitte des Jahres 1988 an K & A mehrere Nachlässe verschiedener Künstler vollständig oder teilweise zum Verkauf übergeben wurden.

Ebenfalls zum Export überlassen wurde ein bedeutendes Gemälde von Joos de Momper ›Blick auf eine Bucht‹, das von Fachleuten als ›galeriewürdig‹ eingeschätzt wurde. Die SKD hatten das Bild seinerzeit als ›Aufwandsentschädigung‹ für Lager-, Pflege- und Transportkosten aus dem Nachlaß Prof. Hermann Gürtler von der Erbin beansprucht und erhalten. Dem Vorschlag des damaligen Generaldirektors der SKD, Prof. Dr. Bachmann, an die Kulturgutschutzkommission beim Ministerium für Kultur folgend, wurde das Gemälde der K & A zum Verkauf übergeben. Soweit aus den Akten ersichtlich, ist keine Ausnahmegenehmigung für den Export dieses nach dem Gesetz geschützten Kulturgutes der Kategorie I erteilt worden. Der Minister stimmte mit Brief vom 21.10.1983 lediglich der Abgabe ›an eine geeignete staatliche Einrichtung‹ zu… Aus den Akten geht hervor, daß die Praxis der Kunstverkäufe durch die SKD sich seit jener Vereinbarung in den folgenden Jahren kontinuierlich fortsetzte, und zwar unter direkter Beteiligung der Hauptabteilung Planung und Finanzen beim Ministerium für Kultur (MfK), vertreten durch deren Leiter Herbert Micklich. So konnte Herr Micklich auf eine Information des Stellvertretenden Generaldirektors der SKD, Herrn Johannes Winkler, bezüglich der ›Durchsicht von nicht museumsgeeigneten Beständen‹, am 21.1.1988 erwidern: ›Die von Ihnen zu verantwortende Zahlengröße stimmt optimistisch.‹ Das weitere Vorgehen wurde in einer persönlichen Unterredung am 11.8.1988 in Dresden abgestimmt, an der für die SKD der Stellv. Generaldirektor Winkler, für das MfK der Hauptabteilungsleiter Planung und Finanzen, Micklich, für die K & A als hochrangiger Vertreter Dr. Vogel teilnahmen. Während dieser Unterredung wurde durch Herrn Micklich die Vereinbarung zwischen den SKD und K & A vom 1.10.83 für ungültig erklärt, obgleich das MfK dort nicht als Vertragspartner in Erscheinung trat. Über das als ›streng vertraulich‹ bezeichnete Gespräch liegt ein von K & A am 26.8.88 angefertigter Vermerk vor. Darin heißt es: ›Insgesamt sollen etappenweise ca. 4.000 Gemälde, Graphiken oder Zeichnungen für eine vorgesehene Übergabe an den Außenhandelsbetrieb Kunst und Antiquitäten gesichtet werden‹; davon wurden ca. 25 % als verwertbar eingeschätzt. Diese Transaktionen sollten mit der letzten Übergabe am 31.3.1989 abgeschlossen sein, also binnen 7½ Monaten! Als Verantwortlicher werden die SKD genannt; eine Erfüllung elementarer Sorgfaltspflichten, wie sie in Museen üblich sind, ist im Stil dieser Vereinbarung von vornherein ausgeschlossen worden…

Bereits dreizehn Tage nach dieser Absprache, am 24.8.1988, übergab man dem Transporteur der K & A eine erste umfangreiche ›Sendung‹ von

Kunstgut aus dem Depot Pillnitz; es handelte sich immerhin um 241 Gemälde. Nach den uns vorliegenden Protokollen übernahm die Kunst & Antiquitäten GmbH für ihr Lager in Mühlenbeck von August 1988 bis Juni 1989 in vier Transporten insgesamt 668 Gemälde... Alle unmittelbar Beteiligten, deren Kreis bewußt klein gehalten war, hatten Kenntnis davon, daß sie Zuarbeit für Kunstexport leisteten — in einer Weise, die geltenden Gesetzen widersprach.«

Von den letzten beiden Sendungen wurden 298 Gemälde in einer ehemaligen Turnhalle in Mühlenbeck aufgefunden und nach Dresden zurückgeholt. Vielleicht war darunter auch das Werk des Julius Schnorr von Carolsfeld (1794-1872), eines sächsischen Nazareners, das Meißens Museumsdirektor so gern für sein Haus wiedererworben hätte.

Der große Museumsklau, wie er vor der Geburt der Kunst & Antiquitäten GmbH geplant war, konnte verhindert werden. Das Geschäft mit den Museen florierte dennoch.

Im Zusammenhang mit dem Abfluß von Kunst aus den berühmten Dresdner Kunstsammlungen ist der Gerechtigkeit halber auch von einem Zugewinn zu berichten, den das Haus auf der Brühlschen Terrasse der Kunst & Antiquitäten GmbH verdankt. Generaldirektor Farken hatte auf der Münchener Antiquitätenmesse 1988 ein seltenes Stück aus sächsischem Serpentin entdeckt, die »Büste eines römischen Imperators« aus der ersten Hälfte des 17. Jahrhunderts. Vermutlich regte er einen ungenannt bleibenden Sponsoren an, das Stück zu kaufen, der ihn dann beauftragte, die Büste an den Direktor des Grünen Gewölbes Dr. Menzhausen, zu übergeben. Durchgesickert ist, daß es sich bei dem großzügigen Spender um einen Schweizer gehandelt habe. Man geht wohl nicht fehl in der Annahme, daß es nur ein besonders guter Kunde der GmbH gewesen sein kann. Vielleicht Ottokar Hermann, Chef der Intrac S.A. Seine Firma war auch unter den letzten Käufern in Mühlenbeck zu finden.

Möglicherweise meinte Schalck-Golodkowski dieses Beispiel von Mäzenatentum, als er in seiner eingangs zitierten Stellungnahme zur Kunst & Antiquitäten GmbH den »Neukauf wertvoller Kunstgegenstände« hervorhob. Ähnliche Leistungen der Mühlenbecker »Internationalen Gesellschaft für den Export und Import von Kunstgegenständen« für die geplünderten DDR-Museen sind allerdings nicht bekannt geworden.

Widerstand gegen den Ausverkauf

Gegen den Ausverkauf und gegen die permanente Bedrohung durch die Steuerfahndung stimmten nicht wenige ernsthafte Sammler mit den Füßen oder mit ihrem völligen Rückzug aus der Öffentlichkeit ab. Für die in der Pirckheimer-Gesellschaft zusammengeschlossenen Bibliophilen und Grafiksammler wandte sich im Jahr 1986 ihr Vorsitzender, Professor Dr. Wolfram Körner, aus »Sorge um den Bestand der DDR an Kulturgut« an den SED-Chefideologen Hager. Der angesehene Berliner Arzt wollte nicht nur die Geschäfte der Kunst & Antiquitäten GmbH beendet wissen, sondern auch gleich noch die des ungehemmt exportierenden Leipziger Zentralantiquariats. »Es handelt sich um einen Ausverkauf, da ja nichts nachkommt und der Erlös nicht zum Ankauf ähnlicher Dinge verwendet wird. Auch wenn die einzelnen Sachen nicht immer, oder häufig nicht, Kulturgut im Sinne des Kulturgutschutzgesetzes sind, tritt doch mit Sicherheit eine Verarmung im Ganzen ein.«

Der als Sammler erotischer Kunst in weiten Kreisen des Landes bekannte Arzt erhielt niemals eine Antwort. Aber sein Brief hatte offenbar den Empfänger erreicht, denn Professor Körner wurde dazu vom damaligen stellvertretenden Kulturminister Klaus Höpcke befragt.

Einen permanenten und (gezwungenermaßen) variantenreichen Widerstand gegen die staatlich lizensierte Ausplünderung leisteten Mitarbeiter großer Museen. Bedeutende Werke konnten von Kunsthistorikern gerade noch rechtzeitig aus Mühlenbeck herausgeholt werden, und in einigen Fällen waren Museen schneller als die Jäger der GmbH. Im letzten Jahr ihrer Existenz verloren diese beispielsweise an die Nationalgalerie ein bedeutendes Bildnis des Malers Max Liebermann, die Vorstudie zu seinen zwei Porträts des Baron Berger, von denen das eine in Hamburg und das andere in der Dresdner Galerie Neue Meister hängt. Das Werk gehörte zum Nachlaß des schon 1968 gestorbenen Malers Wilhelm Wagner und befand sich bis zu ihrem Tode im Besitz der Witwe.

Die Erbengemeinschaft wurde durch immense Steuerforderungen ausgeplündert, indem Auflagen von Druckgrafik Stück für Stück bewertet wurden: 100 oder 120 Blätter von einem Litho-Stein, bei einem kaum bekannten Mann wie Wagner praktisch unverkäuflich. Mit dem Verkauf an die Nationalgalerie bewahrten die Erben das Werk Max Liebermanns vor der drohenden »Verwertung an Zahlungs Statt.«

Der Abteilungsleiter 19. Jahrhundert in der Nationalgalerie auf der Berliner Museumsinsel, Lothar Brauner, gewann für sein Haus 1983 ein in Mühlenbeck schon vereinnahmtes Bild von Robert Sterl (1867-1932): »An der Wolga«, 1920 gemalt. Für den Kunsthistoriker ist es das schönste der vier Werke Sterls, die sich im Besitz der Galerie befinden. Das erste hatte in den zwanziger Jahren schon der damalige Chef seines Hauses, Geheimrat Justi, gekauft, die anderen Sterls wurden seit 1969 erworben.

Jenes Mühlenbecker Bild galt seit 1945 als verschollen; bis dahin war als Eigentümer des unter Nummer 962 im Werkverzeichnis notierten Gemäldes ein Generaldirektor Dr. Carl Hauboldt aus Chemnitz angegeben. Hauboldt besaß noch einen zweiten, bisher nicht wieder aufgetauchten Sterl mit dem Titel »An der Wolga« aus dem Jahre 1924. Seine künstlerisch außerordentlich ertragreichen fünf Rußlandreisen unternahm der Maler zwischen 1906 und 1914 auf Einladung des Dirigenten Sergej Kussewizki, eines späteren Chefs des Bostoner Symphonieorchesters, den er bei Konzerttourneen entlang der Wolga begleitete. Beide Werke aus der Sammlung von Hauboldt hingen in der Sterl-Ausstellung der Chemnitzer Kunsthütte von 1928.

Die Fassung »An der Wolga« von 1920 wurde zu Beginn der achtziger Jahre Galerieleiter Manfred Schmidt vom Staatlichen Kunsthandel in Berlin angeboten. Schmidt erhielt eine Polaroid-Aufnahme zur Ansicht und suchte sofort den Kontakt zu dem Spezialisten Brauner. Zum vereinbarten Termin erschien der unbekannte Besitzer des Sterl-Bildes nicht; die Spur des lange als verschollen gegoltenen Kunstwerkes schien verloren. In Mühlenbeck aufgespürt und für seine große Robert-Sterl-Ausstellung von 1983/84 herausgeholt wurde es dann von Lothar Brauner, der mit der Polariod-Reproduktion ein Dokument besaß, das einen Verkauf auf einem der üblichen Wege verhindert hatte. Die Kataloge der großen westeuropäischen Auktionshäuser wurden auch auf der Berliner Museumsinsel gelesen. Und dieser Sterl auf dem Kunstmarkt hätte unvermeidlich zu schwer beantwortbaren Fragen geführt.

Ein Äquivalent ließ sich die Nationalgalerie für dieses bedeutende Werk des Spätimpressionisten Sterl ebensowenig abpressen, wie für andere, auf ähnliche Weise aus Mühlenbeck herausgeholte Gemälde. Von der Kulturgutschutzkommission gesperrt wurden zwei als Kulturgut von nationalem Rang eingeordnete Ölgemälde des Zeichners, Malers und Dichters Wilhelm Busch. Es handelte sich um ein »Stilleben« und um die »Zwei Schusterjungen«, auf deren Rückseite Frau L. Nöldeke bestätigt, »daß umseitiges Bild ... von Wilhelm Busch gemalt ist und sich seit dessen Tod in meinem Besitz befunden hat«. Als Museumsbesitz wurden sie bisher nicht registriert, weil die zum Ethos des Berufsstandes gehörende eindeutige Klärung der Eigentumsverhältnisse noch offen ist. In diesen Fällen wurde eine für die Kunst & Antiquitäten GmbH besonders unangenehme

Form des Widerstandes geübt: Die Nationalgalerie und ihr Abteilungsleiter 19. Jahrhundert weigerten sich, für die »aus staatlichem Gewahrsam
befreiten Bilder« (Brauner) die geforderten Äquivalente aus ihren Depots
zum Verkauf auf dem internationalen Kunstmarkt freizugeben. Hier
wurde nicht nach den Spielregeln gespielt, wie sie von der GmbH in ihren
Vereinbarungen mit dem Kulturministerium ausgehandelt worden waren,
nach denen der Schutz von Kulturgut nicht mit dem Verlust von Deviseneinnahmen bezahlt werden durfte.

Solchen mühsam gegen ein staatlich organisiertes Ausplünderungssy-
stem errungenen kleinen Siegen standen ebenso viele Niederlagen gegenüber. Die bundesdeutsche Zeitschrift »Kunst und Antiquitäten« druckte
im Oktober 1985 in ihrem 5. Heft die farbige Reproduktion eines Bildes
des Berliner Malers Eduard Gaertner ab: »Junge Frau im Gewächshaus«
von 1836. In ihrem Kommentar nannte die anerkannte Gaertner-Speziali-
stin Frau Professor Irmgard Wirth aus Westberlin dieses Gemälde eine der
»interessantesten und schönsten Neuentdeckungen«. Von der Existenz
dieses Bildes und von seinem Weg nach Mühlenbeck erfuhr Brauner von
Gewährsleuten, die vermutlich dem Antikhandel Pirna nahestanden.
Seine Forderung nach Herausgabe kam zu spät, denn das Werk war zu diesem Zeitpunkt bereits in Wiesbaden und gelangte über den Kunstmarkt in
Privatbesitz.

Die Herkunft dieses kleinen Kunstwerkes (24 x 30 cm) eines wichtigen
Berliner Malers, von dessen Schaffen in den Museen der DDR nur wenige
Zeugnisse zu finden sind, ließ sich ermitteln. Am 30. Juli 1981 stellte der
Aufkäufer des Antikhandel Herrn Erich E. eine Quittung für die Über-
nahme von zwei Gemälden aus, eines von Gaertner, das andere von Wil-
helm Uhde. Gesamtpreis: 85.000 Mark, bezahlt, wie in solchen Fällen
üblich, mit ungebündelten Zwanzig- und Fünfzigmarkscheinen aus der
Aktentasche.

Der Besitzer trennte sich von den beiden Werken, weil ihm ein Besuch
der Steuerfahndung angekündigt war, denn er hatte dem Leipziger Ver-
steigerungs- und Gebrauchtwarenhaus 23 aus einer Erbschaft stammende
Reiterpistolen zum Kommissionsverkauf überlassen. Und da sie im Zeitraum von zwei Jahren einzeln verkauft wurden, war 23mal der Name Art-
hur E., Halle, in Listen aufgetaucht, in denen auch die Steuerfahndung
nach Adressen suchte.

Ebenfalls am 30. Juli verkaufte er an den Antikhandel aber noch für
15.000 Mark ein zweites Gemälde von Eduard Gaertner, eine signierte,
kaum mehr als postkartengroße Parklandschaft. Vieles spricht dafür, daß
dieses Werk Jahre später, im März 1990, unter dem Titel »Landschaft bei
Potsdam« bei Bolland & Marotz in Bremen unter den Hammer gekommen ist. Schon der im Katalog angesetzte Preis beweist Handschrift eines

Grossisten in Sachen Kunst und Antiquitäten: 1.400 DM. Auf einem solchen Niveau wurden Werke dieses Malers letztmalig Mitte der 30er Jahre gehandelt — ein privater Einlieferer, selbst ein Laie, der gewöhnlich aber nicht zum Auktionator geht, hätte für eine derart niedrige Summe kein Kunstwerk solcher Güte angeboten. Erst bei über 10.000 fiel der Hammer für die »Parklandschaft«.

In Museen der DDR sollte auch eine Schöpfung des Wilhelminischen Hofbildhauers Begas einen Platz finden, die auf Weisung der Kulturgutschutzkommission von Mühlenbeck zur Begutachtung vorgestellt werden mußte: »Kentaur entführt Lapithen« (60 Zentimeter hoch, Zink, galvanisch patiniert). In einem Brief vom 17.10.1988 an die Kunst & Antiquitäten GmbH verzichtete die Nationalgalerie, die über mehrere bedeutende Werke des Bildhauers verfügt, empfahl aber zugleich die Plastik für andere Museen. Der »Kentaur« wird der »Junge(n) Frau im Gewächshaus« gefolgt sein, denn von einem Angebot aus Mühlenbeck war im kleinen Kreis der Skulpturensammlungen nichts zu erfahren.

Im November 1986 hatte sich Galerieleiter Gerhard Glienicke zu einem persönlichen Brief an den DDR-Staatschef Erich Honecker entschlossen, weil er lange selbst gezwungen war, an dem staatlich organisierten Ausverkauf des Landes teilzuhaben. Nach seiner Erfahrung hatte es »einen so umfangreichen, flächendeckend so gut organisierten Verkauf von alten Gegenständen« noch niemals gegeben.

Ein Satz in dem Brief ist so absichtsvoll hineingeschrieben, daß ein sensibler Empfänger wahrscheinlich verstimmt gewesen wäre. »Was nützen uns der Erhalt und der Wiederaufbau repräsentativer Gebäude, wenn die Gegenstände, die sie ausfüllen sollten, langsam verschwinden, wenn wir Gegenstände, die unterschiedlichen Bezug zum Jubiläum unserer Hauptstadt haben, für Devisen verkaufen.«

Knapper hätte aber die Antwort an den Chef der Antiquitätengalerie in der Berliner Friedrichstraße nicht ausfallen können: »Im Auftrag bestätigen wir den Eingang Deines Schreibens, und teilen Dir mit, daß es den zuständigen Stellen zur Kenntnis übergeben wurde.« Unterschrift: H. Ruhmke, Büro Honecker.

Selbst der Verweis auf Honeckers Lieblingsthema in dieser Zeit bewirkte nicht mehr als die Weiterleitung an anonyme Zuständige.

Mit seinen Protesten gegen die Ausplünderung des kulturellen Erbes hatte Gerhard Glienicke aber schon zuvor ein erstaunliches Zugeständnis bei dem stellvertretenden Kulturminister Dr. Dietmar Keller erreicht. Keller sorgte dafür, daß dem widerspenstigen Galerieleiter die Planauflage Export von der Generaldirektion des Staatlichen Kunsthandels gestrichen wurde. Dem genügte jedoch der Erfolg für seine Galerie nicht, denn im »gesamten Umfeld besteht dieses Problem weiter.«

Für die Kunst & Antiquitäten GmbH garantierte der regelmäßige Warenfluß aus den 14 Antiquitätengalerien des Kunsthandels einen Zustrom hochwertiger Stücke, da sich die Exportquoten mit Kuchenformen für 25 Mark oder mit Kommoden für 500 Mark nicht erfüllen ließen. Für die Händler lautete die Planposition: »Warenbereitstellung Export«, und sie entschied wesentlich mit, ob zur Endabrechnung die erwarteten Prämien gezahlt werden konnten oder nicht. Als Gerhard Glienicke 1985 mit ministerieller Zustimmung aus dem Kreis der Zulieferer ausstieg, stockte man den anderen Galerien ihr Pflichtsoll entsprechend auf. In den Jahren, in denen er noch »mitgespielt« hatte, lag sein Exportplan zwischen 325.000 (1980) und 420.000 Mark (1984). Viele Freunde unter seinen Kollegen und Chefs machte Glienicke sich mit seiner Verweigerung nicht. Und er blieb auch der einzige, der solcherart persönliche Konsequenzen aus dem Ausverkauf zog.

Von den vielen vorher an Mühlenbeck verkauften Stücken fand Gerhard Glienicke manche in Auktionskatalogen oder in Angebotskatalogen von Kunsthändlern der Bundesrepublik wieder. Ein Teller aus dem über 2.000teiligen Meißner Schwanenservice z. B., ist vermutlich am 30. März 1987 als Position 169 bei Christie's in London zum Aufruf gekommen. Kaendler und Eberlein hatten das später weltberühmte Service zwischen 1737 und 1741 geschaffen; jedes Teil trägt das charakteristische Reliefdekor und das Wappen der Grafen Brühl-Kolowrat. Glienicke bekam drei solcher Teller mit dem Durchmesser von 23 Zentimetern von einem Privatmann angeboten. Sie stammten aus einer Auslagerung im heutigen Polen und waren nach seiner Ansicht deshalb frei von dem Verdacht, zu den Nachproduktionen des 19. Jahrhunderts zu gehören.

Die Kunst & Antiquitäten GmbH bezahlte für die drei Teller, von denen der eine leicht beschädigt war, 20.000 Mark. Wie das in München erscheinende »Kunstpreisjahrbuch« von 1987 berichtete, wurde ein Teller bei Christie's für 14.300 Pfund, also für über 40.000 DM, zugeschlagen.

Nach seiner Verweigerung verkaufte Galerieleiter Glienicke für rund eine Million Mark an Museen der DDR, darunter Gemälde von Andreas Achenbach, Paul Nash, Christian Rohlfs und Karl Schmidt-Rottluff. Das Kunstgewerbemuseum Köpenick vervollständigte bei ihm seine reiche Jugendstilsammlung. Für Denkmalpfleger lieferte er bis zur Wende wesentliche Teile zur Einrichtung von restaurierten Schlössern. Selbst das Frisörmuseum kaufte in der Friedrichstraße Stücke aus der Alltagskultur. Vom Hintergrund des Unternehmen Kunst & Antiquitäten GmbH, dem er auf so tollkühne Weise in die Quere gekommen war, wußte Gerhard Glienicke bis zum November 1989 nichts. »Ich hatte Glück«, sagt er, »das hätte schlimm für mich ausgehen können.«

Die Rettungsaktion im Erbschaftsfall Schuster/Lehmann wird sicher bei einigen Beteiligten ein Gefühl von Bitterkeit hinterlassen — wenn es rechtens sein wird, daß die Zeichnungen von Caspar David Friedrich, Otto Dix und Käthe Kollwitz, die Kleinplastiken, Miniaturen, Porzellane und Gläser eine innerdeutsche Grenze überschreiten, die es dann nicht mehr gibt. Insgesamt 209 Stücke, als registriertes Kulturgut der oberen Kategorien für die Ausfuhr gesperrt, fanden in der Staatlichen Galerie Moritzburg Unterschlupf. Als Leihgaben der Erbin Jutta Schuster aus K. waren sie in den Räumen des Museums unantastbar. Auch wenn sie den versperrten Weg auf den internationalen Kunstmarkt jetzt gehen sollten, dann nach dem freien Willen ihrer Besitzerin und nicht für die Devisenkonten der Kunst & Antiquitäten GmbH. Der Fall Schuster/Lehmann ist ein Beispiel für Zivilcourage.

Die Erbschaft, die den beiden Schwestern diesseits und jenseits der Grenze zufiel, stammte von einem Arzt aus Halle, der schon früh mit dem Kunstsammeln begonnen hatte. Seine Sammlung wuchs in der Nazizeit, weil er sich, wie Eingeweihte berichten, von seinen jüdischen Patienten die Behandlung mit Miniaturen, Biedermeiergläsern oder Meißner Porzellan aus dem 18. Jahrhundert bezahlen ließ. Der Kampf um den Erhalt der vielen schutzwürdigen Kulturgüter dieser Sammlung setzte Mitte der achtziger Jahre ein. Beteiligte: die Kulturgutschutzkommission der DDR, das Kulturministerium, Fachgutachter, der Direktor der Moritzburg.

Als erstes wurden die Kulturgüter der oberen Kategorien im Besitz der Erbin L. offiziell registriert und waren damit einigermaßen sicher in ihrer Leipziger Wohnung verwahrt. Die Erbin Sch. bekam für Stücke der Kategorie III die Ausfuhrgenehmigung. Für die anderen schloß Dr. Peter Romanus am 9. Juli 1986 einen Leihvertrag für die Moritzburg »auf Grund der Paragraphen 9 und 10 Absatz 4, des Kulturgutschutzgesetzes der DDR« ab. Für den Fall einer nicht genehmigten Ausfuhr von Kulturgütern empfiehlt das Gesetz, »die Leihe, die Verwaltung oder den Kauf des Kulturgutes durch eine geeignete staatliche Einrichtung anzustreben.«

Hintergrund des Rennens um eine möglichst weitgehende Sicherheit für die kostbaren Stücke aus der Erbmasse war wieder einmal die angedrohte Verwertung an Zahlungs Statt. Die zuständige Abteilung Finanzen im Rat des Bezirkes Leipzig hatte eine Erbschaftssteuer in Höhe von rund 1,6 Millionen Mark gefordert. Und dieses Finanzamt war für eine Mühlenbeck-Lösung außerordentlich motiviert, denn im Jahre 1987 hatte die Kunst & Antiquitäten GmbH mit der Abteilung Finanzen beim Rat des Bezirkes Leipzig einen speziellen Vertrag abgeschlossen, gültig zunächst für zwei Jahre. Nach dieser beispiellosen Vereinbarung erhielt der Rat des Bezirkes dreißig Prozent der Devisenerlöse für an Zahlungs Statt in Mühlenbeck verwertete Antiquitäten und Kunstwerke! Solche speziellen Jagdprämien wurden Leipziger Steuerfahndern wohl deshalb zugestanden, weil in ihrer Stadt immer noch mehr zu holen war als in anderen Teilen der ausgeplünderten DDR.[7]

Trotz dieser winkenden 30 Prozent, immerhin rund eine halbe Million Valutamark, sperrte sich das Ratsmitglied für Kultur, Herr Geldner, lange gegen seinen Kollegen, das Ratsmitglied für Finanzen, Grögor. Das Kulturministerium hatte ihn ausdrücklich zur Verteidigung des Kulturgutschutzgesetzes aufgefordert, doch der Widerstand endete, als intern die scharfen Waffen geschwungen wurden. Am 26. Oktober 1988 erfuhr er per Hausmitteilung, daß aus dem zu verwertenden Nachlaß Kulturgüter der unteren Kategorien im Werte von 640.000 Mark herausgeholt worden waren. Aber weil das dem einen Staatsfunktionär nicht genügte, forderte er den anderen Staatsfunktionär gleich noch zur Mithilfe an einem geplanten Gesetzesbruch auf, denn zur »vollen Abdeckung der Steuerschuld macht es sich erforderlich, von diesen Kunstgegenständen, welche sich gegenwärtig als Leihgabe in der Staatlichen Galerie Moritzburg, Halle, befinden, Werte von rd. 1,0 Mio Mark zu pfänden und einer Verwertung zuzuführen.«

Und falls der Kollege Geldner es vergessen haben sollte, steht in diesem Dokument staatlichen Machtmißbrauches weiter, wie das geschehen würde: »Nach den Festlegungen im Informationsmaterial für die Vollstreckung von Geldforderungen der staatlichen Organe und staatlichen Einrichtungen, vom 7.5.1986, des Ministeriums der Finanzen, Staatssekretär Dr. Siegert, sind gepfändete Antiquitäten und sonstiges geschütztes Kulturgut (vgl. 1. DB zum Kulturgutschutzgesetz) der Kunst & Antiquitäten GmbH Mühlenbeck... zum Kauf anzubieten.«

Der Staatssekretär wiederholte hier nur, was längst verbindlich festgelegte Praxis in Steuerverfahren war.

Von den kostbaren Erbstücken des Arztes bekam die GmbH nichts aus dem sicheren Gewahrsam in der Moritzburg heraus. Die Beteiligten widerstanden dem massiven Druck und den offenen Drohungen. Ohne jene Aktionen neben den offiziell zu beschreitenden Amtswegen wäre das Jugendstilglas von Gallé oder der Gebrüder Daum heute nicht im Kunstgewerbemuseum auf der Köpenicker Schloßinsel zu sehen.

Die Geschäfte der Kunst & Antiquitäten GmbH wurden häufig gestört durch Druck auf das Kulturministerium, wenn Museologen den Schutz von Kulturgütern vor dem Ausverkauf forderten. So schrieb zum Beispiel 1982 Dr. Israel vom Museum für Völkerkunde in Dresden zum Fall des Kunsthändlers Meissner: »Aus Erfahrung früherer Jahre — erinnert sei an den Fall der Sammlung Dietel, Erfurt (1977) — sind wir in Sorge, daß wertvolles Kulturgut nicht in die Museen unserer Republik gelangt, wenn nicht von zentralen Stellen aus rechtzeitig die erforderlichen Maßnahmen eingeleitet werden.« Erreicht wurde durch den Einspruch des Völkerkundlers, daß Asiatika und Sammlungsstücke frühkolumbianischer Kunst nicht in Mühlenbeck für den Kunstmarkt verwertet wurden.

Der Kampf um die Respektierung des Kulturgutschutzgesetzes durch die Finanzämter führte im Juni 1989 zu einem Teilerfolg: Den Museen wurde eine Stundung bis zu drei Jahren gewährt, wenn sie Objekte aus Steuerverfahren beanspruchten und nicht sofort bezahlen konnten. Die verbindlichen Vorschriften über das generelle Recht der Mühlenbecker zur Verwertung wurden allerdings nicht aufgehoben...

Öffentlich dagegen demonstriert haben Museologen als berufene Verteidiger gefährdeter Kulturgüter das erste Mal im Januar 1990, als es schon um die Auflösung der Kunst & Antiquitäten GmbH ging. Ihr Widerstand in den Vorwendezeiten folgte den innerhalb des Systems herrschenden Regeln: Ein Totalangriff war nicht zugelassen, denn er hätte auch die angeblichen Ziele des Ausverkaufs in Frage stellen müssen. Doch mit Protesten und Aktionen zeigten die Betroffenen den Tätern immer wieder manche nicht zu überschreitende Grenze auf.

Das Ende

In den Lokalzeitungen der DDR erschienen schon kurz nach dem am 22. November 1989 verkündeten Exportstopp für Kunst und Antiquitäten die ersten Suchanzeigen von Fachhändlern aus der Bundesrepublik und aus Westberlin. Die Gesetze erlaubten noch immer keinen Grenzübertritt für Antiquitäten, aber die Marktlage konnte ja schon sondiert werden. Jene im April in deutsch- deutscher Zollgemeinschaft bei Herleshausen gestellten Antiquitätenschmuggler verdienten ihre Strafe zu Recht: Sie hätten warten können, bis es sie nicht mehr gab, die innerdeutsche Grenze, über die der zweite deutsche Staat siebzehn Jahre lang von der Kunst & Antiquitäten GmbH ausgeräumt worden war.

Nach dem »Aus« für die GmbH Ende Januar geschahen neben den offiziellen Abläufen manche Merkwürdigkeiten. Im Februar beantragte die Familie B. aus der Bundesrepublik, in Leipzig 1988 zu Steuernachforderungen in Höhe von 953.805 Mark verurteilt, den Rücklauf ihrer von Mühlenbeck »verwerteten« Antiquitäten. Die Stücke befanden sich zum Glück noch in den Depots, denn die Übernahme war erst 1989 erfolgt. Nachdem versichert wurde, daß die knapp eine Million Mark der DDR rechtens erworben worden war, durfte Familie B. ihr ehemaliges Eigentum aus den Lagern herausholen.

Fast zur gleichen Zeit, aber hier ist der Zusammenhang mit Geschäften der GmbH brisanter, strengte das Finanzamt in Ostberlin eine Untersuchung wegen des Verdachts der Hinterziehung von Vermögenssteuern gegen zwei Sammler an: gegen den ehemaligen Vorsitzenden der CDU, Gerald Götting, und gegen Dr. Alexander Schalck-Golodkowski.

Der kunstsinnige Schalck besaß eine Sammlung von Gemälden und Plastiken im Wert von 1.434.570 Mark und außerdem noch Briefmarken, Münzen, Schmuck, Porzellane und ähnliche kostbare Dinge im Schätzwert von 1.022.890 Mark. Da er die Öffentlichkeit nicht durch Ausstellungen an seinen Schätzen teilhaben ließ und sein Kunstbesitz wohl auch nicht offiziell als geschütztes Kulturgut registriert war, müßten ihn die Steuergesetze der früheren DDR ungebremst getroffen haben.

Unmittelbar nach der Auflösung der Kunst & Antiquitäten GmbH nahm die Liquidatorin Irene Arndt ihre Arbeit auf. Im Februar 1990 richtete sie einen Antrag auf Exportgenehmigung für den Seitenraddampfer »Krippen« an das Ministerium für Kultur. Der vom Zerfall bedrohte Dampfer, ein technisches Denkmal aus dem 19. Jahrhundert, lag nahe der

Keramiken aus dem 17.–19. Jahrhundert, Brandenburgische Biedermeier- und Jugendstilgläser

Gemeinde Klöschwitz im Saalkreis. Gutachter des Dresdner Verkehrsmuseums hatten die »Krippen« zum Export freigegeben, weil die DDR einen zweiten Dampfer dieses Typs besaß und außerstande war, das Wrack zu erhalten. Das Geschäft mit der bundesdeutschen Firma Stolte sollte die Nachfolgerin der Kunst & Antiquitäten GmbH, die Internationale Bera-

150

tungs- und Vertriebsgesellschaft (IBV) GmbH, abwickeln. Übernommen wurden vom Vorgänger nicht nur Startkapital, Büros, Verkaufssalons und Lagerhallen, sondern ganz offensichtlich auch alte Geschäftsbeziehungen und, wie hier zu sehen, die für die Devisenkonten von KoKo »angebahnten« Geschäfte.

Die »Verteilung« des reichen Erbes soll auch ehemaligen Mitarbeitern der GmbH und des VEB (K) Antikhandel für den Start in die neue Zeit dienlich gewesen sein. Die komplizierte Sichtung der Bestände hatte schon vorher begonnen: Am 9. Januar waren vom Ministerium für Kultur 56 Fachgutachter in eine zentrale Kommission berufen worden. Sie fanden in Mühlehbeck verkaufte Waren im Werte von 2,2 Millionen DM vor: versandfertig verpackte Kleinware, aber auch zusammengestellte Händler-Lots. Zu kontrollieren waren im Hauptlager Bilder (Gemälde, Grafiken), Porzellan, Steinzeug, Kristall, Glas, Stücke aus Zinn oder Zink, Musikinstrumente, Möbel, Spielwaren, Handwerkzeuge, Kleintechnik unterschiedlichster Art, Bücher, Modeschmuck, Bijouterie-Waren, Objekte aus Silber und anderen Edelmetallen, Münzen und Militaria. Gut gefüllt waren auch die sieben eigenen Außenlager der GmbH; im Lager Sommerfeld befanden sich beispielsweise 2.579 verplombte Kartons, außerdem noch Möbel, Bilder, Bücher, Numismatik, Militaria und alte Technik. Ein eingespieltes Gutachterteam vermochte am Tag rund 40 solcher Kartons auszupacken und zu kontrollieren. Die Kunst & Antiquitäten GmbH stellte sich an ihrem Tage X unverstellt dar: Diese Momentaufnahme aus dem Geschäftsleben vermittelte eine Ahnung von den Unmengen Kulturgut, geschützt und ungeschützt, die systematisch erfaßt worden waren.

In den feineren Räumen der Zentrale, in denen die Händler und Privatkunden einzukaufen pflegten, stand neben anderen hochwertigen Stücken noch ein Barockschreibsekretär für 150.000 DM. Die GmbH hatte das als Kulturgut der Kategorie I eingestufte Stück von einem Privatmann gekauft, der mit dem Geld vor einer Zwangsverwertung einen Teil seiner Steuerschulden bezahlen wollte. Gleich daneben befanden sich prachtvolle Möbel aus der Zeit des Dresdner Neo-Barocks im 19. Jahrhundert, ein nachgebauter Braunschweiger Sammelschrank (60.000 DM) und ein eleganter siebenteiliger Salon aus der Jugendstil-Zeit. Ein preiswertes Angebot, denn die Kunst & Antiquitäten GmbH hätte schon für 25.000 DM die Zollpapiere für den Grenzübertritt ausgestellt. Im Lagerraum neben dem Verkaufssalon stand eine andere Kostbarkeit: eine Empire-Uhr der Firma Linke, Paris, bewertet mit 50.000 DM.

Aus der Konkursmasse kauften die Gutachter, viele davon Fachleute aus spezialisierten Museen, im Wert von rund acht Millionen Mark für den Museumsfonds. Manches davon hätte allerdings den Schutz des Kulturgutschutzgesetzes niemals in Anspruch nehmen können, weil es als Zeugnis der Alltagskultur nach einem Export auf Ramschtischen von Trödlern gelandet wäre. Das Märkische Museum kaufte zum Beispiel fingerhohe Linolfiguren eines Berliner Spielzeugherstellers: Löwen, Elefanten, Pferde, einen bespannten Sanitätswagen mit Kutscher und Verwundeten aus der Zeit des I. Weltkrieges, Polizisten, Gepäckträger, Zeitungsverkäufer, Zugschaffner. Für die Puppensammlung des Berliner Museums fand die Museologin Christiane Heber Porzellanköpfe, die sich der Fabrikant Max Handwerck 1915 unter dem Namen »Wickelkinder« gesetzlich hatte schützen lassen. Handwerck betrieb seine Puppenfabrikation in der thüringischen Stadt Waltershausen. Cieslik's PUPPPENMAGAZIN, eine in der Bundesrepublik erscheinende Zeitschrift für Sammler, teilte 1989 mit, daß die bisher bekanntgewordenen unterschiedlichen Typen der ›Wickelkinder‹ »erst vor einigen Jahren in einem Lager gefunden« worden waren. Vermutlich war der Finder ein Zulieferer von Mühlenbeck: Von den vergessenen, zur Produktionsgeschichte des traditionellen Thüringer Industriezweiges gehörenden Porzellanköpfen befanden sich noch einige im Mühlenbecker Lager. Zur Trivialkunst des späten 19. Jahrhunderts ist ein Frauenbildnis des jüdischen Berliner Malers Nathanael Sichel zu rechnen, das der Direktor der Stiftung Neue Synagoge für das Zentrum Judaicum erwarb. Sichel malte immer wieder den gleichen Typus junger jüdischer Frauen nach dem Muster »Blume des Ghettos«.

Der Direktor des Kunstgewerbemuseums Berlin-Köpenick, Dr. Burkhard Göres, der Mühlenbeck kannte, weil er einige Zeit als Gutachter der Kulturgutschutzkommission gearbeitet und dabei schon wertvolle Stücke vor dem Export bewahrt hatte, zog für sein Haus eine knappe Bilanz:
»Zu den wichtigsten Erwerbungen von Kunstgut, das über die Kulturgutschutzkommission gesichert werden konnte bzw. im Rahmen der Liquidation angekauft wurde, gehören sicher geschliffene und geschnittene Gläser des 17.-19. Jahrhunderts. 1982 war es eine ganze Gruppe Brandenburgischer Gläser, später einige böhmische und schlesische Pokale sowie ein Glas von Samuel Mohn, in diesem Jahr weitere bandenburgische, sächsische und böhmische Pokale bzw. Gläser des Jugendstils, darunter ein Stengelglas von L.C. Tiffany. Angesichts des Verlustes der gesamten Schausammlung des Berliner Kunstgewerbemuseums, mehr als 6.000 Gläser, ein besonders bedeutsamer Zuwachs der Sammlungen. Auch dem Sammlungsgebiet Keramik, vor allem Fayencen und Steinzeug, ebenfalls bei Kriegsende durch Vernichtung stark dezimiert, konnten wichtige Stücke hinzugefügt werden, darunter signierte Fayencen und hervorragende Beispiele aus den bedeutendsten Zentren der Steinzeugherstellung. Sehr interessante Objekte haben auch das breite Sammlungsgebiet Jugendstil der 20er und 30er Jahre bereichert, darunter Meißner

Barockschreibsekretät; für 150.000 DM offeriert. Das Stück wurde als Kulturgut der Kategorie I bewertet.

Porzellane von Scheurich und Börner, Kopenhagener Porzellan, Gläser von Gallé, Daum, de Vez und Lötz Witwe.«

Vom Kunstgewerbemuseum wurden bei der Liquidation außer den hier genannten Beispielen noch wertvolle Möbel für die Sammlungen gewonnen: deutsche Barockmöbel, eine signierte französische Kommode, Bei-

153

spiele des Historismus, Möbelstücke der Jugendstil-Zeit und ein Speisezimmer der Hellerauer Werkstätten von Karl Bertsch.

Von manchen Stücken war auch nach der Übernahme kein juristisch eindeutiger Nachweis der Besitzverhältnisse zu erreichen; die Suche endete immer dann, wenn als Beleg in Mühlenbeck nur die lapidare Übergabequittung eines Zulieferers aufzufinden war. Von wem und auf welche Weise einzelne museumsreife Objekte in die Hände eines Aufkäufers des Antikhandel gekommen waren, wird sich, wenn überhaupt, nur mit kriminalistischem Aufwand feststellen lassen. Die Direktoren der Staatlichen Museen zu Berlin hatten auf diese Schwierigkeiten im Januar 1990 bereits den Rechtsausschuß der Volkskammer mit einem Zitat aus ihrem »Kodex der Berufsethik« aufmerksam gemacht:

»Ein Museum sollte kein Objekt durch Kauf, Schenkung, Legat oder Tausch erwerben, solange das leitende Organ und der Verantwortliche des Museums nicht davon überzeugt sind, daß das Museum zu dem betreffenden Exemplar oder Objekt eine gültige Eigentumsurkunde erlangen kann.«

Selbst wenn sich ein Herkunftsnachweis wie in manchen der geschilderten Steuerfälle erbringen läßt, ist diese grundsätzliche Frage damit nicht beantwortet, weil die Rechtmäßigkeit mancher solcher enteignenden Steuerverfahren von den Betroffenen bestritten wird. Von nicht jedem der geplünderten Sammler und Händler wäre in dem Falle, daß geforderte Wiedergutmachung Erfolg haben sollte, eine ähnliche Geste gegenüber Museen zu erwarten, wie sie Professor Dr. Friedhelm Beuker ankündigt.

Der Sportarzt wurde in zwei Steuerverfahren um Kunstwerke und Antiquitäten im (damals geschätzten) Wert von rund drei Millionen Mark gebracht — eine Zeitwertfeststellung, die nach seiner Auffassung, »weit unter dem tatsächlichen oder gar dem heutigen Wert« liegt. »Meinerseits bin ich nicht daran interessiert«, schreibt Professor Beuker, »den Museen Kunstgegenstände, die sie für prinzipiell notwendig in ihrem Besitz erklären, wieder abzufordern. Ich meine aber sehr wohl, daß es sich in diesem Fall um einen juristischen Akt der Schenkung handeln müßte, der offiziell auszuweisen ist, wenn die Museen im Besitz der Gegenstände bleiben wollen.«

Die Kunst & Antiquitäten GmbH hinterläßt viele unerledigte Posten. Einer davon hängt mit jener sauber geführten Liste von Staatsbürgern der DDR zusammen, die im feinen Salon von Mühlenbeck zu Vorzugspreisen einzukaufen pflegten. Wie zu hören ist, stehen darauf nicht nur die Namen von Angehörigen der Politprominenz. Man wußte sich zu arrangieren in diesem System, wenn man zu den korrupten Herrschenden gehörte oder ihnen nahe stand.

Anhang

DIE KUNST & ANTIQUITÄTEN GMBH

Chronik des Unternehmens

— Am 18. Januar 1973 verfügt der Vorsitzende des Ministerrates Willi Stoph die Aussonderung von Kunst aus dem staatlichen Museumsfonds im Wert von 55 Millionen Valutamark. Fünf Millionen davon sind für den Ankauf von Werken auf dem internationalen Markt bestimmt.

— Zur Abwicklung dieser Geschäfte wird am 20. Februar 1973 die Kunst & Antiquitäten GmbH/Internationale Gesellschaft zum Export und Import von Kunstgegenständen gegründet.

Gesellschafter sind Dieter Uhlig und Horst Schuster, der die Geschäftsführung übernimmt. Beide waren vorher Mitarbeiter von Transinter, einer der Firmen im Bereich Kommerzielle Koordinierung des Staatssekretärs Alexander Schalck-Golodkowski.

— Mit Weisung Nr. 55/73 des Außenhandelsministers Sölle vom 10. Dezember 1973 erhält die Kunst & Antiquitäten GmbH das alleinige Recht zum Export und Import von Antiquitäten, bildender und angewandter Kunst, Volkskunst sowie Gebrauchtwaren mit kulturellem Charakter. Der Außenhandelsbetrieb Buchexport stellt daraufhin mit Wirkung vom 1. Januar 1974 seinen bisherigen Export von Antiquitäten ein.

— Die Plünderung der Museumsbestände scheitert an den Protesten der Museumsdirektoren und durch das Publikwerden der geplanten Aktion in der BRD.

— Geschäftsführer Horst Schuster bildet gemeinsam mit dem Besitzer Siegfried Kath den privaten Antikhandel Pirna am 6. März 1974 in eine Antikhandel GmbH um. Sie wird später als Tochtergesellschaft der Kunst & Antiquitäten GmbH zum wichtigsten Zulieferer.

— Mit Beschluß Nr. 528-67/1976 des Rates des Kreises Pirna wird die GmbH zum VEB (K) Antikhandel Pirna. Der Betrieb ist der Kunst & Antiquitäten GmbH gegenüber rechenschaftspflichtig; der Rat der Stadt erhält von den Deviseneinnahmen zwei Prozent.

Der VEB (K) verfügt im Dezember 1989 über 97 Außenlager in allen Teilen der DDR.

— Die Gewinne der Kunst & Antiquitäten GmbH steigen von 11 Millionen Valutamark 1974 auf 37 Millionen im Jahr 1989. Im November 1989 verfügt das Außenhandelsunternehmen über 81 Verträge mit Zulieferern, 30 davon mit zentralen Institutionen.

— Der Mitbegründer und erste Geschäftsführer der Kunst & Antiquitäten GmbH Horst Schuster verläßt im Frühjahr 1983 illegal die DDR. Er leitete das Unternehmen bis November 1980. Sein Nachfolger wird im Januar 1981 Joachim Farken, erst Direktor, später zum Generaldirektor ernannt und direkt Staatssekretär Schalck-Golodkowski unterstellt.

— Die von Generaldirektor Farken verkündete sofortige Einstellung des Exports von Antiquitäten und kulturellen Gebrauchtwaren am 22. November 1989 wird am 3. Dezember von Kulturminister Dietmar Keller bekräftigt. (Gesetzeskraft erhält dieser Exportstopp jedoch nicht, so daß bereits ab März 1990 erneut Waren aus Lagern des Antikhandels exportiert werden können.)

— Am 4. Dezember 1989 werden die Lager des VEB (K) Antikhandel durch die Staatsanwaltschaften der Bezirke vorübergehend versiegelt.

– Mit dem 30. Januar 1990 ist die Kunst & Antiquitäten GmbH laut Beschluß des Ministerrates offiziell aufgelöst. In Verantwortung des Ministeriums für Außenhandel beginnt am 1. Februar die Liquidation unter Leitung von Irene Arndt.

– Vom Ministerium für Kultur werden am 9. Januar 1990 Gutachter zur Prüfung der Bestände in den Lagern der GmbH in Mühlenbeck und in deren Außenlagern berufen. Die von den Gutachtern geforderte Versiegelung erfolgt nach mehreren Protesten erst am 27. Januar. Von den Gutachtern aus den Museen werden für ihre Häuser Kunstgegenstände im Werte von 8,5 Millionen Mark ausgesondert, die aus zentralen Mitteln bezahlt werden.

– Am 13. März gründet sich eine Internationale Beratungs- und Vertriebs GmbH (IBV) mit Sitz in Mühlenbeck. Gesellschafter sind das Zentrum für Kunstausstellungen, die Künstleragentur, das Dienstleistungskombinat Berlin und Rewatex.

– Der VEB (K) Antikhandel befindet sich offiziell seit dem 1. März 1990 in Liquidation. Im Liquidationsbeschluß des Rates der Stadt Pirna vom 20. Februar wird erklärt, daß in allen 22 Bereichen die bisher genutzten Gewerberäume an die Kommunen zurückzugeben sind.

Geschäftsbericht des Unternehmens 1989

Der 1989 von der Kunst & Antiquitäten GmbH abgeführte Gewinn in Höhe von 37 Millionen Valutamark an den Staatshaushalt der DDR resultierte aus einem Gesamtumsatz von 60,8 Millionen.

Am Umsatz waren folgende Warenbereiche der Kunst & Antiquitäten GmbH beteiligt:
1) Antiquitäten (Möbel, Gemälde, Kleinkunst, Antiquariat)
   8 Millionen (13 Prozent vom Gesamtumsatz)
2) Gebrauchtwaren mit kulturellem Charakter (vor allem Weichholzmöbel)
   24 Millionen (40 Prozent)
3) Meißner Porzellan / Neuproduktionen (u. a. in Hotel-Galerien verkauft)
   1,5 Millionen (2,5 Prozent)
4) Alte Technik (Loks, Maschinen, Eisenbahnschwellen)
   2,1 Millionen (3,5 Prozent)
5) Pflastersteine
   3,7 Millionen (6 Prozent)
6) Numismatik, Militaria
   1,5 Millionen (3 Prozent)
7) Zeitgenössische bildende Kunst (über den Staatlichen Kunsthandel und den Verband Bildender Künstler)
   3,8 Millionen (6 Prozent)
8) Andere Warengebiete / Neuproduktionen
   2,7 Millionen (4,5 Prozent)
9) Dienstleistungen (wie Restaurierungen)
   1,7 Millionen (3 Prozent)
10) Philatelie Wernsdorf
   11,3 Millionen (18,5 Prozent)

Firmenschild der GmbH am Sitz im Märkischen Dorf Mühlenbeck

Proteste gegen den Ausverkauf

Brief des Vorsitzenden der Pirckheimer-Gesellschaft im Kulturbund der DDR, Professor Dr. Wolfram Körner, an den SED-Kulturchef Kurt Hager (6. Januar 1986)
Wir wollen in der Deutschen Demokratischen Republik die kulturelle Tradition (Kunst, Kultur, Lebensweise) in ihrer ganzen Breite erschließen und bewahren.

Aus Sorge um den Bestand der DDR an Kulturgut schlage ich vor, den stattfindenden Export an Kulturgut (Bücher, Bilder, Möbel, Uhren, Münzen, Porzellan und vieles andere) einzustellen. Es handelt sich bei diesem Export um einen Ausverkauf, da ja nichts nachkommt und der Erlös nicht zum Ankauf ähnlicher Dinge verwendet wird. Auch wenn die einzelnen Sachen nicht immer, oder häufig nicht, Kulturgut im Sinne des Kulturschutzgesetzes sind, tritt doch mit Sicherheit eine Verarmung im Ganzen ein. Der Export über das Zentralantiquariat, den Staatlichen Kunsthandel und anderen offiziellen Handel läuft mit steigender Tendenz seit einem Vierteljahrhundert. Der Aufkauf erfolgt zwar meistens aus Privathand, es wird aber auch immer wieder von Museen und anderen Institutionen verlangt, Doubletten oder »ungenutztes Material« abzugeben.

Wenn das zum Austausch innerhalb des Landes geschieht, wäre das verdienstvoll. Wenn dieses Kulturgut aber für immer aus der DDR verschwindet, ist das unheilvoll. Wenn man die heutigen Kataloge von DDR-Antiquariaten sieht, und mit ausländischen, auch beliebiger kleiner Antiquariate, vergleicht, läßt sich die Verarmung schon beweisen. Mir ist zu Ohren gekommen, daß Mitarbeiter des Handels als »Exportsaboteure« bezeichnet werden, die an DDR-Bürger oder Institutionen Material verkauft haben, das leicht Valuta hätte bringen können. Sind das nicht »Erbepfleger«?

Übrigens, wenn die Möbel, Bücher oder Uhren, die vor 20 Jahren exportiert wurden, heute noch zur Verfügung stünden, könnten bis zu 10fach höhere Erlöse erzielt werden.

Dies ist aber für mich nur ein zusätzliches ökonomisches Argument, den Ausverkauf sofort einzustellen.

Eine Frage ist wohl auch, ob die relativ geringen Exporterlöse aus Antiquitäten, Kunst und antiquarischen Büchern die Valutasituation entscheidend verändern. Mir scheint der Verlust an Kulturerbe, an Kulturgut in der Breite, wiegt dieses kleine Plus nicht auf. Sinnvoll wäre demgegenüber, alte Handwerkskünste wiederzubeleben, und mit neuen »alten« Produkten Valuta einzunehmen.

(Dieser Text wurde von mir am 6.1.86 mit einem Brief an Kurt Hager geschickt. In dem Brief wurde gebeten, den Text als Antrag an den Parteitag anzusehen. Es wurde darauf hingewiesen, daß das angesprochene Problem in der Bevölkerung diskutiert und als eine skandalöse Angelegenheit angesehen wird, und daß schon vor vielen Jahren Bruno Kaiser bereits versucht hat, Bücher in der DDR zu halten.

Der Originaltext kann geringfügige Abweichungen gehabt haben. Ich habe ihn aus meinem Entwurf rekonstruiert.   *Wolfram Körner, 1. Juli 1990)*

Brief des Leiters der Antiquitätengalerie des Staatlichen Kunsthandels in der Berliner Friedrichstraße, Gerhard Glienicke vom November 1986 an den Generalsekretär des ZK der SED, Erich Honecker

Ich möchte mich ganz kurz mit einer Problematik, die auch mein Arbeitsgebiet betrifft, an Sie persönlich wenden. Es geht um den Export von Antiquitäten.

Da das erklärte Ziel unserer Politik die ständige Verbesserung des materiellen und kulturellen Lebensniveaus der Bevölkerung ist, bin ich der Meinung, daß auch die Bewahrung alter Kunstgegenstände, bis zum Hausrat, dazugehört. Unsere Republik betreibt jedoch seit Jahren einen so umfangreichen, flächendeckend so gut organisierten Verkauf von alten Gegenständen, wie es zuvor wohl niemand getan hat. Uns ist in der Vergangenheit viel verlorengegangen, das, was wir jetzt tun, liegt allein in unserer Verantwortung; der Reichtum einer Nation sollte sich wohl auch im Besitz und Erhalt solcher Dinge darstellen, die durch den bewußten Umgang mit denselben die Auseinandersetzung mit unserem kulturellen Erbe vielen Bürgern möglich machen. Das ist nur noch sehr eingeschränkt möglich, da vieles für uns nie mehr zugänglich sein wird. Was nützen uns der Erhalt und der Wiederaufbau repräsentativer Gebäude, wenn die Gegenstände, die sie ausfüllen sollten, langsam verschwinden, wenn wir Gegenstände, die unterschiedlichen Bezug zum Jubiläum unserer Hauptstadt haben, für Devisen verkaufen.

In den Jahren meiner Tätigkeit als Galerieleiter einer Antiquitätengalerie im Staatlichen Kunsthandel mußte ich mich mit dieser Problematik auseinandersetzen, so daß ich mich vertrauensvoll an das ZK, Gen. Böhme, und an das Ministerium für Kultur, Gen. Dr. Keller, mit der Bitte um Unterstützung, die mir gewährt wurde, wandte. Im gesamten Umfeld besteht dieses Problem weiter.

Ich entschuldige mich dafür, daß ich es vielleicht an der Form habe fehlen lassen, möchte Sie jedoch vertrauensvoll bitten, als Generalsekretär diesen Brief persönlich zur Kenntnis zu nehmen; ich fühle mich als Genosse verpflichtet, meine Sorgen über die bestehende Verfahrensweise des Exports von Antiquitäten Ihnen mitzuteilen.

Die Antwort, geschrieben am 5.12.86

Werter Genosse Glienicke!
Im Auftrag bestätigen wir den Eingang Deines Schreibens und teilen Dir mit, daß es den zuständigen Stellen zur Kenntnis übergeben wurde.
Mit sozialistischem Gruß   H. Ruhmke

Brief der Direktorenkonferenz der Staatlichen Museen zu Berlin vom 4. Dezember 1989 an den Vorsitzenden des Ministerrates der DDR, Dr. Hans Modrow

Sehr geehrter Herr Dr. Modrow!
Die Mitglieder der Direktorenkonferenz der Staatlichen Museen zu Berlin bitten Sie dafür Sorge zu tragen, daß die folgenden Forderungen zu Grundlagen von Untersuchungen gemacht werden bzw. in einigen Fällen umgehend Entscheidungen fallen.
Eingedenk des unseligen Befehls über die Bereitstellung von Kunstgut aus Museen der DDR zur Valutaerwirtschaftung für die DDR von 1972 und die bisher keine endgültige Klarheit schaffenden Verlautbarungen über die Zukunft der Bestände an Antiquitäten und dem sonstigen Eigentum der Kunst & Antiquitäten GmbH in der Presse fordern die Mitglieder der Direktorenkonferenz der Staatlichen Museen zu Berlin:
— die Aufklärung, wie es zu den Anordnungen von 1972 kommen konnte, auch wenn das Vorhaben durch massiven Protest aus DDR-Museen und angekündigte Maßnahmen der BRD gestoppt worden ist,
— die Aufklärung, auf wessen Befehl die Kunst & Antiquitäten GmbH 1973 gegründet worden ist und wer sie mit entsprechenden Sondervollmachten zur Gesetzesumgehung ausgestattet hat,
— die Garantierung der Wirksamkeit des Kulturschutzgesetzes für die gesamte DDR und alle Einrichtungen und Unternehmen,
— Die Ergänzung des Gesetzes u. a. um im Entwurf enthaltene Passagen und weitere sich aus der bisherigen Handhabung des Gesetzes ergebende Punkte,
— die Sicherung der wissenschaftlichen Auswertung und musealen Nutzung von Münzfunden unabhängig von der Größe der Funde und dem »Wert« der Einzelmünzen einschließlich der neuzeitlichen Funde (ab 16. Jahrhundert), die bisher nicht direkt durch die Bodendenkmalverordnung und das Kulturgutschutzgesetz gesichert sind,
— das Verbot, Münzfunde, die in den Primärzugriff nichtmusealer Institutionen, wie die Ermittlungsorgane oder das Ministerium für Finanzen gelangt sind, zur Devisenbeschaffung zu verwenden,
— die Stärkung der Kompetenz der Münzkabinette der DDR (Berlin, Dresden, Gotha, Halle, Schwerin) mit dem Ziel der Vorlagepflicht und Entscheidungsbefugnis für Münzfunde. (Das Münzkabinett der Staatlichen Museen zu Berlin ist bereit, in diesen Fragen als Partner und Koordinator zu fungieren.)
— Bestimmungen, die eine Ausfuhr von älterer Literatur durch das Zentralantiquariat und andere Einrichtungen in Parallele zum Kulturschutzgesetz regeln, einschließlich des Vorkaufsrechts durch wissenschaftliche Bibliotheken,
— nicht nur die Auflösung der Kunst & Antiquitäten GmbH, sonden auch der Antiquitätenshops in den Interhotels (u. a. Grand-Hotel, Metropol, Palasthotel in Berlin),
— die Untersuchung der mit der Kunst & Antiquitäten GmbH verbundenen Aufkauf- und Zuliefereinrichtungen auch einzelner Kunsthändler und deren Status,
— die Klärung der Frage der Schein- bzw. Tochterfirmen der Kunst & Antiquitäten GmbH im In- und Ausland,
— die Untersuchung von Fällen des Ausfuhrverbots von Antiquitäten im Besitz ausreisen-

der DDR-Bürger und der Verkauf derselben Objekte durch die Kunst & Antiquitäten GmbH,

– die Aufklärung der Frage, weshalb Staatsorgane, darunter der Generalstaatsanwalt, im Zusammenhang mit Prozessen von Bürgern eingezogenes Kulturgut überhaupt und in besonderen Fällen sogar noch nach erbetener Kategorisierung durch Museen einem Außenhandelsbetrieb, wie der Kunst & Antiquitäten GmbH zum Verkauf in das Ausland übergeben konnten,

– die Aufklärung der Frage, auf wessen Anordnung die An- und Verkaufbereiche des Dienstleistungskombinates und die Nachlaßpfleger angewiesen worden sind, Antiquitäten und spezielle Gebrauchtwaren der Kunst & Antiquitäten GmbH bzw. deren Zulieferfirmen zuzuleiten,

– Untersuchungen zum Schicksal großer Privatsammlungen in der DDR bzw. von Teilen derselben (Dietel, Garke, Beuker, Lange, Daugs, Mau) und der Eisenkunstgußsammlung Barth, die sich bereits Jahre als Dauerleihgabe im Märkischen Museum befand,

– die sofortige Kontrolle der noch im Besitz der Kunst- und Antiquitäten GmbH und ihrer Nebeneinrichtungen vorhandenen Antiquitäten durch eine Expertenkommission der Staatlichen Museen zu Berlin und damit die Sicherung museal bedeutender Kunstwerke,

– die Übergabe der Gebäude der Kunst & Antiquitäten GmbH in Mühlenbeck an die Staatlichen Museen zu Berlin zur Nutzung als Auslagerungsdepots und Restaurierungswerkstätten für die anstehenden Generalrekonstruktionen der Gebäude der Staatlichen Museen zu Berlin in den nächsten Jahren,

– die Überlassung einer Auswahl von Spezialfahrzeugen für den Kunstguttransport aus dem Besitz der Kunst & Antiquitäten GmbH an die Staatlichen Museen zu Berlin, die zur Lösung ihrer Aufgaben über keine derartige Fahrzeuge verfügen...

Für die Direktorenkonferenz der Staatlichen Museen zu Berlin:
Prof. Dr. sc. Günter Schade, Generaldirektor

VERBINDUNGEN ZUM MINISTERIUM FÜR STAATSSICHERHEIT

Der Befehl 14/83 zur Gründung eines »Bereiches Kommerzielle Koordinierung« (BKK) im Ministerium für Staatssicherheit, registriert als Geheime Verschlußsache MfS 0008-11/83, fällt in eine Zeit, in der die DDR vor dem ökonomischen Kollaps stand. Daraus erklärt sich die verstärkte »Fürsorge« des Ministeriums für Staatssicherheit für die Außenhandelsbetriebe der Kommerziellen Koordinierung. Ihr Chef, Staatssekretär Dr. Alexander Schalck-Golodkowski, unterstand bereits zu diesem Zeitpunkt nicht nur unmittelbar dem Politbüromitglied Günter Mittag, sondern zugleich auch als Offizier im besonderen Einsatz (OibE) im Rang eines Obersten dem Staatssicherheitsminister Erich Mielke.

Der Befehl 14/83 vom 1. September 1983 wurde 1988 von einem zweiten, weit präziseren Befehl zur Arbeit des BKK ersetzt, der deshalb anstelle seines Vorgängers hier dokumentiert wird.

Die Abkürzungen bedeuten in der Reihenfolge des Befehls: NSW/Nicht-Sozialistisches Wirtschaftsgebiet; OPK – Operative Personenkontrollen; IM – Inoffizieller Mitarbeiter des MfS; GMS – Gesellschaftliche Mitarbeiter, Kontaktpersonen für Mitarbeiter des MfS; HvA – Hauptabteilung Aufklärung; OibE – Offizier im besonderen Einsatz; VRD – Verwaltung Rückwärtiger Dienst; BCD – Bewaffung, Chemischer Dienst; PS – Personenschutz

Befehl Nr. 12/88 von Armeegeneral Erich Mielke

zur politisch-operativen Sicherung des Bereiches Kommerzielle Koordinierung im Ministerium für Außenhandel und der ihm direkt unterstellten Außenhandelsbetriebe und Vertretergesellschaften (GVS MfS 008-14/88/21.06.88)

Durch den Bereich Kommerzielle Koordinierung im Ministerium für Außenhandel (nachfolgend Bereich genannt) werden spezifische Aufgaben zur Durchsetzung der Wirtschaftspolitik der Partei gelöst.

Unmittelbare Grundlage der Arbeit des Bereiches sind die Beschlüsse, Aufträge und Weisungen des Politbüros des ZK der SED. Der Bereich ist dem Mitglied des Politbüros und Sekretär des ZK der SED, Gen. Mittag, direkt unterstellt.

Zur Durchsetzung seiner spezifischen Aufgabenstellung wurden dem Bereich spezielle Außenhandelsbetriebe und Vertretergesellschaften (nachfolgend Betriebe genannt) direkt unterstellt und besondere Vollmachten übertragen, die ein schnelles Reagieren auf internationale Lagebedingungen und volkswirtschaftliche Erfordernisse ermöglichen.

Den sich aus der Spezifik der Aufgabenstellung des Bereiches und seiner Betriebe und den zunehmenden Angriffen imperialistischer Geheimdienste u. a. feindlicher Stellen und Kräfte ergebenden Sicherheitserfordernissen ist durch die einheitlich ausgerichtete und abgestimmte politisch-operative Arbeit der zuständigen Diensteinheiten zur
— zuverlässigen politisch-operativen Sicherung,
— effektiven politisch-operativen Nutzung der Möglichkeiten sowie
— Unterstützung bei der Lösung der spezifischen Aufgaben
des Bereiches und seiner Betriebe Rechnung zu tragen.
Zur konsequenten Durchsetzung dieser Erfordernisse
befehle ich:

1. Für die politisch-operative Sicherung des Bereiches und seiner Betriebe sind der Leiter der Arbeitsgruppe BKK und entsprechend ihrer territorialen Zuständigkeit die Leiter der Bezirksverwaltungen Dresden, Gera, Leipzig, Potsdam und Rostock (s. Anlage 1) verantwortlich.

Die Verantwortung erstreckt sich nicht auf den wirtschaftspolitischen Inhalt der Aufgabenstellung und Tätigkeit des Bereiches und seiner Betriebe.

Die Leiter anderer Diensteinheiten haben gemäß den in diesem Befehl und anderen dienstlichen Bestimmungen und Weisungen getroffenen Festlegungen Aufgaben zur politisch-operativen Sicherung, zur politisch-operativen Nutzung der Möglichkeiten und zur Unterstützung des Bereiches und seiner Betriebe zu lösen.

Das Zusammenwirken mit dem Leiter des Bereiches und seinem Stellvertreter hat entsprechend den dazu getroffenen Festlegungen (s. Anlage 2) zu erfolgen.

2. Der Leiter der Arbeitsgruppe BKK ist verantwortlich für
— die einheitliche Ausrichtung der politisch-operativen Arbeit der zuständigen Diensteinheiten zur politisch-operativen Sicherung des Bereiches und seiner Betriebe,
— die Koordinierung des politisch-operativen Zusammenwirkens der operativen Diensteinheiten mit dem Bereich und seinen Betrieben zur operativen Nutzung deren Möglichkeiten und zu deren Unterstützung bei der Lösung ihrer spezifischen Aufgaben.

In Wahrnehmung dieser Verantwortung hat er zu gewährleisten
— die Einschätzung der politisch-operativen Lage im Verantwortungsbereich (einschließlich der Betriebe, für deren politisch-operative Sicherung Bezirksverwaltungen verantwortlich sind) sowie die ständige aktuelle Übersicht und Auskunftsbereitschaft,
— die Vorbereitung der grundsätzlichen politisch-operativen Ziel- und Aufgabenstellungen bzw. zentraler Entscheidungen, dienstlicher Bestimmungen, Weisungen und Orientierungen zur politisch-operativen Sicherung des Bereiches und seiner Betriebe

– die Unterstützung der zuständigen Diensteinheiten der Bezirksverwaltungen bei der Realisierung der Aufgabenstellung dieses Befehls,
– die enge Zusammenarbeit mit anderen zuständigen Diensteinheiten
– das erforderliche Zusammenwirken mit den Sicherheitsorganen der befreundeten sozialistischen Staaten über die Abteilung X.

3. Durch die wirksame politisch-operative Sicherung des Bereiches und seiner Betriebe ist zur störungsfreien Erfüllung der ihnen übertragenen politischen, handelspolitischen und ökonomischen Aufgaben beizutragen.

Vorrangig politisch-operativ zu sichernde Objekte sind
– der Bereich Kommerzielle Koordinierung im Ministerium für Außenhandel,
– das Internationale Handelszentrum einschließlich der Konzern- und Firmenbüros,
– Struktureinheiten der Außenhandelsbetriebe und Einrichtungen mit einer Konzentration von Staatsgeheimnissen.

Vorrangig politisch-operativ zu sichernde Personenkategorien sind
– Nomenklatur- und Nachwuchskader,
– Geheimnisträger einschließlich Berechnungskader,
– Beauftragte für Datensicherheit,
– Auslands-, Reise- und Verhandlungskader,
– Personen aus nichtsozialistischen Staaten und Westberlin im Rahmen »spezieller Firmenverbindungen«,
– DDR-Bürger und Personen aus nichtsozialistischen Staaten und Westberlin, die in den Konzern- und Firmenbüros im Internationalen Handelszentrum eingesetzt sind.

4. Die politisch-operative Sicherung des Bereiches und seiner Betriebe hat gemäß den zentralen dienstlichen Bestimmungen und Weisungen zu erfolgen. Dabei ist die Einheit von Feindbekämpfung, Schadensabwendung und Unterstützung bzw. Stabilisierung volkswirtschaftlicher Prozesse zu gewährleisten.

Die politische-operative Sicherung des Bereiches und seiner Betriebe ist auszurichten auf
– die rechtzeige Aufklärung der Pläne, Absichten und Maßnahmen sowie Mittel und Methoden imperialistischer Geheimdienste u. a. feindlicher Stellen und Kräfte, insbesondere zur Organisierung subversiver Aktivitäten gegen die wirtschaftliche Tätigkeit des Bereiches und seiner Betriebe im In- und Ausland;
– die vorbeugende Verhinderung, Aufklärung und Bekämpfung subversiver u. a. feindlich-negativer Aktivitäten, insbesondere von
· Spionage u. a. Verratshandlungen,
· wirtschaftlicher Störtätigkeit,
· Diversions- und Sabotagehandlungen,
· Terror- u. a. operativ bedeutsamen Gewaltakten,
· staatsfeindlichem Menschenhandel und ungesetzlichem Verlassen der DDR,
· politisch-ideologischer Diversion,
· operativ bedeutsamen Handlungen des Schmuggels und der Spekulation.

Besonders zu beachten sind gegnerische Aktivitäten zur Schaffung personeller Stützpunkte und alle anderen Angriffe gegen Mitarbeiter des Bereiches und seiner Betriebe, insbesondere Auslands-, Reise- und Verhandlungskader sowie alle Versuche des Mißbrauchs der Möglichkeiten der legalen Basen des Gegners in der DDR und der aus kommerziellen Gründen in die DDR einreisenden Personen aus nichtsozialistischen Staaten und Westberlin für feindlich-negative Aktivitäten.

Politisch-operative Maßnahmen zur Aufklärung und Bekämpfung der subversiven Aktivitäten imperialistischer Geheimdienste und legaler Basen des Gegners in der DDR sind gemäß meinen dazu erlassenen dienstlichen Bestimmungen und Weisungen, insbesondere der Dienstanweisung Nr. 1/87, mit dem Leiter der Hauptabteilung II abzustimmen;

— die Sicherung der störungsfreien Tätigkeit des Bereiches und seiner Betriebe unter allen Lagebedingungen durch deren aktive Unterstützung bei der Realisierung der übertragenen Aufgaben und Gewährleistung einer hohen Sicherheit und Ordnung sowie eines wirksamen Geheimnisschutzes;

— die Gewährleistung des wirksamen Schutzes des Internationalen Handelszentrums sowie der dort tätigen Ausländer und DDR-Bürger vor Terror- u. a. operativ bedeutsamen Gewaltakten sowie die Aufdeckung und Bekämpfung der unter Mißbrauch der gewährten Arbeitsmöglichkeiten erfolgenden feindlich-negativen Handlungen.

5. Die unter Ziffer 4. gestellten grundsätzlichen Aufgaben sind auf der Grundlage der weiteren durchgängigen Qualifizierung der operativen Grundprozesse, der planmäßigen Durchdringung der Verantwortungsbereiche sowie der tiefgründigen, umfassenden Klärung der Frage »Wer ist wer?« zu den Mitarbeitern des Bereiches und seiner Betriebe zu realisieren, insbesondere durch

— die qualifizierte Durchführung von Sicherheitsüberprüfungen gemäß der Richtlinie Nr. 1/82, vor allem zu den vorrangig politisch-operativ zu sichernden Personenkategorien;

— die zielgerichtete Überprüfung und Aufklärung der NSW-Kontrahenten des Bereiches und seiner Betriebe;

— die vorgangs- und personenbezogene Arbeit im und nach dem Operationsgebiet, einschließlich der zu den »speziellen Firmenverbindungen«.

Die durch den Bereich und seine Betriebe benannten »speziellen Firmenverbindungen« nach nichtsozialistischen Staaten und Westberlin sind durch die Arbeitsgruppe BKK in der Abteilung XII zu erfassen und unter Nutzung der operativen Möglichkeiten auch anderer Diensteinheiten aufzuklären und zu bearbeiten. Ausnahmen bedürfen der Abstimmung mit dem Leiter der Arbeitsgruppe BKK;

— den zielgerichteten Einsatz der operativen Kräfte und Mittel zur Erarbeitung operativ bedeutsamer Anhaltspunkte als Voraussetzung für das Einleiten operativer Personenkontrollen und zur Entwicklung von operativen Vorgängen;

— die zielgerichtete Überprüfung und Aufklärung von dienstlichen Besuchern und anderen Kontaktpartnern des Bereiches und seiner Betriebe;

— die Klärung und Auswertung von Verstößen gegen Rechtsvorschriften sowie innerbetriebliche Ordnungen und Weisungen und die Untersuchung von Vorkommnissen;

— die Einflußnahme auf die ständige Qualifizierung der NSW-Reise-, -Auslands- und Verhandlungskader zum Erkennen und zur Abwehr gegen sie gerichteter feindlicher Aktivitäten;

— die Einflußnahme auf die Durchsetzung einer hohen Ordnung, Sicherheit, Disziplin und Wachsamkeit bei der Lösung der Aufgaben des Bereiches und seiner Betriebe auf den Gebieten des Objekt- und Brandschutzes, des Besucherverkehrs und der Gewährleistung der Datensicherheit;

— das enge Zusammenwirken mit den staatlichen Leitern sowie den auf dem Gebiet von Ordnung und Sicherheit tätigen Mitarbeitern bei strikter Wahrung deren Eigenverantwortlichkeit.

Die politisch-operative Auswertungs- und Informationstätigkeit ist auf die Realisierung der in diesem Befehl gestellten grundsätzlichen Aufgaben auszurichten.

6. Die Leiter der Bezirksverwaltungen, in deren Verantwortungsbereich sich Objekte des Bereiches bzw. seiner Betriebe befinden, haben zu gewährleisten, daß die Leiter der für die politisch-operative Sicherung dieser Objekte zuständigen Diensteinheiten die in diesem Rahmen erfolgende

– Bearbeitung von operativen Vorgängen und Durchführung von OPK sowie
– Arbeit im und nach dem Operationsgebiet, insbesondere die operative Bearbeitung von Personen mit kommerziellen Kontakten zu diesen Objekten und die Gewinnung von IM unter diesen Personenkreisen,

mit dem Leiter der Arbeitsgruppe BKK abstimmen.

7. Die Arbeit mit IM und GMS unter den Mitarbeitern des Bereiches und seiner Betriebe hat grundsätzlich nur durch die Arbeitsgruppe BKK bzw. die zuständige Diensteinheit der Bezirksverwaltungen und die HV A »(koordiniert durch den Bereich K der HV A)« zu erfolgen.

Über Ausnahmen haben die Leiter der Arbeitsgruppe BKK bzw. die Leiter der Bezirksverwaltungen zu entscheiden.

Der Einsatz von OibE im Bereich und seinen Betrieben hat entsprechend meiner Ordnung Nr. 6/86 — OibE-Ordnung — und nur nach Abstimmung mit dem Leiter der Arbeitsgruppe BKK und dem Leiter des Bereiches zu erfolgen.

Durch andere Diensteinheiten beabsichtigte politisch-operative Maßnahmen im Zusammenhang mit Personen und Einrichtungen des Bereiches und seiner Betriebe sowie Maßnahmen zur politisch-operativen Nutzung der Möglichkeiten des Bereiches und seiner Betriebe sind grundsätzlich entsprechend der Zuständigkeit mit dem Leiter der Arbeitsgruppe BKK bzw. dem Leiter der Bezirksverwaltung — in diesen Fällen ist die Information des Leiters der Arbeitsgruppe BKK zu gewährleisten — abzustimmen.

Aufgabenstellungen und Maßnahmen, die die störungsfreie Erfüllung der dem Bereich und seinen Betrieben übertragenen Aufgaben beeinträchtigen, sind konsequent zu unterbinden.

8. Die Leiter der Hauptabteilung XVIII und der Arbeitsgruppe BKK haben zur Durchsetzung der Erfordernisse der komplexen Sicherung der Volkswirtschaft eine enge Zusammenarbeit und den aktuellen Informationsaustausch zu allen Problemen, die für die Durchsetzung der Sicherheitserfordernisse im jeweiligen Verantwortungsbereich von Bedeutung sind, zu gewährleisten.

Die Durchsetzung der Maßnahmen des MfS im Zusammenhang mit der Beschaffung von Embargowaren aus nichtsozialistischen Staaten und Westberlin hat gemäß meinem Befehl Nr. 2/87 zu erfolgen.

9. Mein Stellvertreter und Leiter der HV A hat zur Realisierung der Aufgabenstellung dieses Befehls, insbesondere zur rechtzeitigen Aufklärung und Verhinderung gegen den Bereich und seine Betriebe gerichteter feindlicher Pläne, Absichten und Maßnahmen sowie zur operativen Durchdringung der NSW-Kontrahenten des Bereiches und seiner Betriebe, eine enge Zusammenarbeit der Diensteinheiten der HV A über den Bereich K der HV A mit der Arbeitsgruppe BKK zu gewährleisten.

10. Der Leiter der Hauptabteilung VI ist für die Durchsetzung der durch den Bereich verfügten Ausnahmeentscheidungen bei der Kontrolle von Personen, Gütern und Transportmitteln im grenzüberschreitenden Verkehr verantwortlich. Zur Realisierung der damit im Zusammenhang zu lösenden Aufgaben sind die im Arbeitsbereich für Zollfragen des Bereiches eingesetzten OibE weiterhin durch die Hauptabteilung VI zu führen.

Zur Nutzung der Möglichkeiten der Abteilung Tourismus des Bereiches für die politisch-operative Sicherung des Tourismus aus nichtsozialistischen Staaten und Westberlin hat die Hauptabteilung VI unmittelbar mit dieser Abteilung zusammenzuwirken.

11. Der Leiter der VRD hat die weitere Führung der zur Nutzung der Möglichkeiten des Bereiches und seiner Betriebe für die Beschaffung spezieller Erzeugnisse im Bereich eingesetzten OibE zu gewährleisten. Er hat dabei mit dem Leiter der Arbeitsgruppe BKK, der für die politisch-operative Sicherung der durch diese OibE genutzten Möglichkeiten verantwortlich ist, eng zusammenzuarbeiten.

12. Der Leiter der Abteilung BCD ist für die Einleitung und Koordinierung von Maßnahmen der politisch-operativen Sicherung und der Sicherstellung spezifischer Aufgaben verantwortlich.

Er hat zu gewährleisten, daß die zur Unterstützung erforderlichen Maßnahmen der Lagerung, Sicherung des Transportes in Zusammenarbeit mit dem Bereich realisiert werden und dabei die Einhaltung der Konspiration und Geheimhaltung konsequent gesichert wird.

13. Die zur Sicherung des Bereiches eingesetzten Wach- und Sicherungskräfte sind weiterhin durch die Hauptabteilung PS zu führen.

14. Durch die Leiter der im Bereich und in seinen Betrieben wirksam werdenden Diensteinheiten ist zu gewährleisten, daß die politisch-operativen Möglichkeiten ihrer Diensteinheiten in Abstimmung mit dem Leiter der Arbeitsgruppe BKK bzw. den Leitern der zuständigen Bezirksverwaltungen wirksam zur politisch-operativen Sicherung des Bereiches und seiner Betriebe sowie zu deren Unterstützung bei der Lösung der ihnen übertragenen Aufgaben genutzt werden.

Alle für die politisch-operative Sicherung des Bereiches und seiner Betriebe bedeutsamen Informationen sind entsprechend ihrer Zuständigkeit dem Leiter der Arbeitsgruppe BKK bzw. den Leitern der Bezirksverwaltungen zu übermitteln.

Vorschläge bzw. Informationen zur Unterstützung des Bereiches und seiner Betriebe bei der Lösung der ihnen übertragenen Aufgaben sind dem Leiter der Arbeitsgruppe BKK zu übermitteln. Für die Übermittlung derartiger Vorschläge bzw. Informationen an die Leiter bzw. die leitenden Mitarbeiter des Bereiches und seiner Betriebe ist der Leiter der Arbeitsgruppe BKK verantwortlich, soweit nicht durch mich oder meinen zuständigen Stellvertreter andere Entscheidungen getroffen werden oder in Koordinierungsvereinbarungen eine unmittelbare Übergabe durch andere Diensteinheiten vorgesehen ist.

15. Im Zusammenhang mit dem Bereich und seinen Betrieben stehende operativ besonders bedeutsame Handlungen, Vorkommnisse und Erscheinungen sind unverzüglich mir bzw. meinem Stellvertreter, Gen. Generaloberst Mittig, zu melden.

16. Dieser Befehl tritt mit sofortiger Wirkung in Kraft.
Gleichzeitig treten außer Kraft
— mein Befehl Nr. 12/78 zur politisch-operativen Sicherung des Internationalen Handelszentrums in der Hauptstadt der Deutschen Demokratischen Republik, Berlin, vom 22. 8. 1978, VVS MfS 008-59/78, sowie
— mein Befehl Nr. 14/83 zur politisch-operativen Sicherung des Bereiches Kommerzielle Koordinierung im Ministerium für Außenhandel der DDR vom 1. 9. 1983, GVS MfS 008-11/83.

Diese Dokumente sind bis zum ... 1988 an die Dokumentenverwaltung zurückzusenden.
Armeegeneral

Anlage 1	Zuständigkeit
— Bereich Kommerzielle Koordinierung im Ministerium für Außenhandel	AG BKK
— Intrac Handelgesellschaft mbH	AG BKK
· Zentralcommerz GmbH	
— Außenhandelsbetrieb Transinter	AG BKK
(Interessengemeinschaft der Handelsvertreter und -makler der DDR)	
· Vertretergesellschaften	
Agena	AG BKK
Baltica Rostock	BV Rostock
Industrievertretungen	AG BKK

Interver	AG BKK
Kontakta	AG BKK
Metama	AG BKK
Textilvertretungen	AG BKK
Wamag	AG BKK
— Internationales Handelszentrum (IHZ)	AG BKK
— Berliner Import-Export Gesellschaft mbH (BIEG) AG BKK	
· Firma Transcommerz	
— forum Handelsgesellschaft mbH, einschließlich	AG BKK
der	
Nord	BV Rostock
Mitte (außer Zweiglager Drewitz)	AG BKK
Zweiglager Drewitz	BV Potsdam
Süd	BV Gera
— Kunst & Antiquitäten GmbH, einschließlich	AG BKK
· Antikhandel Pirna	BV Dresden
· VEB Philatelie Wermsdorf	BV Leipzig
— IMES GmbH	AG BKK
— Firma BERAG	AG BKK
· Agrima	
— Firma DELTA Export- Import GmbH	AG BKK
— Firma Günther Forgeber	AG BKK

Stellungnahme von Staatssekretär Dr. Alexander Schalck-Golodkowski zu den Vorwürfen gegen den Bereich Kommerzielle Koordinierung

(Gerichtet an den Chef des Amtes für Nationale Sicherheit, General Schwanitz. Es entstand zwischen dem 22. 11. 89 — Tag des Exportstopps für die Kunst & Antiquitäten GmbH — und dem 3. 12. 89 — Flucht von Dr. Schalck)

»Der Bereich Kommerzielle Koordinierung wurde 1966 gegründet. Seit 1969 bestehen Verfügungen des Vorsitzenden des Ministerrates, die die Arbeit des Bereiches regeln.

Seit dem IX. Parteitag und des Wiedereinsatzes des ehemaligen Wirtschaftssekretärs des ZK der SED, Günter Mittag, wurde 1977 der Leiter des Bereiches ihm direkt unterstellt und beiliegende Arbeitsordnung, die im Inhalt auch der vorherigen Verfügung des damaligen Vorsitzenden des Ministerrates, Sindermann, entspricht, bestätigt.

Dem Leiter des Bereiches Kommerzielle Koordinierung unterstehen ausschließlich zur Erwirtschaftung von Valuten und deren Abführung an den Staat die Betriebe Intrac mbH, Transinter GmbH einschließlich IHZ, forum Handelsgesellschaft, BIEG GmbH und Kunst & Antiquitäten GmbH, Imes Import-Export GmbH.

Diese Betriebe unterstehen der staatlichen Finanzrevision und wurden jährlich durch den Beauftragten des Ministers der Finanzen entlastet für die ordnungsgemäße Erwirtschaftung und Abführung der Devisen an den Staat.

Diese Betriebe sind somit fester Bestandteil der einheitlichen Außenwirtschaft der DDR. Ihr prinzipieller Statusunterschied besteht darin, daß sie auf der Grundlage der komplexen Eigenerwirtschaftung der Mittel in Mark und Valuta arbeiten, einschließlich der Erwirtschaftung der notwendigen Investitionen.

Diese Betriebe unterlagen dem Planrhythmus der gesamten Republik, die Jahres- und

Fünfjahrpläne wurden durch den Leiter des Bereiches Kommerzielle Koordinierung bestätigt.

Seit Bestehen des Bereiches wurden ca. 27,8 Mrd. VM erwirtschaftet und an den Staat abgeführt bzw. als Rückstellung für aufgenommene Kredite eingesetzt. Damit haben die Werktätigen der unterstellten Außenhandelsbetriebe und die zuständigen Mitarbeiter des Bereiches Kommerzielle Koordinierung einen außerordentlich großen Beitrag zur ökonomischen Stärkung und der ökonomischen Unangreifbarkeit der DDR geleistet.

Durch den Leiter des Bereiches, der ihm unterstellten Mitarbeiter der Hauptabteilung II im engen Zusammenwirken mit beteiligten Staatsorganen wurden Voraussetzungen für Einnahmen von ca. 23 Mrd. VM durch Vereinbarungen mit der Regierung der BRD und dem Senat von Berlin (West) gesichert.

Darüber hinaus werden durch den Leiter des Bereiches Kommerzielle Koordinierung zur effektiven Ausgestaltung der Beziehungen der DDR zur BRD, zur Steuerung spezieller Auslandsverbindungen und besonderer Kontakte zu Kirchen und Religionsgemeinschaften, der ökonomischen Leitung im Ausland befindlicher Firmen sowie ausgewählter Maßnahmen zur Sicherung einer hocheffektiven Produktion in ausgewählten Industriezweigen der DDR und der Versorgung der Bevölkerung mit ausgewählten Erzeugnissen — darunter auch der Gestattungsproduktion — erforderliche Aktivitäten geleitet.

In diesem Bereich liegen Firmen, die ausschließlich für die Sicherung dringend benötigter Embargopositionen für die gesamte Volkswirtschaft, besonders der Mikroelektronik, notwendig sind. Sie unterliegen im Interesse der Sicherheit der Firmen und der Personen im Ausland wie in der DDR der strengsten Geheimhaltung. Durch die außergewöhnlichen Anstrengungen aller Beteiligten bei der Beschaffung solcher Ausrüstungen wurden überhaupt erst Voraussetzungen geschaffen, z. B. die Mikroelektronik in der DDR zu entwickeln.

Ohne diese Firmen und Auslandsverbindungen wäre das nicht möglich gewesen.

Wichtige Auslandsverbindungen zur Durchführung dieser Aufgabenstellung werden durch die HA I des Bereiches Kommerzielle Koordinierung mit den dem Bereich unterstellten Außenhandelsfirmen (Anlage) wahrgenommen.

In diesem Bereich wurden auf Weisung des ehemaligen Generalsekretärs des ZK der SED ca. 6 Mio VM für die Versorgung des Objektes Waldsiedlung Wandlitz finanziert. Die Spezifizierung der Waren lag nicht im Verantwortungsbereich des Staatssekretärs, sondern wurde ausschließlich bestimmt von den Kundenwünschen und dem Bedarf für die Unterhaltung des Objektes.

Die Verantwortung dafür trägt der ehemalige Minister für Staatssicherheit, Erich Mielke, und die ihm unterstellten Mitarbeiter.

Gegenwärtige Ermittlungen der Medien, besonders hervorgerufen durch die Auslagerung von Beständen aus der Waldsiedlung Wandlitz in Lager der forum Handelsgesellschaft, die entgegen den erfolgten Abstimmungen in unverantwortlicher Weise durchgeführt wurde, hat zu einer völlig berechtigten Empörung der dort tätigen Mitarbeiter geführt, die von unseren Medien aufgegriffen wurde.

Sinn der zeitweisen Bereitstellung von Lagerraum liegt darin, die Ware vor Verderb zu schützen und damit Möglichkeiten zu haben, sie der Wiederverwendung einschließlich der Erwirtschaftung von Valuten zuzuführen. Das entspricht unserem Verantwortungsbewußtsein, dafür übernehmen wir die volle Verantwortung.

Des weiteren spielen in der Presse Veröffentlichungen über den angeblichen Export von nationalem Kulturerbe und Kunstgegenständen, die einer besonderen Ordnung des Staates unterliegen, durch die Kunst & Antiquitäten GmbH eine bedeutende Rolle.

Es wird festgestellt, daß der Generaldirektor ausschließlich in Übereinstimmung mit dem Minister für Kultur und entsprechend den vom Minister für Kultur in Kraft gesetzten

Ordnungsprinzipien Exportleistungen zeitgenössischer Kunst und Antiquitäten durchgeführt hat. Ein Teil der Mittel wurde auf Wunsch des Ministers und der Museen für den Neuankauf wertvoller Kunstgegenstände eingesetzt, damit sie den Museen und der Bevölkerung zugänglich gemacht werden.

Es ist vorgesehen, daß nach einem bereits vereinbarten Gespräch zwischen dem Minister für Kultur, Keller, und dem Generaldirektor der Kunst & Antiquitäten GmbH Festlegungen erfolgen, wie die Arbeit in der neu festzulegenden Arbeitsgruppe für den Bereich Kunst und Antiquitäten erfolgt. Bis dahin wurde der Export von Kunst und Antiquitäten mit sofortiger Wirkung eingestellt.

Insgesamt kann festgestellt werden, daß besonders im Bereich der Firmen der Hauptabteilung I (Anlage) bei Veröffentlichungen und Offenlegen der Geschäftsverbindungen und Kontakte ein nicht gut zu machender außenpolitischer und finanzieller Schaden für die DDR entstehen würde.

Die Sicherheit einer Reihe von Personen wäre nicht mehr gewährleistet.

Damit würde sich auf für die Zukunft stabiler konspirativer Verbindungen der Nutzen unmöglich machen.

Aus diesen genannten Gründen wird dem Vorsitzenden des Ministerrates der DDR in Übereinstimmung mit dem Präsidenten der Volkskammer und dem Vorsitzenden der in der Volkskammer vertretenen Fraktionen empfohlen, die Hauptabteilung I des Bereiches Kommerzielle Koordinierung und die in der Anlage aufgeführten Firmen zum Bereich der Nationalen Sicherheit zu erklären.

Auskünfte zur Tätigkeit der HA I des Bereiches und dieser Außenhandelsfirmen unterliegen auch in Zukunft der strikten Geheimhaltung und können nur vom Leiter des Bereiches Kommerzielle Koordinierung auf ausdrückliche Weisung des Vorsitzenden des Ministerrates aufgehoben werden.

Aufgrund dieses Status ist die Entscheidung des Vorsitzenden des Ministerrates, den Leiter Staatssekretär Schalck ihm direkt zu unterstellen, erfolgt.«

DIE GESETZESLAGE

Auszüge aus den Steuergesetzen der DDR

Vermögensteuergesetz (VStG) in der Fassung vom 18. September 1970; Gesetzblatt, Sonderdruck 675

§ 5 Freigrenzen
(1) Die Vermögensteuer wird nicht erhoben, wenn das steuerpflichtige Gesamtvermögen bei unbeschränkt Steuerpflichtigen die Freigrenzen nicht übersteigt. Die Freigrenze beträgt für den Steuerpflichtigen selbst 10 000 M. Sie erhöht sich, sofern eine Haushaltbesteuerung nach § 11 vorgenommen wird, für den Ehegatten und für jedes Kind, sofern die Kinder an dem maßgebenden Stichtag das 18. Lebensjahr nicht vollendet haben, um je 5 000 M. Übersteigt das steuerliche Gesamtvermögen die Freigrenze, so ist das volle Gesamtvermögen Bemessungsgrundlage für die Vermögenssteuer.

§ 5a Stichtag für die Freigrenzen
Für die Gewährung der Freigrenzen sind die Verhältnisse im Hauptveranlagungszeitpunkt (§ 12 Abs. 2), bei Neuveranlagungen die Verhältnisse im Neuveranlagungszeitpunkt (§ 13 Abs. 2) und bei Nachveranlagungen die Verhältnisse im Nachveranlagungszeitpunkt (§ 14 Abs. 2) maßgebend.

§ 8 Steuersätze

Die Vermögensteuer wird nach den folgenden jährlichen Vermögensteuersätzen erhoben:
b) von Personen:

1. 0,5 %, wenn das steuerpflichtige Gesamtvermögen nicht der Land- und Forstwirtschaft gewidmet ist und 25 000 M nicht übersteigt,

2. 1 %, wenn das steuerpflichtige Gesamtvermögen der Land- und Forstwirtschaft gewidmet ist und 25 000 M nicht übersteigt,

3. 1,5 %, wenn das steuerpflichtige Gesamtvermögen zwar 25 000 M, nicht aber 500.000 M übersteigt,

4. 2,5 %, wenn das steuerpflichtige Gesamtvermögen 500.000 M übersteigt.

Bewertungsgesetz (BewG) in der Fassung vom 18. September 1970; in: Gesetzblatt Sonderdruck Nr. 674

§ 67 Begriff und Umfang des sonstigen Vermögens

11. Kunstgegenstände und Sammlungen. Nicht zum sonstigen Vermögen gehören, auch soweit sie unter Ziff. 10 fallen:

a) Kunstgegenstände ohne Rücksicht auf den Wert, wenn sie von Künstlern der Deutschen Demokratischen Republik geschaffen sind, die noch leben oder seit nicht mehr als 15 Jahren verstorben sind;

b) die übrigen Kunstgegenstände und Sammlungen, wenn ihr Wert insgesamt 50 000 M nicht übersteigt.

Auszüge aus den Steuergesetzen der BRD
(für das Territorium der bisherigen DDR ab 1. 1. 1991 in Kraft)

Vermögensteuerrecht (VstG) der BRD Fassung vom 14. März 1985; in: BGBL I S. 558

§ 6 Freibeträge für natürliche Personen

(1) Bei der Veranlagung einer unbeschränkt steuerpflichtigen natürlichen Person bleiben 70 000 Deutsche Mark und im Falle der Zusammenveranlagung von Ehegatten 140 000 Deutsche Mark vermögensteuerfrei.

(2) Für jedes Kind, das mit einem Steuerpflichten oder mit Ehegatten zusammen veranlagt wird, sind weitere 70 000 Deutsche Mark vermögensteuerfrei. Kinder im Sinne des Gesetzes sind eheliche Kinder, für ehelich erklärte Kinder, nichteheliche Kinder, Stiefkinder, Adoptivkinder und Pflegekinder.

(3) Weitere 10 000 Deutsche Mark sind steuerfrei, wenn

1. der Steuerpflichtige das 60. Lebensjahr vollendet hat oder voraussichtlich für mindestens drei Jahre erwerbsunfähig [ab 1. 1. 1990]: behindert im Sinne des Schwerbehindertengesetzes vom 26. August 1986 (BGBl. I, S. 1421, 1550), geändert durch Artikel 9 des Gesetzes vom 14. Dezember 1987 / BGBl. I S. 2602), mit einem Grad der Behinderung von mehr als 90] ist und

2. das Gesamtvermögen (§ 4) nicht mehr als 150 000 Deutsche Mark beträgt.

Werden Ehegatten zusammen veranlagt (§ 14 Abs. 1), so wird der Freibetrag gewährt, wenn bei einem der Ehegatten die Voraussetzungen der Nummer 1 gegeben sind und das Gesamtvermögen nicht mehr als 300 000 Deutsche Mark beträgt. Der Freibetrag erhöht sich auf 20 000 Deutsche Mark, wenn bei beiden Ehegatten die Voraussetzungen der Nummer 1 gegeben sind und das Gesamtvermögen nicht mehr als 300 000 Deutsche Mark beträgt. Übersteigt das Gesamtvermögen 150 000 Deutsche Mark, im Fall der Zusammen-veranlagung 300 000 Deutsche Mark, so mindert sich der Freibetrag um den übersteigen-den Betrag.

(4) Der Freibetrag nach Absatz 3 erhöht sich auf 50 000 Deutsche Mark, wenn
1. der Steuerpflichtige das 65. Lebensjahr vollendet hat...

§ 10 Steuersatz
Die Vermögensteuer beträgt jährlich
1. für natürliche Personen 0,5 vom Hundert des steuerpflichtigen Vermögens

Bewertungsgesetz (BewG)/Fassung vom 30. Mai 1985; in BGBl I S. 845

§ 110 Begriff und Umfang des sonstigen Vermögens
(1) 12 Kunstgegenstände und Sammlungen, wenn ihr Wert insgesamt 20 000 Deutsche Mark übersteigt, mit Ausnahme von Sammlungen der in Nummer 10 genannten Gegen-stände. Nicht zum sonstigen Vermögen gehören Kunstgegenstände ohne Rücksicht auf den Wert, wenn sie von Künstlern geschaffen sind, die im Zeitpunkt der Anschaffung noch leben. § 115 bleibt unberührt.

§ 115 Gegenstände, deren Erhaltung im öffentlichen Interesse liegt
(1) Grundbesitz oder Teile von Grundbesitz und solche bewegliche Gegenstände, die zum sonstigen Vermögen gehören, sind mit 40 vom Hundert des Werts anzusetzen, wenn ihre Erhaltung wegen ihrer Bedeutung für Kunst, Geschichte oder Wissenschaft im öffent-lichen Interesse liegt.
(2) Grundbesitz oder Teile von Grundbesitz, Kunstgegenstände, Kunstsammlungen, wissenschaftliche Sammlungen, Bibliotheken und Archive werden nicht angesetzt, wenn folgende Voraussetzungen erfüllt sind:
1. die Erhaltung der Gegenstände muß wegen ihrer Bedeutung für Kunst, Geschichte oder Wissenschaft im öffentlichen Interesse liegen;
2. die Gegenstände müssen in einem den Verhältnissen entsprechenden Umfang den Zwecken der Forschung oder der Volksbildung nutzbar gemacht werden;
3. der Steuerpflichtige muß bereit sein, die Gegenstände den geltenden Bestimmungen der Denkmalspflege zu unterstellen;
4. die Gegenstände müssen sich, wenn sie älter als 30 Jahre sind, seit mindestens 20 Jahren im Besitz der Familie befinden oder in das Verzeichnis national wertvollen Kulturgutes oder national wertvoller Archive nach dem Gesetz zum Schutz deutschen Kulturgutes gegen Abwanderung in der im Bundesgesetzblatt Teil III, Gliederungsnummer 224-2, ver-öffentlichten bereinigten Fassung, zuletzt geändert durch Artikel 86 des Gesetzes vom 2. März 1974 (BGBl. I S. 469), eingetragen sein.
(3) Grundbesitz oder Teile von Grundbesitz werden nicht angesetzt, wenn sie für Zwecke der Volkswohlfahrt der Allgemeinheit zur Benutzung zugänglich gemacht sind und ihre Erhaltung im öffentlichen Interesse liegt.
(4) Die Absätze 1 bis 3 gelten nur dann, wenn die jährlichen Kosten in der Regel die erzielten Einnahmen übersteigen.

Interne Richtlinie des Finanzministeriums der DDR zur Handhabung der Steuergesetze (Informationsbrief 1/82)

A 63 Vermögensteuer für Kunstgegenstände und Sammlungen

Ausgehend von dem Anliegen des Kulturgutschutzgesetzes vom 3. Juli 1980 (GBl. I Nr. 20 S. 191), auch das im Besitz von Bürgern befindliche Kulturgut zu schützen und es durch kulturelle Aktivitäten seiner Besitzer dem gesellschaftlichen Leben zu erschließen, werden in Abstimmung mit dem Minister für Kultur und dem Ersten Bundessekretär des Kulturbundes der DDR zur Erhebung der Vermögensteuer für Kunstgegenstände und Sammlungen und zur Gewährleistung der im Rahmen der bestehenden Rechtsvorschriften möglichen großzügigen steuerlichen Vergünstigungen folgende Hinweise gegeben:

I. Grundsätzliche Zusammenarbeit mit der Abt. Kultur

Bei der Beurteilung, ob Gegenstände den Kunstgegenständen, Sammlungen, Luxusgegenständen oder dem Hausrat zuzurechnen sind sowie bei der Entscheidung, ob die Erhaltung solcher Gegenstände wegen ihrer Bedeutung für Kunst, Geschichte oder Wissenschaft im öffentlichen Interesse liegt und demzufolge Steuerbefreiungen bzw. -vergünstigungen zu gewähren sind, ist in jedem Fall eine enge Zusammenarbeit mit der Abteilung Kultur des Rates des Kreises bzw. des Bezirkes zu sichern.

II. Vermögensteuerbefreiungen bzw. -vergünstigungen für Kunstgegenstände und Sammlungen[1]

Zur Pflege und Erhaltung des Kunst- und Kulturgutes in der DDR sind von der Vermögensteuer befreit:

a) Kunstgegenstände, die von Künstlern der DDR geschaffen wurden, die noch leben oder seit nicht mehr als 15 Jahren verstorben sind,

b) Kunstgegenstände, die sich im Eigentum des Urhebers selbst oder nach seinem Tode im Eigentum des überlebenden Ehegatten oder seiner Kinder befinden,

c) alle übrigen Kunstgegenstände und Sammlungen, wenn der Wert insgesamt 50.000 M nicht übersteigt.

Wenn die Freigrenze von 50.000 M überschritten wird, sind die Kunstgegenstände und Sammlungen insgesamt vermögensteuerpflichtig.

Weiter bestehen folgende Steuervergünstigungen:

– Kunstgegenstände und Sammlungen, deren Erhaltung wegen ihrer Bedeutung für Kunst, Geschichte und Wissenschaft im öffentlichen Interesse liegt, werden nur mit 40 % ihres Wertes,

– Kunstgegenstände und Sammlungen, wenn sie in einem den Verhältnissen entsprechenden Umfang den Zwecken der Forschung und der Volksbildung nutzbar gemacht werden, nur mit 20 % ihres Wertes

zur Vermögensteuer herangezogen.

Außerdem können Kunstgegenstände und Sammlungen,

– in deren Erhaltung für Zwecke der Kunst, Geschichte oder Wissenschaft im öffentlichen Interesse liegt bzw.

– die der Forschung und Volksbildung nutzbar gemacht werden

von der Vermögensteuer in voller Höhe befreit werden, wenn sie sich seit mindestens 20 Jahren im Besitz der Familie des steuerpflichtigen Bürgers befinden. Diese Vergünstigung kann auch gewährt werden, wenn die Sammlungen in den späteren Jahren durch weitere Erwerbungen ergänzt worden sind.

Ein öffentliches Interesse an der Erhaltung der Kunstgegenstände und Sammlungen wegen ihrer Bedeutung für Kunst, Geschichte oder Wissenschaft liegt vor, wenn

— diese nach den Rechtsvorschriften zum Schutze des Kulturgutes der DDR (Kulturschutzgesetz und Durchführungsregelungen) als geschütztes Kulturgut registriert sind[2]
— für sie eine Denkmalerklärung[3] vorliegt,
— das Kulturgut durch Museen gesondert erfaßt ist.[4]

Bei Inanspruchnahme dieser Vermögensteuervergünstigungen haben die Bürger die Staatlichen Dokumentationen über das öffentliche Interesse an den Kunstgegenständen und Sammlungen der Abt. Finanzen des Rates des Kreises vorzulegen. Bei Vermögensteuererneuveranlagungen ist die Vorlage dieser Dokumentation neu zu fordern.

Ein »Nutzen für Zwecke der Forschung und Volksbildung« ist bei Kunstgegenständen oder Sammlungen nachweislich im jeweiligen Kalenderjahr insbesondere unter folgenden Voraussetzungen gegeben:
— Kunstgegenstände und Sammlungen sind öffentlich ausgestellt worden.

Dazu gehören nationale oder internationale Expositionen, Ausstellungen in Galerien, Klubs, Kulturhäusern, Betrieben, Schulen sowie anderen Einrichtungen.

Als öffentliche Ausstellungen gelten nicht Verkaufsausstellungen, Auktionen, Tauschbörsen und ähnliche auf Erwerb oder Veräußerung gerichtete Veranstaltungen.
— Kunstgegenstände und Sammlungen waren Gegenstand eines öffentlichen wissenschaftlichen oder populärwissenschaftlichen Vortrages oder einer solchen Veröffentlichung.

Dazu gehören alle organisierten Veranstaltungen der verschiedensten gesellschaftlichen Organisationen, staatlichen und gesellschaftlichen Einrichtungen sowie deren Publikationsmöglichkeiten.
— Kunstgegenstände und Sammlungen, wenn sie staatlichen Organen und Einrichtungen, gesellschaftlichen Organisationen oder sozialistischen Betrieben zur wissenschaftlichen Arbeit zur Verfügung standen.

Soweit die vorgenannten Ausstellungen und Veröffentlichungen in Verantwortung des Kulturbundes der DDR erfolgten, ist hierüber ein Nachweis von der jeweiligen Fachgruppe zu erbringen, der von der Kreisleitung des Kulturbundes zu bestätigen ist.

III. Begriffsbestimmungen
Ausgehend von Ziffer 85 der Vermögensteuer- und Bewertungsrichtlinien 1955 wird in Übereinstimmung mit dem Minister für Kultur folgendes festgelegt:

Zu den Kunstgegenständen rechnen alle Originalwerke der bildenden Kunst (Malerei, Graphik und Plastik einschließlich Reliefs).

Als Sammlung gilt eine Mehrzahl selbständiger beweglicher Gegenstände, die auf Grund bestimmter historischer, wissenschaftlicher oder künstlerischer Besonderheiten nach gesellschaftlich anzuerkennenden Kriterien (wie Zugehörigkeit zu bestimmten Zeitepochen, Themen, Motiven, Kunstrichtungen und ähnlichem) zielgerichtet zusammengestellt und geordnet sind und dadurch in ihrer Gesamtheit eine eigenständige historische, wissenschaftliche oder künstlerische Bedeutung von neuer Qualität gewinnen.

Bedingung für die Anerkennung einer Sammlung ist weiter, daß aus der Veräußerung von Gegenständen kein nachhaltiges Einkommen erzielt wird und Gegenstände gleicher Art nicht in großer Anzahl innerhalb eines relativ kurzen Zeitraumes (z. B. ein Jahr) erworben und die selben oder der größte Teil davon im gleichen oder darauffolgenden Jahr wieder veräußert werden. Die Veräußerung einzelner Gegenstände und der Erwerb anderer Gegenstände müssen der Komplettierung bzw. Erhöhung der Qualität der Sammlung dienen.

Zu den Sammlungen gehören
— Sammlungen von Werken der bildenden Kunst
(Malerei, Graphik und Plastik einschließlich Reliefs)

– Sammlungen von Werken der angewandten Kunst, d. h. z. B. kunsthandwerkliches Mobiliar, Markenporzellan, Erzeugnisse der Buchkunst, dekorative Keramik, kunstgewerbliche Raumtextilien, kunstvoll geschliffenes Kristallgut, sakrale Kunstwerke und andere kunsthandwerkliche und kunstgewerbliche Arbeiten.

– Sammlungen anderer Gegenstände wie Briefmarken, Münzen, lithurgische Geräte sowie Bibliotheken

Zur Abgrenzung der Luxusgegenstände im Sinne des § 67 Ziff. 10 des Bewertungsgesetzes von Kunstgegenständen und Sammlungen gem. § 67 Ziff. 11 des Bewertungsgesetzes ist folgendes zu beachten.

– Gegenstände, die zu den Kunstgegenständen gehören oder Bestandteil einer Sammlung sind, können nicht als Luxusgegenstände erfaßt werden.

– Zu den Luxusgegenständen gehören Gegenstände, die nicht zur Ausstattung der Wohnung gehören. Als solche gelten z. B. antiquarische Gegenstände, die das übliche Maß einer Wohnungsausstattung überschreiten. Dabei ist es unerheblich, ob diese Gegenstände auch genutzt werden.

IV. Ermittlung des vermögensteuerpflichtigen Wertes

Zur Ermittlung des vermögensteuerlichen Wertes ist gemäß § 10 des Bewertungsgesetzes von dem Preis auszugehen, der im gewöhnlichen Geschäftsverkehr nach der Beschaffenheit des Gegenstandes bei der Veräußerung zu erzielen wäre.

Das ist

– für Kunstgegenstände und Münzen der Preis, der bei einem Verkauf an den staatlichen Kunsthandel,

– für Briefmarken der Preis, der bei einem Verkauf an den staatlichen Briefmarkenhandel zu erzielen wäre.

Bei der Ermittlung der Besteuerungsgrundlagen ist von den durch die Bürger erklärten Werten auszugehen. Bestehen berechtigte Zweifel über die Richtigkeit der angegebenen Werte, ist den Bürgern aufzugeben, ihre Wertangaben zu überprüfen.

Erforderlichenfalls ist ihnen zu empfehlen, die Werte von der zuständigen staatlichen Handelseinrichtung feststellen zu lassen.

1) Rechtsgrundlagen hierfür:
   § 67 Ziffern 5 und 11 Bewertungsgesetz i. d. F. vom 18. 9. 1970 (GBl. Sonderdruck 674), Ziffer 85 Absätze 4 bis 6 Vermögensteuer- und Bewertungsrichtlinien 1955 vom 15. 1. 1955 (GBl. Sonderdruck Nr. 70)
2) Für besonders wertvolles geschütztes Kulturgut der Bürger, das gemäß § 6 Abs. 2 Kulturschutzgesetz anzumelden und zu registrieren ist, ergibt sich aus den Rechtsvorschriften zum Schutz des Kulturgutes eindeutig ein gesellschaftliches Interesse an seiner Erhaltung. Die Anmeldung und Registrierung ist in der 2. DB zum Kulturschutzgesetz vom 2. 12. 1981 (GBl.I 6/82) geregelt. Die Registrierung des besonders wertvollen Kulturgutes — Kategorien I und II — gilt als Bestätigung des gesellschaftlichen Interesses an seiner Erhaltung. Analog trifft das für eine Denkmalerklärung zu,
3) § 5 des Denkmalpflegegesetzes vom 19. Juni 1975 (GBl.I Nr. 26 S. 458)
4) § 13 der 1. DB zur VO über den Staatlichen Museumfonds der DDR — Inventarisierung, Katalogisierung, Umsetzung und Aussonderung musealer Objekte und Sammlungen — vom 7. Februar 1980 (GBl. I S. 83)

Festlegung zum Vorkaufsrecht der Kunst & Antiqutäten GmbH

Brief des stellvertretenden Finanzministers Maaßen an den stellvertretenden Kulturminister Wagner:

Nach eingehender Prüfung sowie Beratungen mit Finanzabteilungen der Räte der Bezirke und Mitarbeitern Ihres Ministeriums habe ich gegenüber den Mitgliedern für Finanzen und Preise der Räte der Bezirke und Kreise festgelegt, daß Kunstgegenstände, Antiquitäten und Sammlungen, die von den Abteilungen Finanzen der örtlichen Räte zur Begleichung von Steuerforderungen für eine Veräußerung vorgesehen sind, in jedem Fall der Kunst & Antiquitäten GmbH, Berlin, zum Kauf angeboten werden.

Diese Regelung geht davon aus, daß auf Grund einer Vereinbarung zwischen dem Ministerium für Kultur und dem Ministerium für Außenhandel, Bereich Kommerzielle Koordinierung, die Kulturgutschutzkommission des Ministeriums für Kultur beim AHB Kunst & Antiquitäten GmbH prüft, inwieweit die Belange auf Grund des Gesetzes über den Schutz von Kulturgut der DDR gewahrt sind.

Eine besondere Vereinbarung zwischen dem Ministerium der Finanzen und dem Ministerium für Kultur über die Information von gepfändetem Kulturgut durch die örtlichen Finanzabteilungen halte ich daher nicht für erforderlich.

Anbei übergebe ich ein Exemplar des Schreibens an die Ratsmitglieder für Finanzen und Preise der Räte der Bezirke.

Anlage

Zur Realisierung von Steuerforderungen ist es in Einzelfällen erforderlich, gepfändete Kunstgegenstände, Antiquitäten und Sammlungen zu verwerten.

Im Interesse einer einheitlichen Handhabung bei derartigen Vorgängen wird in Ergänzung der Arbeitsrichtlinie für die Vollstreckung von Geldforderungen des Staatshaushaltes durch Mitarbeiter der Abteilungen Finanzen der Räte der Bezirke, Kreise und Städte vom 30. Juni 1976 ab sofort folgendes festgelegt:

1. Die genannten Gegenstände sind durch die zuständige Abteilung Finanzen in jedem Fall der Kunst & Antiquitäten GmbH, 1080 Berlin, Französische Straße 15, zum Ankauf anzubieten.

2. Erst wenn seitens dieses Betriebes kein Interesse für einen Ankauf besteht, können die betreffenden Gegenstände entsprechend der genannten Arbeitsrichtlinie an ein anderes staatliches Aufkauforgan veräußert werden.

Ich bitte zu sichern, daß die Finanzabteilungen der Räte der Kreise / Städte entsprechend informiert werden und danach verfahren.

Die Anwendung von Steuergesetzen im Fall von sechs Dresdner Kunst- und Antiquitätenhändlern

Mitte der achtziger Jahre wurden Dresdner Kunst- und Antiquitätenhändler von der Steuerfahndung zu teilweise immensen Nachforderungen gezwungen. Die Betroffenen forderten in einem Brief vom 17. 2. 1990 an den »Ausschuß zur Untersuchung von Korruption, Bereicherung und Amtsanmaßung« ihre Rehabilitierung. Schlußsatz: »Nach Durchführung dieser Maßnahmen bekam die ›Fahndungstruppe‹ den Titel ›Held der Arbeit‹ ...

Fall Nr. 1: Helmuth Meissner
Durchsuchung von Wohnung, Geschäft und Gartenlaube in Anwesenheit von Schätzern der Kunst & Antiquitäten GmbH. Die Steuerfahnder pfänden vorsorglich durch eine Sicherungsverfügung Antiquitäten im Werte von 6 Millionen Mark. Ein Vermerk in den Gerichtsakten läßt den Rang des Besitzes von M. erkennen: 1981 hatte sich ein Mitarbeiter des Kunstgewerbemuseums Dresden-Pillnitz energisch dafür eingesetzt, daß Möbel, Vasen und Asiatika des Helmuth M. in geschützten Räumen untergebracht werden können.
Steuernachforderung: 6.552.598 Mark
Der Staatsanwalt stellt das nach Abschluß des Steuerverfahrens angestrengte Ermittlungsverfahren wegen vorsätzlicher Steuerhinterziehung am 31. 7. 1985 endgültig ein. Helmuth M. ist aus gesundheitlichen Gründen nicht verhandlungsfähig.

Fall Nr. 2: Wilfried Jentsch
Als Schätzer tritt in diesem einen Falle der Dresdner An- und Verkauf auf. Für die taxierten Gegenstände wird ein Prozent des ermittelten Wertes als Gebühren erhoben: 2.860,50 Mark. Aber nicht alles konnte genau erfaßt werden, am Ende wird pauschal geschätzt — Gesamtwert 1,7 Millionen. In den Schätzlisten des Dresdner An- und Verkaufs tauchen mehrfach Hinweise wie »Kulturgut« und in einem Fall »Museumsgut« auf.
Steuernachforderung: 167.042 Mark.
Das eingeleitete Strafverfahren wird am 22. 5. 1987 wegen Verhandlungsunfähigkeit eingestellt.

Fall Nr. 3: Gerhard Patzig
Bei der Durchsuchung von Wohnung, Lagerräumen und dem Geschäft in der Kreisstadt Freital ermitteln die Schätzer der Kunst & Antiquitäten GmbH einen Zeitwert von 1.031.260 Mark. P. gibt zu, die enorme Wertsteigerung für Antiquitäten nicht angemessen in seinen Steuererklärungen berücksichtigt zu haben.
Steuernachforderung: 530.459 Mark. (Dazu kommen später noch Forderungen in Höhe von 367.287,60 Mark als Steuernachzahlung nach der erzwungenen Geschäftsauflösung.)
Das Bezirksgericht Dresden verurteilt P. am 23. 11. 1983 in einer Berufungsverhandlung zu zwei Jahren Haft auf Bewährung und zu 75.000 Mark Geldstrafe.

Fall Nr. 4: Ernst-Gottfried Günther
Die Gutachter des VEB (K) Antikhandels Pirna des Schwesterunternehmens der Kunst & Antiquitäten GmbH, stellen ein Vermögen an Antiquitäten und Kunstgegenständen in Höhe von 700.00 Mark fest. Bei G. wurde davon ausgegangen, wie seine Rechtsanwälte in ihrer Beschwerde schrieben, daß »das Mobiliar in Wohnung und Wochenendgrundstück... betriebliches Vermögen sei.« Es sei wie ein »Warenlager« behandelt worden. Die Hinweise auf den kunsthistorischen Wert vieler gesammelter Gegenstände werden von der Steuerfahndung nicht anerkannt, denn G. hätte sie dazu als »geschütztes Kulturgut« registrieren lassen müssen.
Das Ermittlungsverfahren wird vom Staatsanwalt am 14. 7. 1986 eingestellt, weil ein Vorsatz zur Steuerverkürzung nicht zu erkennen war.

Fall Nr. 5: Heinz Miech
Die Zeitwertfeststellung übernimmt für die Steuerfahndung der VEB (K) Antikhandel Pirna. Allein in der Wohnung werden von den Schätzern 300 Kunstgegenstände und Antiquitäten im Wert von 532.000 Mark erfaßt. Der Beschuldigte verweist auf die Größe der Wohnung (280 Quadratmeter) und darauf, daß seine Familie die antiken Möbel und Gebrauchsgegenstände seit mehr als 20 Jahren als Hausrat benützen würden.

Strafrechtlich relevante Steuerschuld: 129.716 Mark.
Von der Strafkammer Dresden-Mitte wird Heinz M. am 29. 4. 1986 freigesprochen, weil
eine vorsätzliche Steuerverkürzung nicht nachzuweisen ist.

Fall Nr. 6: Werner Wahl
Für die Steuerfahndung arbeiten Experten des VEB (K) Antikhandels Pirna, Zulieferer für
die Kunst & Antiquitäten GmbH. In ihren Listen tauchen u. a. grafische Blätter von Adolf
Menzel, Käthe Kollwitz, Lovis Corinth und Erich Heckel auf. Der Gesamtwert der antiken
Möbel, der Bilder und Gebauchsgegenstände beträgt rund 1,3 Millionen. Werner W. wen-
det sich erfolglos gegen die »Art der Berechnung«; damit sei ein »großer Irrtum begangen«
worden.
Steuernachforderung: 503.663 Mark.
Das Strafverfahren wird am 14. 7. 1986 eingestellt, weil nur eine fahrlässige Verkürzung
von Steuern festzustellen war.

DER KULTURGUTSCHUTZ
UND SEINE HINTERGEHUNG

Die schützenden Gesetze

Die Kulturgutschutzkommission, 1980 als Nachfolgerin einer Kunstschutzkommission
beim Ministerium für Kultur gegründet, arbeitete auf der Grundlage folgender Gesetze
und Durchführungsbestimmungen:
— Gesetz zum Schutz des Kulturgutes der Deutschen Demokratischen Republik — Kul-
turgutschutzgesetz — vom 3. Juli 1980; in: Gesetzblatt (GBl) Teil I Nr. 20
— Erste Durchführungsbestimmung (DB)/Geschütztes Kulturgut vom 3. Juli 1980; in
GBl Teil I Nr. 21 von 1980
— Zweite DB/Anmeldung und Registrierung von geschütztem Kulturgut vom 2. Dezem-
ber 1981; in: GBl Teil I Nr. 6 von 1982
— Dritte DB/Ausfuhr von Kulturgut 3. Mai 1982; in GBl Teil I Nr. 24 von 1982. Die
Kategorisierung für als exportfähig erkärtes und für zu schützendes Kulturgut regelte die
»Verordnung über den Staatlichen Museumsfonds« vom 12. April 1978; in: GBl Nr. 14 von
1978.
— Vierte DB/Tätigkeit der Kulturgutsachverständigen vom 24. September 1984; in: GBl
Teil I Nr. 28 von 1984
— Fünfte DB/Befugnisse des Kurators bei der ordnungsgemäßen Verwaltung von gefähr-
detem Kulturgut vom 6. Oktober 1986; in : GBl Teil I Nr. 32 von 1986
Das Kulturgutschutzgesetz beruhte auf der 1974 angenommenen internationalen »Konvention über Maßnahmen zum Verbot und zur Verhütung der unzulässigen Einfuhr, Ausfuhr und Übereignung von Kulturgut vom 14. November 1970«; in: GBl Teil II Nr. 20 von
1974

Vereinbarung zwischen dem Ministerium für Kultur und dem Ministerium für Außenhandel, Bereich Kommerzielle Koordinierung, über den Export von geschütztem Kulturgut

1. Auf der Grundlage der 3. DB zum Kulturgutschutzgesetz, GBl. I/Nr. 24, S. 432, wird das Ministerium für Außenhandel, Bereich Kommerzielle Koordinierung, dem Außenhandelsbetrieb Kunst & Antiquitäten GmbH, 1080 Berlin, Französische Straße 15, die Ausfuhr von geschütztem Kulturgut gestattet.

Die vom AHB Kunst & Antiquitäten GmbH gesiegelten Ausfuhrdokumente berechtigen somit zur Ausfuhr.

2. Die Kulturgutschutzkommission des Ministeriums für Kultur der DDR prüft zweimal monatlich beim AHB Kunst & Antiquitäten GmbH, ob bei der zur Ausfuhr vorgesehenen Exportware Kulturgut der Kategorie I und der Spitze der Kategorie II vorhanden ist. Dieses Kulturgut wird nicht ausgeführt.

Über die Verwendung des nicht zur Ausfuhr freigegebenen Kulturguts treffen der Vorsitzende der Kulturgutschutzkommission des Ministeriums für Kultur und der Leiter des Außenhandelsbetriebes Kunst & Antiquitäten GmbH jeweils gesonderte Vereinbarungen.

Berlin, den 4. 11. 82

Hans-Joachim Hoffmann Minister für Kultur   Dr. Schalck Staatssekretär im MAH

Versuch einer rechtlichen Neuordnung

Die nicht mehr zu tragende Verantwortung für den unkontrollierbaren Export von Kulturgütern — die Kunst & Antiquitäten GmbH verfügt mit ihren Partnern inzwischen über 120 Lager in allen Teilen der Republik —, versucht der Minister für Kultur mit dem Vorschlag zur Selbstkontrolle an den Exportbetrieb zu übergeben. Minister Hoffmann schreibt am 15. August 1989 an den Außenhandelsminister Dr. Beil:

Die zwischen unseren Ministerien abgeschlossene Vereinbarung zur Aussonderung von Kulturgütern von besonderer nationaler und von internationaler Bedeutung vom Export der Kunst & Antiquitäten GmbH ist, entsprechend den Möglichkeiten des Ministeriums für Kultur, so nicht mehr tragbar.

Das liegt, aus der Sicht der von mir mit dieser Aufgabenstellung beauftragten Kulturgutschutzkommission, insbesondere daran, daß angesichts des Massencharakters des Warenbestandes des Außenhandelsbetriebes und des damit verbundenen hohen Arbeitsaufwandes eine regelmäßige Überprüfung seitens der Sachverständigen des Museumswesens nicht mehr möglich ist.

In beiderseitigen Interesse schlage ich Ihnen vor, daß die Kunst & Antiquitäten GmbH künftig Kulturgüter von besonderer nationaler und von internationaler Bedeutung selbst vom Export aussondert und in Zusammenarbeit mit der Kulturgutschutzkommission und dem Insitut für Museumswesen den Museen anbietet. Auch muß vom Ankauf von nach dem Kulturgutschutzgesetz registrierten Kulturgütern, die allein aus dieser Tatsache von hochrangiger Bedeutung sind, Abstand genommen werden.

Beiliegend übersende ich Ihnen die Entwürfe neuer vertraglicher Vereinbarungen, die in diesem Sinne ausgearbeitet wurden. Aus der Sicht des Ministeriums für Kultur stellen diese vorgeschlagenen Regelungen einen Vertrauensbeweis hinsichtlich der Handhabung des Kulturgutschutzgesetzes im Verantwortungsbereich der Kunst & Antiquitäten GmbH

177

dar. Aus dem genannten gegenseitigen Interesse scheint es mir um so bedauerlicher, daß bei der Abstimmung auf Bearbeiterebene die Vertragsentwürfe nicht die Zustimmung der Kunst & Antiquitäten GmbH fand.

Nach Informationen des Vorsitzenden der Kulturgutschutzkommission sieht sich die Kunst & Antiquitäten GmbH außerstande, selbst eine solche Aussonderung vorzunehmen, da die Mitarbeiter des Betriebes dazu nicht qualifiziert genug sind und hochrangige Kulturgüter nicht zu erkennen vermögen.

Ich bitte Sie um Ihren Standpunkt.

Die Anlage 1 nennt Kulturgüter, die in jedem Fall vor einer Ausfuhr begutachtet werden sollten:

Anzeigepflichtige Kulturgüter sind insbesondere:

1. Gemälde, Aquarelle, Handzeichungen, vom Künstler selbst hergestellte Drucke sowie kunsthandwerkliche Erzeugnisse von Kunstschaffenden, die in einschlägigen Künstlerlexica (wie z. B. im Thieme-Becker) als von besonderer nationaler oder internationaler Bedeutung beschrieben sind;

2. Bücher und andere Druckschriften vor 1700, insbesondere Inkunabeln und Wiegendrucke sowie Druckerzeugnisse des 18.-20. Jahrhunderts von besonderer Seltenheit (bibliophile Ausgaben bzw. Rara).

3. Archivmaterialien von besonderer nationaler und internationaler Bedeutung. Dazu zählen insbesondere handschriftliche Zeugnisse bedeutender Persönlichkeiten aller Zeiten und Völker.

4. Münzen, die auf Handprägestöcken hergestellt wurden. Die Listen der zum Export vorgesehenen Münzen sind zur Feststellung ihrer Prägung und der damit verbundenen Kategorisierung dem Münzkabinett der Staatlichen Museen zu Berlin zur Prüfung vorzulegen.

5. Ortsfeste und bewegliche Denkmale, die als geschützte Denkmale in den staatlichen Denkmallisten enthalten sind. Hier erfolgt die Freigabe für den Export nach Abstimmung mit dem Institut für Denkmalpflege.

6. Naturwissenschaftliche Zeugnisse, die von besonderer Bedeutung für die Geschichte der Natur und Gesellschaft sind. Hier erfolgt der Export nach Abstimmung mit dem Institut für Museumswesen.

Dr. Schalck weigert sich, selbst für die Einhaltung der bestehenden Gesetze zu sorgen und antwortet am 21.08. 89:

Ihr Schreiben vom 15. 08. 1989 an den Minister für Außenhandel, Genossen Dr. Beil, wurde mir zuständigkeitshalber übergeben.

Zu dem von Ihnen dargestellten Sachverhalt vertrete ich nach Prüfung der bestehenden Umstände den Standpunkt, daß sich die Vereinbarung vom 4. 11. 1982 zwischen dem Ministerium für Kultur und dem Ministerium für Außenhandel, Bereich Kommerzielle Koordinierung, bewährt hat.

In der Vergangenheit war es im Ergebnis der Durchsetzung dieser Vereinbarung möglich, geschütztes Kulturgut festzustellen und Museen für ihre Sammlungen zu übergeben.

Der Vorschlag zum Neuabschluß der Vereinbarung wurde durch den Vorsitzenden der Kulturgutschutzkommission gegenüber dem Außenhandelsbetrieb Kunst und Antiquitäten damit begründet, daß bei der Kulturgutschutzkommission Sachverständige fehlen, die bereit sind, die Aufgaben der Kulturgutschutzkommission wahrzunehmen.

Unter Leitung des stellvertretenden Generaldirektors des Außenhandelsbetriebes Kunst und Antiquitäten wurden mit dem Vorsitzenden der Kulturgutschutzkommission durch die für diese Aufgabe im AHB Kunst und Antiquitäten zuständigen Leiter bzw. Direktoren Beratungen zum übergebenen Entwurf einer neuen Vereinbarung geführt.

Nach Prüfung der vom AHB Kunst und Antiquitäten unterbreiteten Vorschläge informierte der Vorsitzende der Kulturgutschutzkommission am 15. 6. 1989, daß die Zusammenarbeit auf der Grundlage der bestehenden Vereinbarung fortgesetzt werden sollte, mit dem Hinweis, daß die Kulturgutschutzkommission die weitere Konkretisierung der Arbeit vorbereitet.

Die jetzt von Ihnen übergebenen Entwürfe für neue Vereinbarungen gehen gegenüber der Vereinbarung aus dem Jahre 1982 davon aus, daß die Aufgabe der Prüfung der für den Export vorgesehenen Ware auf den Außenhandelsbetrieb Kunst und Antiquitäten delegiert wird.

Demgegenüber vertrete ich den Standpunkt, daß im Interesse der Wahrung und weiterer Durchsetzung des Kulturgutschutzgesetzes nicht darauf verzichtet werden kann, daß die Kulturgutschutzkommission regelmäßig beim AHB Kunst und Antiquitäten prüft, ob bei der zur Ausfuhr vorgesehenen Exportware Kulturgut der Kategorie I und der Spitze der Kategorie II vorhanden ist.

Diese von mir vertetene Auffassung leitet sich auch daraus ab, daß Kunstgegenstände in der Geschäftstätigkeit des AHB Kunst und Antiquitäten naturgemäß in erster Linie eine kommerzielle Wertung erfahren, die nicht in jedem Falle deckungsgleich mit deren kulturhistorischer Bedeutung für unsere Republik ist.

Durch Separierung von Antiquitäten aus seinem Warenbestand schafft der AHB Kunst und Antiquitäten Voraussetzungen, daß die Arbeit der Kulturgutschutzkommission rationell durchgeführt werden kann.

In diesem Zusammenhang ist festzustellen, daß der Anteil von Antiquitäten an der für den Export vorgesehen Ware stark rückläufig ist.

Aus den vorgenannten Gründen halte ich die weitere Zusammenarbeit auf der Grundlage der Vereinbarung vom 4. 11. 1982 für zweckmäßig.

Anmerkungen

1 Schuster leitete die GmbH bis zum November 1980. Im Frühjahr 1983 setzte er sich auf eine offensichtlich geheimdienstlich organisierte Weise mit seiner Lebensgefährtin Anka von W. aus dem Budapester Hotel »Hilton« in die Bundesrepublik ab. Seinen Start soll er mit einigen vorher über die Grenze geschafften LKW-Ladungen von Antiquitäten gesichert haben.

2 Neben dem ökonomischen Interesse an der Ausschaltung von Kath soll zur Verhaftung auch die wiederholte Verweigerung des Verkaufs seiner privaten Waffensammlung beigetragen haben. Als Interessent für die Sammlung wird der Staatssicherheits-Chef Mielke genannt.

3 Zum Verständnis der Beziehungen zwischen Finanzämtern und der GmbH ist ein pragmatischer Aspekt nicht unwesentlich: Es gab für die Finanzämter keine Probleme mit der Realisierung der Steuerschuld, denn die GmbH bezahlte anstandslos die eigenen Schätzpreise. Der Kunsthandel hätte die meisten Stücke auf dem Binnenmarkt nicht für diese Preise absetzen können. Zudem nahm Mühlenbeck stets alles auf einmal ab, hatte keinerlei Probleme mit der Lagerung und verfügte über einen leistungsfähigen LKW-Park.

4 Hans Theo Richter studierte zunächst an der Kunstgewerbeakademie in Dresden, später von 1926-31 an der Kunstakademie; zuletzt war er Meisterschüler bei Otto Dix. Von 1947-67 lehrte er als Professor an der Hochschule für Bildende Künste in Dresden. Internationale Anerkennung erwarb er sich als Grafiker schon vor dem Krieg, in dem er den größten Teil seines Werkes verlor. Richter war Mitglied der Akademie der Künste der DDR und der Bayrischen Akademie der Künste.

5 Diese Zeitwertfestsetzungen des registrierten vorhandenen Vermögens waren in den meisten vergleichbaren Fällen Teil der Gerichtsakten. Bei Meissner nicht. Er besitzt auch nicht, wie sonst ebenfalls üblich, ein Duplikat. Eine Nachfrage im Januar 1990 beim Rat der Stadt Dresden, Abteilung Finanzen, blieb ohne Antwort.

6 Hier irrt Hermann Historica. Das Museum für Deutsche Geschichte im ehemaligen Zeughaus Unter den Linden besitzt den Marschallstab des Kaisers nicht. Offenbar liegt hier eine Verwechslung mit dem dort ausgestellten, 1888 verliehenen Stab des Generalfeldmarschalls Graf von Blumenthal vor.

7 Die Ermittlungen der Steuerfahndung schlugen sich in Form von Nachforderungen als »außerplanmäßige Einnahmen« im Haushalt des Ministeriums der Finanzen nieder. Das MdF, so wird versichert, war an Devisenerlösen aus gepfändeten Werten nicht beteiligt (Gespräch mit Dr. Balling im MdF am 29. Mai 1990).

Günter Blutke
Jahrgang 1934, Dr. phil.,
Kunstwissenschaftler, Publizist,
Fotograf, Chefreporter der
Neuen Berliner Illustrierten

Bildnachweis

Archiv Kultur im Heim 103
Archiv Dr. Steguweit 34, 35
Günter Blutke U1, 14, 16, 17, 30, 31, 32, 33, 97, 98,
    100, 102, 112, 117, 150, 153, 157
Deutsche Fotothek/Kramer 19
Kunstgewerbemuseum/Aboud 98, 103, 104
Kunstgewerbemuseum 100
Märkisches Museum Berlin 58, 59
Meissner 2, 95, 106, 107
Museum für Verkehr und Technik Berlin 58, 59, 61
Nationalgalerie 99
Petras (Archiv Blutke) 90
Privat 66, 67, 68, 69, 91, 113, 115
Staatliche Museen zu Berlin 83, 84, 85
Staatliche Museen Köpenick 47

Umschlagbild:
Pagode mit wackelndem Kopf, Entwurf von Johann Joachim Kaendler, Meißen um 1760
(Form-Nr. 2884). Das Stück aus der Zeit um 1900 bot die Kunst & Antiquitäten GmbH für
12.000 DM an.